EDV und Recht

Band 4

1972

J. Schweitzer Verlag Berlin

Gesetzesplanung

Beiträge der Rechtsinformatik

Gesetzesplanung
Beiträge der Rechtsinformatik

Herausgegeben von der
Arbeitsgemeinschaft Rechtsinformatik
München/Regensburg

1972
J. Schweitzer Verlag Berlin

ISBN 3 8059 0266 2

Satz: Fotosatz Prill, Berlin – Druck: W. Hildebrand, Berlin

Inhaltsverzeichnis

Die Autoren

Malte von Berg	Dr. jur., Mitarbeiter der Forschungsstelle für juristische Informatik und Automation, Lehrbeauftragter an der Universität Bonn
Hansjürgen Garstka	Dr. phil., Mitarbeiter der Universität Regensburg
Helmut Maria Glogger	Mitarbeiter an der Hochschule für Verwaltungswissenschaften, Speyer
Fritjof Haft	Dr. jur., München
Winfried Hassemer	Dr. jur., wiss. Ass., Institut für Rechtsphilosophie der Universität München
Klaus J. Hopt	Dr. jur., Dr. phil., M.C.J. (New York University), wiss. Ass., Institut für Europäisches und Internationales Wirtschaftsrecht der Universität München
Paul Katzenberger	Dr. jur., wiss. Referent am Max-Planck-Institut für ausländisches und internationales Patent-, Urheber- und Wettbewerbsrecht, München
Gert Kolle	Wiss. Referent am Max-Planck-Institut für ausländisches und internationales Patent-, Urheber- und Wettbewerbsrecht, München
Gerhard Lohau	Regensburg
Jochen Schneider	München
Wilhelm Steinmüller	Prof. Dr. jur., Universität Regensburg
Ulrich Steinwedel	Göttingen

Vorwort

Die Rechtsinformatik – auch als EDV und Recht bezeichnet – erweckt seit einigen Jahren, nicht zuletzt im Anschluß an den Deutschen Juristentag 1970 in Mainz, auch in Deutschland wachsendes Interesse an den Universitäten, in der Verwaltung, bei den Unternehmen und in der Öffentlichkeit. Im August 1970 haben sich einige Interessierte aus dem Raum München/Regensburg zur „Arbeitsgemeinschaft Rechtsinformatik" zusammengefunden, um ihre privaten Bemühungen um das neue Gebiet zu koordinieren und in Vorträgen und Diskussionen gemeinsame Arbeit zu leisten. Mit dem hier vorgelegten Sammelband tritt die Arbeitsgemeinschaft zum ersten Mal an die Öffentlichkeit und stellt mehrere Beiträge von Mitgliedern zur Diskussion. Diese Beiträge kreisen in näherem oder weiterem Bezug um das Thema der Gesetzesplanung. Planung im Recht ist schon lange ein sehr kontroverses Thema. Die Diskussion läuft parallel in verschiedenen Disziplinen. Die Literatur ist unübersehbar. Speziell die Gesetzesplanung ist dagegen von der Rechtswissenschaft bisher vernachlässigt worden – wie wir glauben zu Unrecht. So groß wie die soziale Bedeutung dieser Planung sind freilich die dabei zu bewältigenden Schwierigkeiten. Die folgenden Beiträge verstehen sich deshalb auch nicht als fertige Rezepte, sondern greifen einzelne Probleme heraus, bereiten die Ergebnisse anderer Disziplinen und die Erfahrungen im eigenen und in anderen Ländern auf und versuchen, Wegrichtungen aufzuzeigen. In allen Beiträgen schlägt sich aber die Überzeugung nieder, daß die Rechtsinformatik aufgerufen und imstande ist, bei der Gesetzesplanung Hilfe zu leisten, und daß es notwendig ist und lohnen wird, auf diesem Gebiet weiterzuarbeiten.

München/Regensburg, Frühjahr 1972

Arbeitsgemeinschaft Rechtsinformatik

Leitungswissenschaft und Organisationswissenschaft

– eine sozialistische Theorie der Planung und Automation

von
Wilhelm Steinmüller

Zusammenfassung

Die seit kurzem in den sozialistischen Ländern stark geförderte LW (1.) entstand in den 60er Jahren und entwickelte sich zu einer umfassenden sozialistischen Organisationswissenschaft (2.; 8.4) zur optimalen Planung, Leitung und Organisation der Gesellschaft (3., 4.) mit Hilfe einer komplexen, problemorientierten Methode (5.). Sie ist eine angewandte Kybernetik (6.) mit dem praktischen Ziel umfassender integrierter Leitungs- und Planungsinformationssysteme (7.). Auffällig ist die dominierende Rolle der Rechts- (8.1, 8.2) und Verwaltungswissenschaft (8.3), die eng mit dem „sozialistischen" Verständnis der LW zusammenhängt (9.). Darin zeigen sich aber auch der Unterschied von, sowie Bedeutung für entsprechende „bürgerliche" Problemstellungen; vor allem bedarf die Problematik der LW als solcher weiterer Diskussion (10.).

Abstract

The science of management („Leitungswissenschaft") (1.), in recent times strongly advanced in the socialist countries, came into existence in the 1960's and developed into a comprehensive socialist science of organisation (2.; 8.4) for optimal planning, management and organisation of the nation (3.; 4.) by means of a complex, problem-oriented method (5.). It consists of applied cybernetics (6.) with the practical purpose of providing comprehensive integrated systems of management and planning information (7.). The dominating function of the fields of law and public administration (8.), closely related to a "socialist" understanding of the science of management (9.), is striking. This also shows, however, its differences from, as well as importance for, corresponding "bourgeois" problem constellations. In particular, the problems of a science of management as such need further discussion (10.).

Deskriptoren

Leitungswissenschaft
Organisationswissenschaft
Verwaltungswissenschaft
Planung
Automation
Prognose
Kontrolle
Rechtswissenschaft
Leitung
Führung
Organisation
Steuerung
Regelung
Kybernetik
Plan
Methode
Komplexität
Leitungskybernetik

Systemtheorie
Informationstheorie
Informationswissenschaft
Semiotik
Linguistik
Operations Research
Integration
Informationssystem
Management Informations System
Verwaltung
Rechtsinformatik
Formalisierung

Übersicht

1. Einleitung

Gesetzesplanung verlangt Planung. Wie soll sie ohne eine (zumindest: auch) juristische Theorie der Planung auskommen? In diesem Kontext mag von Interesse sein, was die bisher ausführlichste[1] und umfassendste einschlägige Disziplin, die in den sozialistischen Ländern entwickelte „Leitungswissenschaft", zum Themenkreis Planung – Recht – Automation beizutragen hat, zumal sie noch unter einem weiteren Gesichtspunkt Beachtung verdient: als Ansatz einer übergeordneten Theorie der Rechts- und Verwaltungsautomation. Schließlich scheint sie auch die „bürgerliche" Verwaltungswissenschaft in den sozialistischen Ländern ablösen zu wollen – kein kleines Programm also, das zu entfalten die Leitungswissenschaft unternimmt.

---

1 Zur (im wesentlichen betriebs-, volks- und politikwissenschaftlichen – wichtigste Ausnahme Kaiser I ff. –, neuerdings auch futurologischen (z.B. Gehmacher)) „bürgerlichen" Planungstheorie vgl. zunächst die einschlägigen Lexika, besonders das von E. Grochla herausgegebene „Handwörterbuch der Organisation" (Stuttgart 1969), aber auch den Artikel „Planung" im Staatslexikon (hg. von der Görres-Gesellschaft). 2. Ergänzungsband. Freiburg 1970. 885–912, je mit reichen Literaturangaben. Von den zahlreichen einschlägigen Zeitschriften sei nur auf die nicht immer beachtete „Stadtbauwelt" (Bertelsmann Fachverlag Berlin) hingewiesen.

Der nachfolgende Überblick hofft auf einen nachsichtigen Leser, da diese „Komplexwissenschaft"[2] eine komplexere, nuanciertere und vor allem ausgebautere Darstellung verdient, als sie diese Skizze zu bieten vermag.[3] Vor allem lockt – vergebens – ein Vergleich mit entsprechenden Theoriebildungen der „bürgerlichen" Wissenschaft: Er kann auf beschränktem Raum nicht einmal versucht werden.[4]

Ein überraschend großer Teil der gesellschaftswissenschaftlichen Literatur der sozialistischen Länder befaßt sich seit einigen Jahren mit der sog. „Leitungswissenschaft" – überraschend auch darum, weil sich davon in der westlichen Literatur kaum ein Niederschlag findet.[5]

Was also ist Leitungswissenschaft, worin bestehen Gegenstand und Methode, wie ist sie in das System der Wissenschaften einzuordnen? Vor allem wie ist ihr Bezug zu Kybernetik, Recht und EDV, kurz zur Planung der modernen Verwaltung?

2. Entstehung und Entwicklung

Einigen Aufschluß gibt bereits ihre Entstehung und Entwicklung. Sie zeigen eine Disziplin, die sich die umfassende Erforschung aller Prognose-, Planungs-, Ausführungs- und Kontrollprozesse in Staat und Wirtschaft zur Aufgabe gemacht hat, die in besonderem Maße sich der Mittel der Kybernetik, der EDV und des Rechts bedient und darum besondere Beachtung auch in den „kapitalistischen" Ländern finden sollte.

Das Wort „Leitungswissenschaft"[6] taucht thematisch zum ersten Mal 1964 im Titel eines aus dem Russischen übersetzten Beitrags in der Zeitschrift

---

2 „Komplexdisziplin": Piskotin/Lasarew u.a. 2165; „Komplexwissenschaft": ebd. 2173. Überhaupt ist „komplex" eines der meistgebrauchten Wörter in der offiziellen und Wissenschaftssprache der DDR; näheres jedoch bei Berg/Tschernjak 19 ff.; Klaus (2) 587 f.; Klaus (3) 307 f.

3 Auch die sozialistische Literatur ist nur in Auswahl berücksichtigt, sofern sie in deutscher Sprache geschrieben (oder, besonders häufig) wenigstens übersetzt greifbar ist. Vgl. die unten aufgeführte Bibliographie in StuR und JUDAC, Nr. 171–176.

4 Hier sind vor allem die zahlreichen Veröffentlichungen N. Luhmanns zu nennen.

5 Die Auseinandersetzung vom „bürgerlichen" Standpunkt steht erst in den Anfängen und greift ohne Ausnahme nur Teilaspekte heraus; vgl. z.B. den Beitrag von Denzer oder die Aufsätze in der Stadtbauwelt 30 (Bauwelt 62 (1971 Nr.25/26)).

6 Gelegentlich auch „Leitungstheorie", vgl. Kasimirtschuk (2) 198; Tichomirow 1763. „Leitungs- oder Führungswissenschaft" („Führung und Leitung noch i.S.d. bisher üblichen Sprachgebrauchs"): Hahn/Hofmann 1638.

„Staat und Recht"[7] auf.[8] Seine Entstehung geht zurück auf einen für die Wissenschaftsplanung und -organisation der sozialistischen Länder bezeichnenden Vorgang:[9] Das Zentralkomitee der KPdSU hatte „Maßnahmen zur weiteren Entwicklung der Rechtswissenschaft" beschlossen. Das Präsidium der Akademie der Wissenschaften der UdSSR konkretisierte sie im Oktober 1964 durch den Auftrag an das Akademie-„Institut für Staat und Recht", die theoretischen und praktischen Grundlagen der Leitung von Staat und Gesellschaft (einschließlich der Wirtschaftsplanung) zu erforschen.[10] Noch im gleichen Jahr erschien der erwähnte Aufsatz über die „neue Leitungswissenschaft"[11] und wurde im selben Jahr in Übersetzung in „Staat und Recht" publiziert, nachdem bereits vorher in Pécs ein internationales Symposion mehrfach gefordert hatte, die Verwaltungs- und Verwaltungsrechtswissenschaft unter Einbeziehung ökonomischer, politischer und technisch-naturwissenschaftlicher Erkenntnisse zu einer „neuen Wissenschaft von der staatlichen Leitung" fortzuentwickeln.[12] Die Beschränkung auf „staatliche" Leitung entfiel in der wissenschaftlichen Diskussion alsbald durch Einbeziehung der ökonomischen Leitungswissenschaft.[13]

In der Folgezeit (November 1967) wurde ein „Institut für Theorie der sozialistischen staatlichen Führung" an der Deutschen Akademie für Staats- und Rechtswissenschaft gegründet,[14] das eine rege Publikationstätigkeit entfaltete. Da aber die am 8. April 1968 in Kraft getretene neue Verfassung der DDR die Staatsorgane dazu verpflichtet, die Erkenntnisse der **Organisationswissenschaft** anzuwenden,[15] verschwindet der Begriff „Leitungswissenschaft" sehr bald aus

---

7 In dieser Zeitschrift, die seit 1951 erscheint und die von der „Deutschen Akademie für Staats- und Rechtswissenschaft ‚Walter Ulbricht' " herausgegeben wird, spielte sich in der Folgezeit überwiegend die wissenschaftliche Diskussion ab.

8 Piskotin u.a.; vgl. auch Starościak (1) und (2) – zwei Übersetzungen des nämlichen Titels ?!

9 Für den analogen Vorgang der Entstehung der Informatik vgl. Steinmüller (2) 3.

10 Vgl. Tschchikwadse (1) – T. ist Direktor dieses Instituts.

11 Birman (2) 999; s.o. Anm. 8

12 Riege u.a. 1215 ff.

13 Kassizkij 61 ff.; vgl. auch die bei Piskotin u.a. 2161 Anm. 4 angegebenen Veröffentlichungen von A. Birman. – „Staatliche Leitung" ist doppeldeutig, s.u. Anm. 154.

14 Vgl. o.Verf. (5) 1712. Das Institut wird von Prof. Dr. Michael Benjamin geleitet und stellte eine Fortentwicklung der ursprünglichen, bereits auf Leitungsaufgaben gerichteten Konzeption dar (o.Verf. (2) 180 ff.).

15 Art. 79 Abs. 2 der neuen Verf. DDR von 1968: „Der Ministerrat leitet, koordiniert und kontrolliert die Tätigkeit der Ministerien, der anderen zentralen Staatsorgane und der Räte der Bezirke entsprechend den Erkenntnissen der Organisationswissenschaft."

der wissenschaftlichen Diskussion der DDR (nicht in der UdSSR!)[16] und wird durch „Marxistisch-leninistische Organisationswissenschaft" ersetzt (wie sich besonders deutlich an der monatlichen Bibliographie in „Staat und Recht" zeigen läßt).[17]

Die Hochschätzung der Leitungs- und Organisationswissenschaft (im folgenden abgekürzt LW) hat neben sachlich-theoretischen und praktischen Gründen auch historische Ursachen.

„Bereits Marx"[18] hat auf Leitungs- und Organisationsfragen größten Wert gelegt, und Lenin war der Begründer der sozialistischen Theorie von der Leitung sowie auch praktisch „der größte Organisator in der Geschichte der Menschheit".[19]

In den 20er Jahren blühte auf seine Initiative eine ganze Literatur über Leitungsfragen auf, die nach einer Phase der Stagnation erst nach dem Zweiten Weltkrieg wieder erstand, vor allem eingangs der 60er Jahre,[20] anknüpfend an die Tradition der russischen Verwaltungs- und Verwaltungsrechtswissenschaft. Für die DDR sind nicht zu unterschätzen die Initiativen W. Ulbrichts, der mit zahlreichen Ansprachen die wissenschaftliche und praktische Entwicklung beschleunigte.[21]

16 Obwohl er gelegentlich auch dort synonym auftritt; z.B. Dejneko 51. – Hierzu Arutjunjan 1004, 1009; Tschchikwadse (2) 1396; Tichomirow 1761; Kasimirtschuk (2) 198; nebeneinander noch Dejneko 4,51; Tschchikwadse (2) 1396 f.; StuR 19 (1970) 1384 und F. Fiedler 41 gegen ebd. 261 („Theoretische und praktische Probleme der Leitungs- und Organisationswissenschaften"); vgl. M. Benjamin (4) 185 f.: „Organisationswissenschaft als leitungswissenschaftliche Disziplin" (!) – ein Zitat aus einer Ansprache W. Ulbrichts 1968.

17 Bis 1967 ist die leitungswissenschaftliche Literatur in StuR unter der Rubrik „Staatsrecht, Theorie und Geschichte des Staates und des Rechts" zu finden; ab 1967 erscheint eine eigene Rubrik „Leitungswissenschaft" (bis Jan. 1969); ab Februar 1969 wird sie durch „Marxistisch-leninistische Organisationswissenschaft" ersetzt (noch nicht dagegen in der Übersetzungsübersicht StuR 18 (1969) 323; dort erst ab Mai 1969 – ebd. 848); ab 1971 wird die Rubrik aufgeteilt in „Grundfragen der staatlichen Führung" (entsprechend der Institutsbezeichnung) und „Planung und Leitung der Bereiche" (StuR 20 (1971) 164 ff., 337 ff., 884 ff., u.ö.).

18 In keiner Darstellung fehlt der Hinweis auf Marx' Gleichnis vom Orchester und dem leitenden Dirigenten: z.B. Afanasjew 63, Belych 109 f., Dejneko 12, Manochin 1378

19 Dejneko 12; Tschchikwadse (1) 984; Tichomirow 1762; ferner Safir 1994 ff.; Piskotin u.a. 2162; Galperin (1) 1624; vor allem Schapko.

20 Galperin (2) 980 ff.; Riege u.a. 1215 (Warschau); Piskotin u.a. 2164

21 Dazu Ulbricht (2) passim. – Bedeutsam war vor allem das Neue Ökonomische System der Planung und Leitung (NÖSPL), das gebieterisch nach einer theoretischen Durchdringung der Leitungsprozesse verlangte (Hochbaum (1) 1829 ff.), und das durch das Ökonomische System des Sozialismus (ÖSS) abgelöst wurde.

3. Objekt und Gegenstand

Was aber nun ist die LW? Zunächst ist zwischen ihrem Objekt und ihrem Gegenstand zu unterscheiden.

Objekt ist der Ausschnitt aus der gesellschaftlichen Realität, den sie beschreibt und erklärt; nämlich die Gesamtheit aller realen zielgerichteten Prozesse zur Regulierung der Gesellschaft. Ihr **Gegenstand** ist deren Widerspiegelung im erkennenden Subjekt.[22]

Im Rahmen dieser Präzisierung ist Gegenstand der LW die theoretische Erforschung der Leitung von Staat und Gesellschaft auf der Grundlage des Marxismus-Leninismus.[23]

„Erforschung" meint Festlegung der Problemkreise, der Reihenfolge und der Methodik ihrer Lösung.[24] Dabei wird auf die „theoretische" Erforschung größten Wert gelegt, ohne daß darum praktisch-empirische Untersuchungen gering geachtet würden.[25] „Die Theorie bahnt der Praxis den Weg."[26]

Leitung umfaßt formal sowohl deren gesellschaftliche Funktion als auch deren Inhalt und vor allem deren optimale Organisation.[27]

Inhaltlich wird Leitung ebenfalls umfassend verstanden. Die LW betrachtet alle sozialen Prozesse im Hinblick auf ihre Gesetzmäßigkeiten und deren Beherrschung. Sie ist darum die wichtigste soziale Funktion der Gesellschaft.[28]

---

22 Galperin (2) 985 f.; Objektbestimmungen: ebd.; Manochin 1378 „Objektive Grundlage" der Leitungswissenschaft; im übrigen ist das Objekt der Leitungswissenschaft und Objekt (und Subjekt) der Leitung auseinanderzuhalten. Vorausgesetzt ist natürlich eine „realistische" Erkenntnistheorie.

23 S.u. 8.4; 9.

24 Galperin (2) 980 f.

25 Freilich klagt noch 1971 ein russischer Forscher: „Einer der größten Engpässe in der Entwicklung . . . der LW ist die ungenügende Kenntnis des Leitungsmechanismus" (Kasimirtschuk 219).

26 Afanasjew 17; das ist der berühmte marxistische „Vorlauf" der Theorie, der im Wesen des dialektischen Materialismus begründet ist – entgegen dem Aktionismus.

27 Vgl. Manochin 1381

28 Manochin 1378 f.; Tichomirow 1761; Kannegießer 1620 ff. – Eine umfassende Beschreibung findet sich bei Piskotin u.a. 2165: LW ist die „Wissenschaft vom Wesen und vom Inhalt des Prozesses der Leitung der staatlichen und gesellschaftlichen Angelegenheiten, von der Organisation der Leitung der einzelnen Zweige der Wirtschaft und Kultur, der Betriebe, Institutionen und Organisationen . . ., als Wissenschaft von den Wegen der Rationalisierung des Systems und der Struktur, der Vervollkommnung der Formen und Methoden der Arbeit des Verwaltungsapparates auf der Grundlage der neuesten Errungenschaften von Wissenschaft und Technik und ihrer weiteren Demokratisierung."

„Leitung" ist also nicht auf Führung des **Staates** beschränkt, mag dies auch die Hauptsache sein,[29] wegen der führenden Rolle des Staates beim Aufbau der sozialistischen Gesellschaft. Umgekehrt ist auch die Führung der **Volkswirtschaft** nicht alleiniger Gegenstand der LW,[30] mag auch die ökonomische Basis den Ausschlag geben.[31]

Vielmehr geht es um alle gesellschaftlichen Führungsprozesse, wo immer sie auftreten, ihre Struktur und ihre Optimierung – im wesentlichen also um die Bereiche des Staates, der Wirtschaft, der Kultur und Wissenschaft.

4. Terminologie

Zunächst trifft, wer sich mit der LW beschäftigen will, auf eine ziemlich undeutliche Terminologie, die sehr stark mit Wortverbindungen arbeitet; es gehe um

- planen und leiten[32]
- planen und steuern bzw. regeln[33]
- steuern und regeln[34]
- leiten und regeln[35]
- führen und/oder leiten[36]

Die Präzisierung ist nicht nur deswegen schwierig, weil jeder Autor naturgemäß seinen eigenen Wortschatz hat und den Worten eine besondere Bedeutung gibt; auch die übliche Unsicherheit zu Beginn einer neuen Wissenschaft reicht zur Erklärung nicht aus. Spezifische Ursachen sind einmal der starke Einfluß staatlich-politischer Terminologie,[37] zum anderen aber – Übersetzungsschwie-

---

29 Assmann (2) 263 f. Darum wird häufig undifferenziert nur von der staatlichen Leitung gesprochen; so z.B. von Manochin 1377 f., 1379 u.ö. gegen ebd. 1378; Riege u.a. 1215 ff.

30 So die Anfänge der LW; vgl. die oben Anm. 8 eingangs Genannten.

31 Belych 186 f. u.a. – Zur Frage der Unterscheidung und Verbindung von staatlicher und gesellschaftlicher Leitung vgl. M. Benjamin, in der „Vorbemerkung zur deutschen Ausgabe" von Belych 8.

32 Besonders häufig synonym bzw. als Hendiadyoin Tröger (2) 940; Fiedler (1) 8; u.v.a.

33 Vgl. Afanasjew 259

34 Berg/Tschernjak 6; Dejneko 41 ff.; Galperin (2) 983 ff.

35 Berg/Tschernjak ebd.

36 Hahn/Hofmann 1638 und Büchner-Uhder (2) 250

37 Z.B. geht die Verbindung „Planung und Leitung" u.a. zurück auf das Neue Ökonomische System der Planung und Leitung (NÖSPL) der 60er Jahre (vgl. 6.Parteitag der SED, o. Verf. (1) 1063 f. und oben zur Entstehung der LW). Vgl. U.-J. Heuer (3).

rigkeiten.[38] Doch zeigt die Einzelanalyse wider den ersten Anschein durchaus ein klareres Bild.

4.1 Leitung

Wichtigster[39] und Zentralbegriff ist zunächst die „Leitung", später die „Organisation". Meist werden übrigens **Leitung und Führung** gleichgesetzt,[40] gelegentlich aber unterschieden:[41] Führung lege Ziele und Wege fest („Leitung der Leitung"), Leitung i.e.S. die Mittel hierfür.[42] Darin liege der Unterschied zwischen zentralen und operativen Leitungsfunktionen begründet.[43]

Leitung (im folgenden i.w.S.) kann sein ein dynamischer Prozeß, also die Leitungstätigkeit; aber auch deren Ergebnis, die Leitungsorganisation; schließlich deren Subjekt, die Leitungsorgane.[44]

Im Vordergrund steht der Prozeß der Leitung. So wird definiert: Leitung ist das (ständige)[45] „zielgerichtete Einwirken auf das Gesellschaftssystem als Ganzes oder auf einzelne seiner Glieder auf der Grundlage der Kenntnis und Nut-

---

38 Das russische Wort управление (uprawlenije) heißt sowohl Leiten bzw. Führen als auch Steuern bzw. (kybernetisch) Regeln, zudem aber auch Verwalten (vgl. Galperin (1) 1622 (!); Manochin 1378; Afanasjew 16; Berg/Tschernjak /6), wobei zu vermuten ist, daß „Steuern" als Oberbegriff zur kybernetischen Steuerung und Regelung verwandt, Leitung (als gesellschaftliche Steuerung bzw. Regelung) und Führung im wesentlichen gleichgesetzt werden (Afanasjew ebd. – Bemerkungen zur deutschen Ausgabe (M. Benjamin), und ebd. 40 ff.).

39 Tichomirow 1761

40 Afanasjew 136[8]; Benjamin: bei Afanasjew 11 f., 16; und o. Verf. (4) 519; darum gelegentlich auch „Führungswissenschaft": Hahn/Hofmann 1638 und Thimm 191 ff.; vgl. das „Institut für staatliche Führung", oben zu Anm. 14.

41 „Bisher üblicher Sprachgebrauch": Hahn/Hofmann 1638 Anm. 2; wohl verändert unter dem Eindruck der „Leitungs"-Wissenschaft als Oberbegriff. – Anders unterscheidet die betriebswirtschaftliche Literatur: Korff, passim.

42 Klaus (2) 650 ff.; vor allem in der russischen Literatur, wo Leitung oft mit Verwaltung und diese mit der operativen Ebene gleichgesetzt wird (vgl. Benjamin (6) 1758; Belych 154 ff. und unten zu den Phasen der Leitung). In diesem Sinne ist Führung die gesamte Tätigkeit, die mit der Vorbereitung und dem Fassen von Beschlüssen zu Grundfragen der Entwicklung der sozialistischen Gesellschaft verbunden ist, Leitung dagegen, was der Realisierung der durch die Führung beschlossenen Ziele und Maßnahmen dient (Hahn/Hofmann 1641 f.) – kurz: die verfügende und die vollziehende Funktion (Jakowlew 2110 f.).

43 Manochin 1378 f.; oder, in „bürgerlicher" Terminologie: Es handelt sich um die Planungs- und die operative (Ausführungs-)Ebene des Management.

44 Klaus ebd.; Galperin (2) 983 ff.; bei Dejneko 13 und W.I.Terestschenko (bei Belych 121 Anm. 23) ist die Organisation statische „Struktur"; dagegen mit Recht Belych ebd.

45 Dejneko 13

46 Tichomirow 1761; Vgl. auch die Definitionen bei Dejneko 13

zung der dem System eigenen objektiven Gesetzmäßigkeiten (mit der) Aufgabe, das optimale Funktionieren des Systems und die Erreichung des gesteckten Ziels zu sichern."[46] Oder:

„Die Leitung ist ein Prozeß zielgerichteter steuernder und (!) regelnder Einwirkungen des leitenden (Systems) auf das geleitete unter Verwendung des Informationsaustauschs, die die Beibehaltung oder Verstärkung der Regulierung des geleiteten Systems gewährleisten."[47] Oder kurz:

„Ganz allgemein kann die Leitung als Regelung eines Systems definiert werden."[48]

Die kybernetische (regelungstheoretische) Tendenz ist deutlich. Damit hierauf näher eingegangen werden kann, müssen das Verhältnis der Leitung zur Planung und die Leitungsmethodik näher geschildert werden.

4.2 Planung

Wer leiten will, muß planen; Leitung umfaßt also selbstverständlich die Planung[49] – ein keineswegs allgemein anerkanntes Ergebnis.[50]

Dies führt zur Frage nach den einzelnen „Bestandteilen"[51] der Leitung. Als solche werden vor allem aufgezählt

- Prognose[52]
- Planung (i.S.v. Führung)[53]
- Leitung (i.e.S. von Ausführung)[54]
- Kontrolle (einschließlich Rechnungsführung).[55]

---

47 Galperin (2) 985

48 I. B. Nowik 25, zit. ebd.

49 Kannegießer (2) 43; ist besondere Art der Leitungsentscheidung: Benjamin (6) 1755, ja sogar ihr Wesen und Kern: Belych 185 (weil Ausnützung der objektiven Gesetzmäßigkeit der gesellschaftlichen Entwicklung); ihre „Grundfunktion": Klaus (2) 654 f.; a.M. Afanasjew 238 ff.: lediglich eine (besonders wichtige) Leitungsform.

50 Birman (2) 998 f.; Belych ebd.

51 Benjamin, in Afanasjew 12; ebd. „Bereiche".

52 Klaus (2) 884; M. Benjamin, ebd.; Thimm 191 ff.; zugleich ist Prognostik eine eigenständige Disziplin: Loose 744 f.; ihr Verhältnis zur „bürgerlichen" Zukunftsforschung: F. Fiedler (2).

53 Als wichtigste Form der Leitungsentscheidung: Afanasjew 237 ff.; jedoch keine eigene „Etappe" des Führungsprozesses; a.M. M. Benjamin, ebd. 11 in den „Bemerkungen".

54 I.e.S. als Durchführung (Tröger (2) 944) bzw. „Regelung" (Afanasjew 259); dazu Dejneko 17 f.; Tröger (2) 944

55 Berg/Tschernjak 38; Dejneko und Tröger ebd.

Demgegenüber wirft G. Klaus die Frage auf, ob nicht Planung (auch?) eine alle Phasen des Leitungsprozesses durchziehende Funktion der Leitung selbst sei,[56] die freilich gesonderter Betrachtung bedürfe.[57] Denn Planung ist der „Prozeß der Aufstellung, des Beschlusses, der Überprüfung und Korrektur von Plänen"[58] – und solche werden in allen Teilen des Leitungsprozesses benötigt. Darum auch müssen **Plan und Prognose** wohl unterschieden werden.[59]

Während der Plan konstitutiv entscheidet und festlegt, versucht die Prognose, deklaratorisch vorauszusagen und damit eine Voraussetzung für die Planung zu schaffen.[60] Die Prognose erkennt, was wahrscheinlich ist bzw. sein wird, der Plan fordert daraufhin, was sicher sein soll,[61] damit eine der Varianten der Prognose eintritt.[62]

Die Prognose führt zunächst zum Perspektivplan, dem sozialistischen „Hauptsteuerungsinstrument", und dieser zu den Detailplänen;[63] immer stärker jedoch geht man zum fortgeschritteneren Prinzip der gleitenden Planung über.[64]

Auf Prognose und Planung folgen Ausführung und Kontrolle. Letztere ist – zusammen mit der häufig eigens aufgeführten „Rechnungslegung",[65] die damit ihrer betriebswirtschaftlichen Herkunft entwächst – auch im sozialistischen System von grundlegender Bedeutung,[66] zumal es (ebenso wie die kapitalistische Wirtschaft und ihre Planungssysteme) keine echte Gewaltenteilung kennt.

5. Methode

Wie aber vollzieht sich der Prozeß der Leitung? Das führt zur Frage nach der Methode der Leitung und damit nach den Methoden der LW.

---

56 Klaus (2) 654 f.; Belych 185 f.

57 Benjamin, in: Afanasjew 11 f.

58 Klaus (2) 850

59 Prognose hier als Ergebnis des Prognose-Prozesses. Zum Unterschied zwischen Prognose und Hypothese vgl. Klaus (2) 882 gegen Eichhorn 47 ff.; dazu Schermer 349 ff.

60 Klaus (2) 847, 880–884, str.; vgl. Eichhorn I 45, 47 ff. und dazu Schermer 349 ff.; „entscheidende Grundlage": Benjamin, ebd.; vgl. ferner Sieber 1357

61 Coburger u.a. 991; dazu Eichhorn I 56 ff.

62 Freilich ist damit der rückkoppelnd-normative Aspekt der Prognose als self-fulfilling (bzw. suicidal) prophecy noch nicht berücksichtigt.

63 Sieber 1357; Großmann/Möbis 1493; Afanasjew 237 ff.

64 Klaus (2) 852 f.; zum Übergang vom Plan zur Strategie: ebd. 848 f.

65 Z.B. Afanasjew 264 ff.

66 Afanasjew 264 ff.

5.1 Methodenpluralismus

Entsprechend der Vielfalt der Leitungsobjekte (Staat, Wirtschaft, Wissenschaft, Kultur, je in ihren vielen Sparten und Bereichen) ist auch der Gegenstand der LW höchst komplex.[67] Eine Vielzahl wissenschaftlicher Disziplinen leistet seine rationale Beschreibung und Erklärung. Demgemäß ist sie eine „Komplexwissenschaft";[68] so bedient sich die LW aller Methoden dieser Einzelwissenschaften („**komplexe Methode**").[69]
Um welche Methoden handelt es sich?Die – zahlreichen – Aufzählungen sind nicht ganz einheitlich; sie konvergieren in folgendem: Es müsse sich in jedem Falle handeln um Methoden der

- Struktur- oder Formalwissenschaften (Kybernetik, Logik, Mathematik)
- technischen und Naturwissenschaften
- Gesellschaftswissenschaften (insbesondere Ökonomie, Recht, Psychologie, Pädagogik, Soziologie)

unter Vorordnung des wissenschaftlichen Marxismus-Leninismus.[70]

Schließt aber nicht diese Methodenvielfalt eine einheitliche Leitungswissenschaft aus?

5.2 Wissenschaftscharakter

Wenig verwunderlich, daß bei diesem Stand der Wissenschaftscharakter der LW geleugnet, ihre Eigenständigkeit angezweifelt, ihre Existenzberechtigung bestritten wurde und noch wird.

---

67 Tschchikwadse (1) 985; Dejneko 18 f., 82; und die unten Anm. 69 Genannten.

68 Komplexe Wissenschaft: Piskotin u.a. 2167 ff.; Kannegießer 1622; Manochin 1381 f.; Komplexwissenschaft bzw. Komplexdisziplin: Piskotin u.a. 2165

69 Piskotin u.a. 2165 ff.; Manochin 1381; Dejneko ebd.; o.Verf. (3) 1385; Büchner-Uhder (2) 250; Benjamin (6) 1759. – Die Nähe zu modernen wissenschaftstheoretischen Fragestellungen ist deutlich: LW ist eine problemorientierte Disziplin mit Methodenpluralismus – wie überhaupt rechts- und allgemein wissenschaftstheoretischen Fragestellungen in der DDR mehr Beachtung geschenkt wird als hierzulande; vgl. statt aller F. Fiedler (1).

70 Manochin 1381 f.; o.Verf. (3) 1377; Galperin (2) 987 (Schaubild); Benjamin (4) 185. – Selbst das Instrumentarium der sozialistischen Ethik sei einzubeziehen: Piskotin u.a. 2172; Kannegießer (1) 1621. – Eine andere starke Richtung verficht die Dominanz der ökonomisch-juristisch-technischen Seite (Galperin (2) 981) entsprechend den zu leitenden Bereichen der Gesellschaft.

Drei Auffassungen[71] werden im wesentlichen vertreten:

- die LW existiere nicht; sie falle vielmehr mit einer der traditionellen Disziplinen zusammen;
- die LW sei „nichts anderes als":
  - angewandter Marxismus-Leninismus[72]
  - Verwaltungswissenschaft[73]
  - Teil der Politologie[74]
  - Fortentwicklung der Rechtswissenschaft[75]
  - lediglich ein Wissenschaftsbündel aus „Zweigwissenschaften"[76]
- die LW sei eine eigenständige Disziplin.

Demgegenüber betonen L. B. Galperin und P. N. Lebedew nachdrücklich, daß sie „diese Wissenschaft als selbständige (Gesellschafts-[77]) Wissenschaft betrachten, die ihren eigenen Gegenstand und ihre eigene Methode, ihre eigenen Begriffe und ihr eigenes System hat".

Mag man auch die LW „in einen ökonomischen, juristischen usw. ‚Teil' aus Gründen der besseren Untersuchung" untergliedern, „so doch nur mit dem unbedingten Hinweis auf jenes theoretische Fundament, das ihr zugrundeliegt"[78] – zu Recht; denn Leitungsprozesse treten nicht nur auf in der öffentlichen Verwaltung oder bei der Gesetzgebung, sondern zumindest ebenso bei der Lenkung der Wirtschaft und der technischen Produktion.

---

71 Dazu Galperin (2) 981 ff. mit Literaturhinweisen. Dahinter stehen divergierende wissenschaftstheoretische Auffassungen über das, was etwas zu einer Wissenschaft macht (ob der einheitliche Gegenstand genüge oder eine einheitliche Methode dazukommen und/oder ob sie systematisch sein müsse, usf.) und ein sehr starkes Interesse an wissenschaftssystematischen Fragen (dazu Ostroumov 648 ff. m. Lit.) ausgehend von der marxistisch-leninistischen (und zugleich neopositivistischen) Auffassung von der „Einheit der Wissenschaften" (dazu F. Fiedler (1)).

72 So vor allem Belych 209 ff. m. Lit.

73 Dies hängt mit ihrer Entstehung zusammen, s.o. und Riege u.a. 1215; Kasimirtschuk (2) 199

74 F. M. Burlatzki, S.S. Aleksejew, W.E. Tschirkin, G.S. Ostroumov: Laut Galperin (2) 981 f. und Ostroumov 648 ff.

75 Z.B. Péteri, in: Galperin (2) 997 f.; ferner Kerimow, Lunew, Manochin: so Belych 209 ff.

76 Hahn/Hofmann 1649; Jakowlew 2106 ff.; Manochin 1382; Hauptvertreter – in unterschiedlicher Strenge – sind: M. I. Piskotin, W. M. Manochin, A. M. Birman, N.W. Adfeldt, A.I. Rumjanzew.

77 So die h.A.; z.B. Büchner-Uhder (2) 250; Afanasjew 18 (Gesellschaftswissenschaft mit vorwiegend naturwissenschaftlicher Methode).

78 Galperin (1) 1623; Galperin (2) 980 ff.; ähnlich Ljubowitsch, Jakowlew, und der Pole E. Starościak.

Diese „**allgemeine Theorie der Leitung**" hat sich inzwischen im wesentlichen durchgesetzt; es ist eine auf Leitungsfragen angewandte Kybernetik, was bereits zur Kennzeichnung der LW als „**Leitungskybernetik**" bzw. „Planungskybernetik"[79] geführt hat.[80]

6. „Leitungskybernetik"

Wohl mit veranlaßt durch die Mehrdeutigkeit des russischen Wortes für „Leitung" wurde früh der Zusammenhang zwischen Leitungswissenschaft und Kybernetik erkannt – diese zunächst als Regelungstheorie,[81] bald aber (im Gefolge russischer Forscher, in der DDR vor allem G. Klaus' und M. Benjamins) als umfassende Strukturtheorie dynamischer Systeme verstanden.[82] Kaum war die LW konstituiert, als auch schon allgemein die Methoden der Kybernetik als **eine** der leitungswissenschaftlichen Methoden akzeptiert wurden.[83]

Als man daran ging, das theoretische Fundament der heterogenen Teildisziplinen dieser „Komplexwissenschaft" zu formulieren, sah man sehr bald, daß nur eine sehr allgemeine und abstrakte Theorie dies leisten konnte. Als solche wurde die Kybernetik erachtet,[84] nicht etwa (was auch möglich gewesen wäre) die Mathematik.

Neben der sprachlichen wie sachlichen Nähe von Leitung und Kybernetik[85] spielten wohl auch, wie nicht außer acht gelassen werden darf, politische Ge-

---

79 Klaus (2) 853 f.

80 Kannegießer (1) 1609 ff., 1620.; Afanasjew 17 ff. – Es wird in der BRD häufig die Ansicht vertreten, die Kybernetik werde als Lieblingskind Ulbrichts bald wieder aus der wissenschaftlichen Diskussion der DDR verschwinden, zumal die Leitungstätigkeit der Partei doch nur als Störgröße im Regelungssystem auftreten könne. Ganz abgesehen von der sachlichen Falschheit dieser Behauptung gewinnt die Kybernetik als Theoriegrundlage für die Automation (und damit für die automationsunterstützte Leitung) zunehmend an Bedeutung.

81 Nemtschinow 1799 ff. (für Planung und Leitung ökonomischer Prozesse); für die DDR vgl. Heuer (1) 43; übernommen in die Rechtskybernetik als Teilsystem der Planung und Leitung der Gesellschaft: ders. (2) 985 ff.; Kannegießer (2) 33 f.; Benjamin (3) 1230 ff.

82 Grundlegend: G. Klaus (3)

83 Statt aller und zuletzt Benjamin (4) 185

84 Am entschiedensten wohl Vrecion 1880 ff.; (zu Unrecht) einschränkend Tichomirow 1763

85 Vgl. griech. kybernein – gouverner – to govern – führen, leiten.

sichtspunkte eine schwer abzuschätzende Rolle.[86] Letztes Ziel ist die Erarbeitung eines kybernetischen, mit Hilfe der EDV automatisierten universalen Gesellschaftsmodells[87] ungeachtet aller praktischen und prinzipiellen[88] Bedenken.

Auf Teilgebieten, vor allem in der theoretischen Durchdringung des Leitungsprozesses, sind bemerkenswerte **Ergebnisse** zu verzeichnen. Einige Hinweise – in der Reihenfolge der kybernetischen Teilgebiete[89] – mögen genügen.

Unter **systemtheoretischem** Aspekt wird vor allem die Planung erörtert (als offenes System mit seiner Organisation,[90] aber auch als Prozeß[91] (der Simulation) und als Ergebnis dieses Prozesses, als (Planungs-)Modell,[92] schließlich das Leitungssystem als ganzes[93] wie in seiner informationellen Struktur.[94] Überhaupt erscheint die Modellbildung als zentrales Problem,[95] vor allem in Hinblick auf die Einführung der EDV. Selbst die bekannte (ursprünglich betriebswirtschaftliche, inzwischen allgemein verwaltungsinformatische)[96] Un-

---

86 Vgl. Programm der KPdSU bei Piskotin u.a. 2171: „Kybernetik (und) elektronische Rechenmaschinen . . . werden . . . im Forschungswesen, bei der Planung . . ., in der Rechnungsführung und Verwaltung weitgehend angewandt werden"; W. Ulbricht wurde nicht müde, auf die Rolle der Kybernetik, besonders der Operationsforschung (= Operations Research) einschließlich Netzplantechnik bei der Planung und Leitung der Gesellschaft hinzuweisen (z.B. beim VI. und VII. SED-Parteitag, vgl. Ney-Schulze 1831 f.; 2. Tagung des ZK 1967: Posch 1700 Anm. 1; 9. Tagung: Ulbricht 1930; Benjamin (7) 416 und Benjamin (4) 191)

87 Ulbricht 1521; nach Benjamin (1) 921; Berg/Tschernjak 84 ff.; Galperin (1) 1630 f.

88 Vor allem geht es um die Ablehnung eines durch kybernetische Methoden induzierten bürgerlich-wertfreien Formalismus und der Konvergenz (zwischen sozialistischer und kapitalistischer Gesellschaftsentwicklung), s.u.g

89 Klaus (3) 325; Kannegießer (2) 34

90 Kannegießer (2) 34 ff.

91 Klaus (3) 850

92 Klaus (2) 845 ff.

93 Galperin (2) 1625; Benjamin (3) 1230 ff.; zur Theorie großer Systeme vgl. Benjamin (7) 417

94 Kannegießer (2) 34 ff.; Posch 1702 ff.

95 Benjamin (1) 920 f.; Benjamin (4) 187 ff.; ausführlich Afanasjew 393 ff. und Berg/Tschernjak 20 ff. (Matrixmodell); vgl. auch die Literaturangaben bei Afanasjew 18 Anm. 5. – Zur Systemanalyse vgl. Berg/Tschernjak 81 ff.; Klaus (2) 850 f.; Tröger (1) 1962 ff.; Benjamin (4) 189 f.

96 H. Fiedler 552 ff.; Steinmüller (1) 72

terscheidung zwischen Ablauf- und Aufbauorganisation taucht auf[97] und wird fortentwickelt.[98]

Unter **Regelungs**gesichtspunkten interessiert naturgemäß vor allem die Organisation staatlich-wirtschaftlicher Systeme zu multi- und ultrastabilen vermaschten Regelkreisen, die geeignet sind, einen hohen Grad von Umweltkomplexität („Störungen") zu verarbeiten, ohne ihre Stabilität einzubüßen, indem sie über Regler höherer Ordnung mit Hilfe eines Daten- und Programmspeichers („Gedächtnis"; „Geschichte"!) die Regelung optimieren.[99] Die Leitung selbst wird also als kompensierende Rückkopplung eines lernenden Systems gedeutet,[100] die Planung erscheint als Regelungsprozeß,[101] der Plan als Führungsgröße.[102]

Interessante Aspekte zeigt die **informationstheoretische** Betrachtung der Leitung.[103] Erlaubt sie doch die Messung des Organisations- und Informationsverarbeitungsgrades der Leitung,[104] den Versuch optimaler Informationsreduktion[105] und Redundanzverminderung.[106]

Vor allem ist die Leitung institutionell ein rückkoppelndes Informationssystem; demnach ein System zur zielorientierten Gewinnung, Übertragung und Umwandlung von Informationen;[107] prozessual also ein – integrierter[108] –

---

97 Hier: dynamische bzw. Prozeß- und statische bzw. Aufbauorganisation, Afanasjew 245 ff.

98 Benjamin, bei Afanasjew 12 f., nach Dejneko 13 u.a.: Organisation als Organisiertheit, als Institution/Teilsystem, als Organisieren.

99 Kannegießer (2) 37 ff. (Regelungsorgan als Homöostat; Planungs- und Vertragssystem miteinander vermascht); Benjamin (3) 1231 ff. (Isomorphiebeziehungen zwischen den Leitungsteilsystemen; Resultante der verschiedenen Führungsgrößen; ausführliche Erörterung ihrer vermaschten und hierarchischen Struktur; Zentralisierung – Dezentralisierung (dazu auch Berg/Tschernjak 59 f.); Benjamin (3) a.a.O.; Posch 1707 („Speicher"); Berg/Tschernjak 84 ff. (automatisierte Leitungssysteme höheren Grades; Strategien und Prognosen als „Metainformation").

100 Klaus (2) 650 ff., 845 ff.; Galperin (1) 1632 ff.; Posch 1700 ff.; Berg/Tschernjak 50 ff.

101 Heuer (1) 41 f.

102 Klaus ebd.

103 Benjamin (1) 921; Galperin (1) 1624 ff.; Benjamin (2) 1288 ff.; besonders ausführlich Berg/Tschernjak.

104 Kannegießer (2) 34 f.; Galperin (1) 1635 f.; Benjamin (2) 1299 ff.

105 Posch 1702 ff.; Berg/Tschernjak 83 ff.

106 Benjamin (2) 1291 ff.; ebd. auch zum „Rauschen" bei der staatlichen Leitung.

107 Grundlegend Berg/Tschernjak 16 ff., 35 ff. u.ö.; dazu Galperin (1) 1631 ff.; Dejneko 16

108 Berg/Tschernjak 46 f.; Galperin (1) 1635; Benjamin (5) 1665 f.; Tröger (1) 1965; Tröger (2) 951

Informationsverarbeitungsprozeß,[109] mit der typischen Struktur des Leitungsprozesses: Informationssammlung, –auswahl, –kontrolle;[110] ihre Abbildung (vor allem im Rechner) ein Informationsmodell.[111]

Theoretisch besonders beachtenswert ist der Versuch, die Semiotik, Linguistik und Informationswissenschaft mit der Informationstheorie in Verbindung zu bringen.[112]

Auf **entscheidungs- und algorithmentheoretischem** Gebiet fällt die – schon in ihren Ursachen erwähnte – wiederkehrende Erwähnung der Operationsforschung auf.[113]

7. Auf dem Weg zum integrierten und automatisierten Planungs- und Leitungsinformationssystem

Mit der LW als angewandter Kyvernetik steht der sozialistischen Forschung zugleich eine ausgebaute Theorie der EDV in der öffentlichen und privaten Verwaltung zur Verfügung, während sie in der BRD erst noch geschaffen werden muß.[114]

Gleichwohl war sie nicht von vornherein als solche konzipiert,[115] vielmehr auf jede Art von Leitung ausgelegt; die EDV erschien zunächst nur als technisches Hilfsmittel für allzu komplizierte Berechnungen;[116] bald aber wurde die Automatisierung als „höchste" Form rationaler Planung und Leitung erkannt.[117]

---

109 Berg/Tschernjak ebd. und Benjamin (2) 1289

110 Jakowlew 2110 f.

111 Galperin (1) 1627 ff.

112 Berg/Tschernjak 64 ff. und Afanasjew 46 ff. (auch Benjamin (2) 1293 nach Klaus (1) 58 ff.); – unabhängig davon ebenso Steinmüller (1) 8, 22 f., 25 f.

113 S.o. Anm. 86. – Gemeint ist aber meist nur die Netzplantechnik, der relativ umfangreiche Untersuchungen gewidmet werden; vgl. z.B. Havemann (1) – (5); Afanasjew 403 ff.; zur heuristischen Programmierung: Afanasjew 407 f. – Vgl. auch den interessanten Hinweis auf eine Verbindung von Prozeßlogik und Algorithmentheorie zur Rechtsformalisierung bei Benjamin (3) 1238 f.

114 Erste rechts- und verwaltungsinformatische Ansätze bei H.Fiedler und Steinmüller (1 ff.). Auch das Werk Luhmanns sollte in dieser Richtung befragt werden. – Vgl. die Schilderung der Entwicklung bei Schljachow/Edschubov 1944 ff. ab 1949 (Gründung der Sektion „Kybernetik und Recht" im Wiss. Rat für Kybernetik der Akademie der Wissenschaften der UdSSR).

115 Kannegießer (1) 1620 „noch nicht".

116 Dejneko 22 ff., 45 ff. als Leitungstechnologie; zuerst jedoch Piskotin u.a. 2167 gemäß dem oben zitierten Parteiprogramm der KPdSU.

117 Hochbaum (2) 550; Benjamin (1) 916 ff.; Tröger (3) 222 ff. und oben zu Anm.87

Die Verbindung von EDV und Leitung vollzog sich vielmehr schrittweise, auch hier unter politischer Unterstützung.[118]

Wenngleich die bisherige Automationspraxis noch weit hinter der BRD zurückbleibt,[119] hat man dennoch folgerichtig den Schritt zum rechnerunterstützten Leitungs- und Planungsinformationssystem in der Theorie bereits vollzogen.

Die Parallele zu entsprechenden Entwicklungen in der BRD in Staat bzw. Wirtschaft („Integrierte Datenverarbeitung" bzw. „Management Information Systems"[120]) ist deutlich genug, ungeachtet aller systembedingter Differenzen.

Hier wie dort unterscheidet und verbindet man operative und Führungsebene,[121] gibt der Ablauforganisation den Vorrang vor der institutionellen bzw. Aufbauorganisation,[122] stellt Rationalisierung und nicht EDV-Einsatz in den Vordergrund,[123] werden Datenbanken ins Planungsinformationssystem einbezogen,[124] ist (bzw. wird) das Personenkennzeichen als Integrationshilfe und Grundlage für umfassende staatlich-wirtschaftliche Informationssysteme eingeführt, tritt das übliche Dilemma zwischen Verwaltungsautomationsdaten und zusätzlichen Planungsinformationen auf,[125] stößt der Versuch zur Formalisierung der Führungsprozesse auf vorläufig unüberwindliche Schwierigkeiten,[126] plant man gleichwohl integrierte und automatisierte Planungsinformationssysteme bis 1980[127] – kurz, hier wie dort ist man „vielerorts nicht vorangekommen",[128] obendrein durch veraltete hardware behindert. Man könnte behaup-

---

118 Ulbricht (1) 1609 f.; Benjamin (4) 191: EDV als Führungsinstrument unter anderen; StuR 20 (1971) 185, 187: Beschluß des Staatsrats der DDR 1970 zur Förderung der EDV.

119 Vgl. die Beispiele bei Kasimirtschuk 224, 230 f.; Tröger (2) 942 ff., überwiegend aus der Kommunalverwaltung.

120 In der monatlichen Bibliographie in StuR wird Organisationswissenschaft mit ... management science übersetzt!

121 Tröger (1) 1957 ff., 1966; (2) 948 f.; ebenso Dahms/Haberlandt 455 zum management information system. Hier wie dort übrigens auch die terminologische Unsicherheit: Informations- oder Leitungsinformationssystem, z.B. Tröger (1) 1959 ff.

122 Afanasjew 245 ff.

123 Tröger (2) 949 f.; (1) 1959

124 Benjamin (5) 1665 f. und Großmann/Möbis 1497 ff.

125 Tröger (1) 1963; (2) 947 f.

126 Tröger (2) 947, 949

127 Ulbricht 1929 f.; ferner Benjamin (5) 1665 f.; Tröger (3) 225; Berg 46 f., 80

128 Tröger (2) 944

ten, daß der theoretische Vorsprung der LW in der DDR ausgeglichen wird durch den praktischen Rückstand gegenüber der BRD.[129]

Ist also die LW eine verkappte „bürgerliche Theorie "? Ihre Stellung zum sozialistischen Rechtswesen und schließlich als „marxistisch-leninistische Organisationswissenschaft" zeigt die ideologische Differenz an den entscheidenden Punkten: im Rechtsverständnis und im gesellschaftlich-historischen Kontext.

8. Recht, Verwaltung und Organisation

Es fällt auf, daß der Rechts- und Verwaltungswissenschaft innerhalb der Leitungswissenschaft eine unerwartet große Bedeutung zukommt; sie ist so groß, daß von einigen, wie erwähnt, sogar die LW als rechts- bzw. verwaltungswissenschaftliche Disziplin eingeschätzt wird.[130] Diese Nähe kann nicht allein aus dem sprachlichen und Entstehungszusammenhang mit der Rechtskybernetik und mit der Verwaltungs(rechts)wissenschaft erklärt werden. Vielmehr ist sie in der LW selbst und im sozialistischen Rechtsverständnis begründet.

8.1. Das Verhältnis der LW zur Rechtswissenschaft

Die juristische Methode ist nicht bloß eine unter den vielen der komplexen LW; vielmehr macht das Recht den wichtigsten (!) Teil der LW aus.[131] In dieser, meist von Juristen vorgetragenen Behauptung steckt nicht nur ein gut Teil Selbstüberschätzung des traditionell „leitungsbewußten" Juristen. Sie ist auch in der Sache begründet, da sowohl das Leitungssubjekt (vor allem der Staat und seine Organe) als auch die Organisation der Leitungsprozesse und die Festlegung der Leitungsziele vom Recht bestimmt sind. Das Recht (und mit ihm der Plan als „zentraler Rechtsakt"[132]) ist „eines der Hauptinstrumente zur Leitung der Gesellschaft".[133]

---

129 Auch in der Zuordnung der EDV besonders zu den Volksvertretungen (Tröger (1) 1957 ff.; (2) 940), die freilich eine völlig anders geartete verfassungsrechtliche Stellung haben, liegt ein wesentlicher Unterschied zur BRD.

130 Sie ist auch Bestandteil der juristischen Ausbildung geworden (zusammen mit Grundlagen der Mathematik, der Kybernetik und der EDV!), und zwar bereits des Grundstudiums, vgl. Büchner–Uhder (1) 253

131 Lunew 812 ff.

132 Hochbaum (2) 555; das Planungsrecht ist (wie übrigens auch in der BRD) noch unterentwickelt: Panzer/Penig 1080 ff. – Rechtstheoretisch ist von einiger Tragweite der (selbst als Meta-Rechtsnorm zu qualifizierende) Beschluß des Ministerrats der DDR vom 26. Juni 1968 (GBl. II S. 433 ff.), der erstmals Netzpläne, Ablaufdiagramme u.ä. Graphen „unmittelbar zum Bestandteil (von) Rechtsnormen macht", Benjamin (5) 1666. – Vgl. hierzu die Blockdiagramme von BAFöG-BRD!

133 Tschchikwadse (1) 986; s.a. Dejew 289 und Such 1885 (Recht ist nicht selbst Instrument, sondern dessen wirksame Gestaltung).

Leitungssubjekt, Leitungsprozeß, Leitungsziel und Leitungsmittel sind demnach wesentlich vom Recht geprägt.[134] Recht ist „regulierender Grundfaktor des gesellschaftlichen Lebens"[135] und damit Essentiale auch der Leitungswissenschaft.

Eine Konsequenz daraus ist die wiederkehrende wissenschaftstheoretische Forderung nach einer engen Zusammenarbeit zwischen Rechtswissenschaftlern und Leitungswissenschaftlern und nach verstärkter Berücksichtigung ersterer.[136]

Wissenschaftssystematisch wird daraus die relative Selbständigkeit des juristischen Teilbereichs der LW behauptet;[137] sie wird als „Recht der Leitung und Organisation"[138] fast zu einer (Teil-)„Rechtswissenschaft in der LW", mit der Folge, daß LW und Rechtswissenschaft einander überlappen.[139] Umgekehrt bereichert und befruchtet die LW die Rechtswissenschaft.[140]

Innerhalb des juristischen Teils der LW wird anfänglich – bezeichnend für die repressive Tendenz – der Akzent auf das Strafrecht gelegt,[141] während später die zukunftsorientierte „dynamische" Gestaltungsfunktion des Rechts – und damit formale Gesetzgebungslehre und materiale Rechtspolitik bis hin zum utopischen Ausblick auf eine automatisierte Rechtsetzung[142] – mehr in den Vordergrund tritt.[143]

8.2 Sozialistisches Rechtsverständnis

Die Betonung der Rolle des Rechts innerhalb der Leitung der gesellschaftlichen Prozesse beruht auf der andersgearteten Einschätzung der Stellung des Rechts

---

134 Galperin (2) 987 f. und Schulze 232 ff.

135 Piskotin u.a. 2166 ff. und Galperin (2) 989

136 Lunew 812 ff.

137 Manochin 1382 ff.

138 Gefordert als spezielles Staatsrecht, mit einem Allgemeinen und einem Besonderen Teil: Büchner-Uhder (2) 250 ff.; Moschütz/Schulze 614 ff.

139 Manochin 1382 ff. – Beteiligte Rechtsdisziplinen sind nicht nur Staats- und Verwaltungsrecht, sondern praktisch alle Rechtsgebiete, jeweils unter dem Aspekt ihrer Leitungs- und Organisationsfunktion: Dejneko 19; Manochin 1383 f.; Piskotin u.a. 2166. Unter diesem Gesichtswinkel verschwinden u.U. übliche Einteilungen, Hochbaum (1) 1831.

140 Belych 133; Kasimirtschuk (2) 199, 202

141 o. Verf. (2) 183 f. und Buchholz (2) 1588 ff.

142 Arlt (2) 872; Schulze 232 ff.; u.a.

143 Tichomirow 1771. Auffällig der hohe Anteil an rechtssoziologischen Fragestellungen (Kasimirtschuk (2) 205 ff., 209). Zur normativen Komponente der Operationsforschungs-Anwendung vgl. Havemann (3) 234 ff.

innerhalb einer sozialistischen Gesellschaft: „Die Bedeutung des sozialistischen Rechts nimmt mit der Entwicklung der sozialistischen Gesellschaft zu."[144]

Ohne auf die keineswegs triviale sozialistische Rechts- und Staatstheorie näher einzugehen: jedenfalls sieht sie das Recht aufgrund der Prämissen des Marxismus-Leninismus zwar (im wesentlichen) als Überbauerscheinung, jedoch in unmittelbarer Verbindung mit der Basis;[145] sie verändert damit den traditionellen Rechtsbegriff,[146] sieht überhaupt das Recht viel umfassender als kybernetisches und damit dynamisches Modell- und Regelungssystem,[147] mißt ihm damit eine weitaus größere Bedeutung zu als die nicht nur in marxistischen Augen allzusehr in Positivismen und Formalismen erstarrte „bürgerliche" Rechtstheorie; Recht und Politik sind eng miteinander verflochten.[148]

8.3. Von der Verwaltungswissenschaft zur LW

Anders liegt es im Verhältnis von LW und Verwaltungswissenschaft – oft auch Staats(rechts)wissenschaft genannt –: hier geht es vor allem um historische und Sprachprobleme. Gelegentlich werden beide Bezeichnungen synonym gebraucht,[149] selbst Übersetzungsunsicherheiten scheinen eine Rolle zu spielen (das gleiche Wort wird einmal mit Verwaltungswissenschaft, das andere Mal mit LW übersetzt).[150] Dies ist darin begründet, daß die LW in der UdSSR aus der Verwaltungswissenschaft entstand (und obendrein ‚Verwalten' und ‚Leiten' mit dem gleichen Terminus bezeichnet werden),[151] so daß die gleichen Leninzitate sowohl für die Verwaltungs- wie für die Leitungswissenschaft angeführt werden können.[152] Da außerdem Verwaltungswissenschaft und Verwaltungsrecht in den sozialistischen Ländern überwiegend eng verbunden werden, sich zudem auch zum Teil der gleichen formalen Methoden bedienen,[153] das Recht aber eine dominierende Rolle innerhalb der LW spielt, liegt die Entwicklung von der Verwaltungswissenschaft zur Leitungswissenschaft nahe.

---

144 Belych 133

145 Belych 135 (str.); einige rechnen es sogar zu beiden.

146 Das Recht erhält ein anderes Ziel, wird dynamischer und strukturell „komplexer", Tschchikwadse (1) 986,990.

147 Vgl. Benjamin (3) 1230 ff.; Galperin (1) 1628 ff.; Belych 209 ff.

149 Riege u.a. 1215; besonders instruktiv Kasimirtschuk (2) 199: „Es geht darum, ob es eine einheitliche LW bzw. – nach der in der wissenschaftlichen Literatur der DDR üblichen Terminologie – eine Organisationswissenschaft . . . oder ob es ein ganzes System von Leitungswissenschaften geben wird. Die letztere Variante hat insbesondere in der (scil. russ.! – W.St.) Bezeichnung ‚Internationales Institut für Verwaltungswissenschaften' ihren Niederschlag gefunden".

150 Vgl. oben Anm. 8

151 S.o. Anm. 138

152 Z.B. Kasimirtschuk (2) 198; oben Anm. 19; Lenin (1) 249; (2) 478

153 Z.B. Weichelt 560 f. (System-, Organisationstheorie)

Gleichwohl sind die Unterschiede nicht zu übersehen: Die Verwaltungs(rechts)-wissenschaft bezieht sich lediglich auf die staatliche Leitung[154] und das Staats- und Verwaltungsrecht, während die LW auch die Leitung der ökonomischen und wissenschaftlichen Prozesse umfaßt[155] und alle Rechtsgebiete, auch das Straf- und Zivilrecht, in den Dienst der Leitung stellt.

Die Konsequenz kann darum angesichts der umfassenden Definition der „Leitung" nur sein: Die Verwaltungswissenschaft ist in das System der LW zu übernehmen – notfalls unter Aufgabe der bisherigen Systematik[156] – ob zur Gänze, ist streitig.[157]

8.4 Von der LW zur Organisationswissenschaft

Der oben geschilderte Übergang von der LW zur (wie es meist heißt) „Marxistisch-leninistischen Organisationswissenschaft"[158] – abgekürzt MLO – betrifft zunächst die Terminologie, und dies nur in der DDR, nicht in der UdSSR. Ist es auch eine Änderung in der Sache? Denn man könnte meinen, daß „Leitung" umfassender oder etwas anderes sei als „Organisation".

Hierzu führt der programmatische Aufsatz von M. Benjamin u.a. 1968 aus:[159]

Gegenstand der MLO ist die rationelle „Organisation" der Gesellschaft im Hinblick auf die Ziele des Marxismus-Leninismus, dies aber in dreifacher Hinsicht:

- als optimale Organisiertheit eines Teilsystems
- als gesellschaftliches Teilsystem
- als menschliche Organisationstätigkeit zur Erhöhung der Organisiertheit eines Systems.

M.a.W.: es geht um Struktur, System, Prozeß der Organisation der Gesellschaft.[160] Organisation ist demnach im weitesten Sinn gebraucht[161] und fällt

154 „Staatliche Leitung" wird in zwei Bedeutungen gebraucht; Staat ist einmal Leitungssubjekt (Leitung durch den Staat), zum anderen Leitungsobjekt (Leitung des Staates) – vgl. etwa unter diesem Gesichtspunkt die Zitate bei Jakowlew 2107 Anm. 3!

155 Piskotin u.a. 2166

156 Hochbaum (1) 1831

157 Vgl. Piskotin u.a. 2159 ff. gegen Jakowlew 2107 ff.

158 Wohl zur Abgrenzung gegen die „bürgerlichen" Organisationstheorien (vor allem der Betriebswirtschaftslehre), von denen man gleichwohl einiges zu lernen habe: Benjamin (5) 1661 ff.

159 Benjamin (5) 1654 ff.

160 Benjamin (5) 1655 ff.; ebenso ders. in Afanasjew 12 f.; ferner Assmann 44; ähnlich Belych 107 ff.

161 Daneben wird selbstverständlich auch die (optimale) Organisation (i.e.S.) der Leitungsorgane usw. untersucht, z.B. Manochin 1380 f.; Galperin (2) 985; Tröger (1) 1965; u.ö.

praktisch mit der bisherigen Leitung zusammen:[162] MLO enthält als „moderne Führungswissenschaft" die Methodologie und Technologie der staatlichen Entscheidungs- und Führungsprozesse und ihrer Durchführung.[163]

Demgemäß bedient sich die MLO der „**komplexen" Methode.**[164] Namentlich die Kybernetik (mit System-, Regelungs-, Informationstheorie und besonders Operationsforschung) dient ihr als Grundlage, die EDV-Anwendung als willkommenes Hilfsmittel,[165] stets jedoch auf der Basis des Marxismus-Leninismus, wie überhaupt bereits Marx und Lenin als ihre Begründer anzusehen sind.[166]

Auch die **Phasen** des Organisationsprozesses fallen mit denen des Leitens zusammen:

- Entscheidungsvorbereitung einschließlich Prognose
- Entscheidung einschließlich Planung
- Leitung der Durchführung
- Kontrolle.[167]

In der Systematik der Wissenschaften nimmt die MLO darum einen bevorzugten Platz ein; sie ist unter der vorgeordneten Philosophie des Marxismus-Leninismus und der vorgeordneten Formalwissenschaft der Kybernetik die umfassende Gesellschaftswissenschaft zur optimalen Organisierung der Gesellschaft. In ihrem auf die Staatsorganisation bezüglichen Teil ist sie (zugleich) Teil der Staatstheorie und Weiterentwicklung des Staatsrechts,[168] beschränkt sich also nicht auf die ökonomische Seite.[169]

Vergleicht man die hier aufgeführten Aussagen zur MLO mit den bisherigen zur LW, so liegt das Ergebnis nahe: Die MLO ist nichts anderes als die bishe-

---

162 „Faktisch Synonyme", Belych 107; „Leiten – d.h. Organisieren": Kalinin, nach Belych 114

163 Benjamin (5) 1665; o. Verf. (6) 791; Beyer/Büchner-Uhder 957. – Enger die russische Literatur, die keinen positiven Anlaß zur Änderung der Terminologie sieht und Organisation auf Gestaltung der Leitung, allenfalls mit ihrer Struktur, beschränkt: Afanasjew 245 ff.

164 Benjamin (5) 1661 ff.; Heuer (3) 1715 f.; Benjamin (6) 1755, wo die gleichen Hilfsdisziplinen aufgezählt werden wie bisher zur LW

165 Ebd.; Großmann/Möbis 1493; Heuer (4) 1715; kritisch jedoch Assmann (2) 262

166 Statt aller Heuer (3) 1700 ff.

167 Benjamin (5) 1666; kritisch dazu Assmann (2) 261

168 Benjamin (5) 1666; (7) 416 ff.

169 Assmann (2) 261 gegen R. Gerisch u.a. und Keck/Struck

rige LW, allenfalls deren Weiterentwicklung,[170] im Hinblick auf die Art. 79 II der neuen Verfassung der DDR.[171]

9. LW als sozialistische Disziplin

Wie jede wissenschaftliche Disziplin ist auch die LW nicht gesellschaftsindifferent; darüber hinaus aber wird mit Nachdruck behauptet, die LW sei eine sozialistische Disziplin – bis hin zur Namensgebung („Marxistisch-leninistische Organisationswissenschaft"), und damit qualitativ von jeder „bürgerlichen" Wissenschaft unterschieden.

Die Argumentation der sozialistischen Autoren geht im Grunde nach zwei Richtungen. Einmal muß der sozialistische Charakter der LW dargetan werden, zum anderen liegt ihnen daran, gegenüber dem Vorwurf des Formalismus noch eigens den sozialistischen Charakter formaler Methoden (Kybernetik!) nachzuweisen.

Die LW bzw. MLO ist Gesellschaftswissenschaft. Als solche ist sie systematisch dem Dialektischen und Historischen Materialismus untergeordnet und empfäng von ihm ihre Zielsetzung: die Gesellschaft auf wissenschaftliche Weise zum Sozialismus zu führen.[172] Denn Leitung bzw. Organisation (i.w.S.) ist stets eine zielgerichtete, d.h. an den Maximen des Marxismus-Leninismus orientierte Optimierung der gesellschaftlichen Prozesse, die polit-ökonomisch von der jeweiligen Produktionsweise abhängt. Leitung ist also nicht unabhängig von Leitungssubjekt und -objekt, ist also nicht „klassenindifferent". Die These vom „Klassencharakter der Wissenschaft" gilt in besonderem Maß für die LW.[173] Die Realisierung des sog. „sozialistischen Aufbaus" geschieht vor allem vermöge des „demokratischen Zentralismus", oder anders mit Hilfe der Organisierung der Einheit des Willens der Werktätigen,[174] also mit Hilfe der LW. Hier werden vor allem system- und regelungstheoretische Erwägungen angestellt, um die Partizipation der Geleiteten auf allen Ebenen des Leitungsprozesses darzutun.[175]

170 Benjamin (6) 1754 ff. über „Leitungs(!)wissenschaftliche Arbeiten aus der Sowjetunion": „Die allgemeine LW – die der Verfasser (s.o. Belych) etwa annähernd mit dem gleichsetzt, was wir unter MLO verstehen –" (ebd. 1756). Ferner ders. (4) 185 f.: MLO als leitungswissenschaftliche Disziplin (!), und im Vorwort zu Dejneko (4): „Leitungs- und (!) Organisationswissenschaft". Bei Dejneko selbst dagegen erscheint die LW als eine der Organisationswissenschaften, ebd. 14, 19 ff. Jedoch – „Zu dieser Frage wird es noch gründlicher Untersuchungen bedürfen", Assmann (2) 263

171 Benjamin (5) 1654 ff.; ebd. W. Ulbricht, wie bisher zur LW, so nun zur MLO. – Vor dieser Umbenennung sprach man gelegentlich durchaus unbefangen von „moderner Organisationswissenschaft" als Hilfsmittel des Staatsrechts, Weichelt 560 f.

172 Egler/Moschütz 1431

173 Belych 15 ff.; Loeser 423

174 Heuer (1) 41 ff.

175 Z.B. Assmann (2) 262; Ellereit u.a. 1304 ff.; Benjamin (4) 186 f.

Verschärft stellt sich ihnen das Problem im Hinblick auf die stark kybernetische Ausrichtung der LW, aber auch im Hinblick auf die Anwendung sonstiger formaler Methoden (Logik, Mathematik, Operationsforschung): Besteht nicht „Technokratieverdacht"?[176] Oder anders, mit dem Titel eines Aufsatzes: „Sind die formalisierten Methoden ... klassenindifferent?"[177] – „Ist es nicht wahr, daß 2+2 im Kapitalismus wie auch im Sozialismus 4 ergibt?" Die Frage hat auch eine wissenschaftspraktische Seite.[178] Sind die formalen Methoden klassenindifferent, so können sie unbesehen aus der „bürgerlichen" Wissenschaft übernommen und im neuen Zusammenhang angewandt werden.[179]

Hierauf werden folgende Antworten gegeben:[180]

1. Die Auswahl und Anwendung formaler Methoden wird bereits durch die Klasseninteressen bestimmt.
2. Der Einbau formaler Methoden in eine sozialistische Disziplin ordnet jene den Klassenzielen unter und führt darum zu angewandten Formaldisziplinen, die formale und inhaltliche Prämissen zu einer „dialektischen" bzw. „organischen" Einheit verbinden.
3. Die Weiterentwicklung formaler Methoden geschieht nach den Bedürfnissen des Sozialismus.
4. Die Formalisierung einer sozialistischen Gesellschaftswissenschaft erhöht ihre Effektivität, und damit ihre Klassenrelevanz.
5. Der Einbau formaler Methoden bedeutet somit – mit Engels – eine wesentliche Entwicklungsstufe der sozialistischen Wissenschaft.[181]

Man kann anfügen, daß gerade die kybernetische Betrachtungsweise gesellschaftlicher Prozesse zur Konstruktion rationaler Gesellschafts(teil)modelle zwingt, die relativ präzise die (sozialistischen, kapitalistischen, ...) Prämissen abbilden. Im übrigen kann es natürlich keine sozialistische Logik oder dergleichen geben.

---

176 Müller/Wittkopf 262

177 Loeser 418 ff.

178 Nicht zu übersehen sind auch die Befürchtungen der „ideologischen Unterwanderung" des Sozialismus vermittels des trojanischen Pferdes der Formalmethoden; des „bürgerlichen Formalismus"; der „Konvergenztheorie", die eine allmähliche Annäherung der rivalisierenden Gesellschaftssysteme gerade wegen der modernen formalen, insbesondere kybernetischen, Methoden behauptet.

179 Loeser 419

180 Loeser 418 ff.; Klaus (4) 1180 ff. – In der Sonderstellung des Rechts innerhalb der LW besteht eine weitere Besonderheit gegenüber den „bürgerlichen" Planungs- und Organisationstheorien, für die Rechtsprobleme überwiegend als zu berücksichtigende bzw. zu verändernde „Randbedingungen" auftreten, nicht jedoch als Planungsgegenstand und Planungsmittel.

181 Es fällt in diesem Zusammenhang auf, daß die wissenschaftstheoretische Diskussion in der sozialistischen LW bisher keineswegs das Problemniveau der früheren Frankfurter Schule rezipiert, geschweige denn erreicht hat.

10. Kritische Schlußbemerkung

Die eben dargelegten Unterschiede zwischen einer sozialistischen LW und einer entsprechenden „bürgerlichen" Theorie sind im Hinblick auf die anders geartete „kapitalistische" Struktur namentlich in der BRD stichwortartig zu ergänzen:

Zunächst ist die Rolle der Wirtschaft im Verhältnis zur staatlichen Leitungstätigkeit anders vermittelt (teils über parlamentarisch-demokratische Mechanismen, teils über informelle Strukturen). Sodann hat das Recht, wie erwähnt, vorwiegend konservierende Funktion. Schließlich fehlt es an einer allgemein akzeptierten Gesellschaftstheorie (das GG enthält davon nur einige – zudem heterogene – Elemente).

Gleichwohl bietet die LW innerhalb der sozialistischen Wissenschaft ein Teilmodell einer System- und Strukturtheorie der Gesellschaft,[182] die geeignet ist, eine Theorie auch der Staatsreorganisation abzugeben.

Ihre Bedeutung etwa für die Verwaltungswissenschaft und die Rechtsinformatik bzw. Rechtskybernetik ist damit nicht gering: sie leistet (bzw. könnte bei entsprechendem Ausbau leisten) deren Einbettung in eine Theorie der Gesellschaft und ihrer Teile als Informationssysteme, umfassend genug, um auch die Theorie der Veränderung dieser Systeme zu geben, etwa im Hinblick auf Teilautomatisierungen. Da sie vor allem der Leitungstätigkeit der „Volksvertretung" ein wissenschaftliches Instrumentarium bieten will, gerade unter dem Blickwinkel der legislatorischen Prognose, Planung, Durchführung und Kontrolle, bietet sie eine von festgefahrenen Geleisen befreiende Möglichkeit, auch den Gesetzgebungsprozeß als gesamtgesellschaftliche Planung und Leitung vor allem unter EDV-Gesichtspunkten neu zu durchdenken.

Ohne eine fundierte Kritik dieser Konzeption zu wagen, soll wenigstens auf einige immanente Probleme hingewiesen werden. Unterstellt, man akzeptierte die ideologischen Prämissen des Marxismus-Leninismus, so verbleibt immer noch die Ausrichtung der LW auf „Leitung" von oben, deren Manipulationsverdacht auch durch Einbau der Regelungstheorie bisher nicht schlüssig widerlegt werden konnte.

Der zweite Einwand, auch von marxistischen Kritikern vorgetragen,[183] richtet sich auf die Dominanz **staatlicher** Leitung. Sie entspricht freilich dem bürokratischen Staatssozialismus der DDR.

Schließlich soll noch ein allgemeiner Gesichtspunkt zur Diskussion gestellt werden. Wissenschaftliche Leitungssysteme, namentlich mit Hilfe der EDV,

182 In diese Richtung gehen die Erwägungen bei H. Fiedler 230, 232 zu einer Rechtsinformatik als „Strukturtheorie der gesellschaftlichen Information und Entscheidung".

183 Belych 94 ff. mag in dieser Richtung verstanden werden.

bedeuten zweifellos eine kaum vorstellbare Rationalitätssteigerung aller gesellschaftlichen Leitungsprozesse. Dies will die LW ermöglichen – soweit zu Recht. Sie ist die Superwissenschaft zur Organisation der Beherrschung und Unterordnung aller gesellschaftlichen Vorgänge und Institutionen. Aber diese Rationalität ist so komplex, daß sie nur vom hochqualifizierten Insider durchschaut und beherrscht werden kann, und auch dies nur mit Hilfe eines gewaltigen maschinengestützten Apparates. Das Leitungsobjekt jedoch, der Bürger,[184] kann diese jedoch nicht mehr nachvollziehen. Wird eine emanzipatorische Erziehung auf breitester Basis dieses Problem meistern? Sie allein würde kaum genügen.

Literatur zu diesem Beitrag

a) Ausgewählte Bibliographien

1. Staat und Recht: „Leitungswissenschaft": StuR 17 (1968) 161 f., 308, 505, 665, 859, 1465, 1901 f., 2052 f.; StuR 18 (1969) 155, 323;

„Marxistisch-leninistische Organisationswissenschaft": StuR 18 (1969) 307, 481 f., 642, 827, 1014, 1193, 1354, 1780 f., 1947; StuR 19 (1970) 138, 292 f., 485, 868, 1036, 1384, 1540, 1706;

„Grundfragen der staatlichen Führung": StuR 20 (1971) 164–166, 337–340, 884–886, 1058 f.

vor 1968: StuR, s.u. „Staatsrecht, Theorie und Geschichte des Staates und des Rechts"

sowie allg. die entspr. Bibliographie der Übersetzungen in StuR

2. *Schubert, Wolfram/Steinmüller, Wilhelm (hg):* JUDAC. Recht-Datenverarbeitung-Kybernetik, Internationale Bibliographie (englisch, deutsch, französisch, russisch). München 1971.

b) Monographien und Aufsätze

Afanasjew, W.G.: Wissenschaftliche Leitung der Gesellschaft. Berlin 1969 (zuerst Moskau 1968)

Arlt, Rainer (1): Hochschule der marxistisch-leninistischen Staatswissenschaft in der Bewährung. StuR 17 (1968) 1509–1523

Arlt, Rainer (2): Unsere Staats- und Rechtswissenschaftler vor neuen Aufgaben. Interview gegenüber der „Einheit". StuR 18 (1969) 869–879

Arutjunjan, N. Ch.: Die Vervollkommnung der wissenschaftlichen Organisation und Leitung. StuR 18 (1969) 1002–1011

Assmann, Walter (1): Marxistisch-leninistische Organisationswissenschaft und Kaderentwicklung. StuR 19 (1970) 44–54

Assmann, Walter (2)/Gerhard Frohn: Marxistisch-leninistische Organisationswissenschaft und sozialistische staatliche Führung. StuR 18 (1969) 260–264

Belych, A.K.: Organisation, Politik und Planung. Berlin 1969

---

184 Nach sozialistischer Auffassung ist er sogar Leitungssubjekt, was die Problematik nur verschärft.

Benjamin, Michael (1): Zur Anwendung mathematischer Methoden in der staatlichen Leitung und Rechtspflege. StuR 14 (1965) 899–921

Benjamin, Michael (2): Zur Anwendung informationstheoretischer Begriffe und Methoden bei der Untersuchung staatlicher Leitung. StuR 14 (1965) 1288–1302

Benjamin, Michael (3): Kybernetik und staatliche Führung. StuR 16 (1967) 1230–1239

Benjamin, Michael (4): Zur Entwicklung wissenschaftlicher Leitungsmethoden der Volksvertretungen und ihrer Organe in der DDR. StuR 20 (1971) 182–196

Benjamin, Michael (5)/Joachim Groschwitz/Horst Tröger: Marxistisch-leninistische Organisationswissenschaft und sozialistische staatliche Führung. StuR 17 (1968) 1654–1667

Benjamin, Michael (6)/K.H. Kubiczek/D. Urban: Leitungswissenschaftliche Arbeiten aus der Sowjetunion. StuR 18 (1969) 1754–1760

Benjamin, Michael (7)/Harry Möbis: Zur Erhöhung der Effektivität der staatlichen Leitungstätigkeit. StuR 20 (1971) 413–423

Berg, A.I./J.I. Tschernjak: Information und Leitung. Berlin 1968 (russ.Moskau 1966)

Bergner, Manfred/Wilfried Teuchert: Zur Regelung des kombinierten Gütertransports in der DDR. StuR 16 (1967) 210–228

Beyer, Gerhard/Willi Büchner–Uhder: Zur Erarbeitung und Systematisierung von Entscheidungsfeldern durch die örtlichen Organe der Staatsmacht. StuR 19 (1970) 957–966

Birman, A.M. (1): Einige Probleme der Wissenschaft von der sozialistischen Wirtschaftsführung. Moskau 1963 (Zit.: StuR 13 (1964) 2161 Anm. 4)

Birman, A.M. (2): Direkte Hebel oder Fernsteuerung? StuR 14 (1965) 998–1000

Buchholz, Erich (1): Sozialistische Rechtsverwirklichung unter dem Gesichtspunkt der Stabilität eines Systems. StuR 17 (1968) 24–29

Buchholz, Erich (2)/Günter Lehmann/Richard Schindler: Theoretische Probleme der Leitung der sozialistischen Strafrechtspflege. StuR 13 (1964) 1588–1603

Büchner-Uhder, Willi (1): Die Hochschulreform an den juristischen Bildungsstätten der DDR. StuR 18 (1969) 249–260

Büchner-Uhder, W. (2)/E. Poppe: Neue Wege staatsrechtlicher Forschung. StuR 16 (1967) 241–254

Coburger, W./K. Dzykonski/M. Kaufmann: Zur Dialektik von Analyse und Prognose als Bestandteil des staatlichen Führungsprozesses. StuR 20 (1971) 982–991

Dahms, Hans/Haberlandt, Karlheinz: Begriff und Elemente automatisierter Management-Informationssysteme. Industrielle Organisation 39 (1970) 455–459

Dejew, A.F./L.B. Galperin/Ju.T.Iwanow: Die Kybernetik und die Erfahrungen bei der Lösung einiger rechtlicher Aufgaben. StuR 14 (1965) 289–300.

Dejneko, O.A.: Die Leitungswissenschaft in der UdSSR (Heft 33 der Aktuellen Beiträge der Staats- und Rechtswissenschaft. Hg. vom Institut Theorie der sozialistischen staatlichen Führung Potsdam-Babelsberg); Potsdam-Babelsberg 1968

Denzer, Horst: Kybernetische Planung und politische Ordnungsform. Ein Aspekt der Kybernetikdiskussion in der DDR. Zeitschrift für Politik, N.F. 15 (1968) 65–86

Dzykonski, Kurt/Wolfgang Loose: Systemcharakter der objektiven sozialen Gesetze des Sozialismus, Gesellschaftsprognose und sozialistisches Recht. StuR 18 (1969) 1619–1633

Egler, G./H.D. Moschütz: Staatsrechtliche Aspekte der Wirtschaftskonferenz des ZK der SED und des Ministerrats der DDR. StuR 12 (1963) 1431–1444

Eichhorn, Wolfgang I: Prognostik und Planung als philosophisches Problem. DtZPhil 16 (1968) 45–73

Ellereit, R./H.Strobel/G.Winkler: Inhalt und Grundsätze der Teilnahme der Werktätigen an der Planung und Leitung. StuR 14 (1965) 1302–1313

Fiedler, Frank (1): „Einheitswissenschaft" oder Einheit der Wissenschaft? Berlin 1971

Fiedler, Frank (2)/W. Müller: Zukunftsdenken im Kampf der Ideologien – eine Kritik der „Futurologie". DZPhil 15 (1967) III

Fiedler, Herbert: Automatisierung im Recht und juristische Informatik, Teil I – IV. Juristische Schulung 10 (1970) 432–436, 552–556, 603–607; 11 (1971) 67–71, 228–233

Galperin, L.B. (1)/P.N. Lebedew: Die Leitung der gesellschaftlichen Prozesse und die Kybernetik. StuR 14 (1965) 1622–1636

Galperin, L.B.(2)/P.N. Lebedew: Zum Gegenstand der Leitungswissenschaft. StuR 17 (1968) 980–989

Gehmacher, Ernst: Methoden der Prognostik. Freiburg 1971

Gerisch, R./H. Koziolek/W. Salecker: Marxistisch-leninistische Organisationswissenschaft bei der Gestaltung des entwickelten gesellschaftlichen Systems des Sozialismus. Einheit 1968, 816 ff.

Grossmann, W./Harry Möbis: Zur weiteren Gestaltung der wissenschaftlich begründeten Führungstätigkeit des Ministerrats. StuR 18 (1969) 1487–1499

Grundmann, Günter/Henry Hutzschenreuter/Gerhard Woehe: Gedanken zur künftigen Entwicklung des sozialistischen Rechts unter den Bedingungen der wissenschaftlich-technischen Revolution. StuR 16 (1967) 1425–1443

Hahn, R./H. Hofmann: Zum komplexen Charakter der Führung der Gesellschaft und in den Aufgaben der Wissenschaft. StuR 14 (1965) 1636–1649

Havemann, Wolfgang (1): Die Netzwerkplanung und -leitung staatlicher Aufgaben durch die örtlichen Räte. StuR 15 (1966) 1317–1325; (*2*): StuR 16 (1967) 433–454

Havemann, Wolfgang (3): Die Operationsforschung als Führungsinstrument der Staatsorgane. StuR 20 (1971) 234–236

Havemann, Wolfgang (4): Zur Netzwerkplanung und -leitung der staatlichen Arbeit an den Bezirksperspektivplänen (3). StuR 16 (1967) 1250–1266

Havemann, Wolfgang (5)/Dieter Stempell: Die Netzwerkplanung und -leitung staatlicher Aufgaben durch die örtlichen Räte. Potsdam I/II 1967

Heuer, Uwe-Jens (1): W.I.Lenin über die Leitung der sozialistischen Industrie. StuR 12(1963) 32–56

Heuer, Uwe-Jens (2): Wissenschaftliche Wirtschaftsführung und sozialistisches Recht. StuR 13 (1964) 985–1001

Heuer, Uwe-Jens (3): Demokratie und Recht im neuen ökonomischen System der Planung und Leitung der Volkswirtschaft, Berlin 1965

Heuer, Uwe-Jens (4): Organisation des Sozialismus. StuR 18 (1969) 1700–1715

Hochbaum, Hans-Ulrich (1): Das neue ökonomische System und die Entwicklung des Staatsrechts. StuR 12 (1963) 1822–1835

Hochbaum, Hans-Ulrich (2): Staatliche Wirtschaftsleitung und sozialistische Demokratie. StuR 14 (1965) 550–563

Jakowlew, G.S.: Über die Methoden, Inhalt und Struktur der wissenschaftlichen Erkenntnis auf dem Gebiet der Leitung. StuR 14 (1965) 2106–2117

Kaiser, Joseph, H.: Planung I – V, Bd. I – V, Baden-Baden 1965 ff.

Kannegießer, Karlheinz (1): Leitungswissenschaftliche Probleme unter dem Gesichtspunkt der Kybernetik. StuR 14 (1965) 1609–1622

Kannegießer, Karlheinz (2)/Gerhard Kelm: Das Vertragssystem unter dem Systemaspekt der Kybernetik. StuR 14 (1965) 31–43

Kasimirtschuk, W.P. (1): Zur Vervollkommnung der Leitungstätigkeit. StuR 20 (1971) 219 f.

Kasimirtschuk, W.P. (2)/I.W.Pawlow/M. Piskotin/Ju.A.Tichomirow: Aktuelle Probleme der staatlichen Führungstätigkeit in der UdSSR. StuR 20 (1971) 196–211

Kassizkij, I.: Kommunist 62, 68 ff.

Keck, A./R. Struck: Die marxistisch-leninistische Organisationswissenschaft entwickeln. Die Wirtschaft vom 15.5.1968, S.6

Klaus, Georg (1): Semiotik und Erkenntnistheorie. 2. Auflage, Berlin 1969

Klaus, Georg (2): Philosophisches Wörterbuch. 8. Auflage. Leipzig 1971 (erstmals Leipzig 1964)

Klaus, Georg (3): Wörterbuch der Kybernetik. Berlin (-Ost) 1968 = Fischer-Taschenbuch 1073/1074. Frankfurt a.M./Hamburg 1969

Klaus, Georg (4): Kybernetik und ideologischer Klassenkampf. Einheit (1970) 1180 ff.

Korff, Ernst: Leiten und Führen. 2. Auflage, Heidelberg 1971

Lenin, Wladimir: (*1*): Werke. Band 27. Berlin 1960; (*2*): Band 33

Loeser, Franz: Sind die formalisierten Methoden der marxistischen Gesellschaftswissenschaft klassenindifferent? StuR 18 (1969) 418–424

Loose, Wolfgang: Karl Marx und die Gesellschaftsprognostik. StuR 17 (1968) 744–754

Lunew, A.E.: Rechtliche Probleme der Leitungswissenschaft. StuR 16 (1967) 812–814

Lungwitz, Wolfgang: Rez. zu W.M. Tschchikwads: Staat, Demokratie, Gesetzlichkeit. Die Leninschen Ideen und die Gegenwart, Moskau 1967: StuR 18 (1969) 118–128

Manochin, W.M.: Über den Gegenstand und die Aufgaben der Leitungswissenschaft in der gegenwärtigen Periode. StuR 14 (1965) 1377–1385

Moschütz, Hans Dietrich/Gerhard Schulze: Zum Nutzeffekt staatsrechtlicher Forschung. StuR 16 (1967) 614–623

Müller, Frohmut/Ernst Wittkopf: Das System zur vorbeugenden Bekämpfung der Alkoholkriminalität. StuR 17 (1968) 256–275

Nemtschinow: Planung, Kybernetik, Wirtschaftswissenschaft. 1961

Ney, Wolfgang /Horst Schulze: Habilitationsverteidigung zum Thema: „Informationsaspekte in der Kriminalistik". StuR 16 (1967) 1831–1836

Nowik, I.B.: Kybernetik. Philosophische und soziologische Probleme. Moskau 1963 (russ.)

Ostroumow, G.S.: Die Staats- und Rechtstheorie als politische Wissenschaft. StuR 17 (1968) 648–658

Panzer, Wilhelm/Ludwig Penig: Die rechtliche Regelung der Planung durch Normative als Bestandteil des sozialistischen Planungssystems. StuR 19 (1970) 1080–1098

Piskotin, M.I./B.M. Lasarew/N.G.Salischtschewa/Ju.A.Tichomirow: Über die Leitungswissenschaft. StuR 13 (1964) 2159–2173

Posch, Martin: Funktion und Struktur des Rechtssystems im gesellschaftlichen Regelprozeß. StuR 16 (1967) 1700–1718

Riege, Gerhard/Gerhard Schulze/Oswald Unger: Internationaler Gedankenaustausch über die Aufgaben der Wissenschaft von der staatlichen Leitung in den sozialistischen Ländern. StuR 12 (1963) 1215–1219

Safir, M.A.: W.I. Lenin über Fragen der Organisation der staatlichen Verwaltung. StuR 13 (1964) 1994 f.

Schapko, W.M.: Begründung der Prinzipien der staatlichen Leitung durch W.I.Lenin. Berlin 1970 (russ.: Moskau 1968)

Scharnhorst, Peter: Wirtschaftsrechtliche Formen der Koordinierung bei der Vorbereitung und Durchführung landwirtschaftlicher Investitionen. StuR 17 (1968) 38–52

Schermer, Jundrich: Prognose und Hypothese. DtZ Phil 14 (1968) 349–352

Schljachow, A.R./L.G.Edschubov: Der gegenwärtige Stand und einige Probleme der Ausnutzung der Kybernetik im Recht. StuR 14 (1965) 1944–1947

Schulze: Sozialistisches Staatsrecht und marxistisch-leninistische Organisationswissenschaft. StuR 20 (1971) 232–234

Sieber, Werner: Neue Anforderungen an die Leitung der kulturellen Entwicklung durch die Stadtverordnetenversammlung. StuR 17 (1968) 1352–1367

Starościak, E. (1): Elemente der Verwaltungswissenschaft. Warschau 1964 (poln.)

Starościak, E. (2): Elemente einer Wissenschaft von der Leitung des Sozialistischen Staates. Warschau 1964 (poln.)

Steinmüller, Wilhelm (1) u.a.: EDV und Recht. Einführung in die Rechtsinformatik. JA-Sonderheft 6. Berlin 1970.

Steinmüller, Wilhelm (2): Rechtsinformatik. Elektronische Datenverarbeitung und Recht. Juristische Rundschau (1971) 1–9

Steinmüller, Wilhelm (3): Rechtstheorie und Rechtsinformatik. Jahrbuch für Rechtssoziologie und Rechtstheorie. 2. Band (erscheint 1972)

Such, Heinz: Die Entwicklung der VVB zum ökonomischen Führungsaufbau und der weitere Ausbau des Vertragssystems. StuR 12 (1963) 1785–1799

Thimm, W.: Die Prognostik als Bestandteil der Führungswissenschaft. DtZPhil 14 (1968) 191–201

Tichomirow, Ju.A.: Die Theorie der sozialistischen Leitung. StuR 18 (1969) 1761–1771

Tröger, Horst (1): Zur Gestaltung von Leitungsinformationssystemen in örtlichen Staatsorganen. StuR 17 (1968) 1957–1967

Tröger, Horst (2): Erfahrungen bei der Gestaltung moderner Informationssysteme für örtliche Volksvertretungen und ihre Organe. StuR 20 (1971) 939–952

Tröger, Horst (3): Erfahrungen und Probleme der Anwendung automatisierter Teil-Informationssysteme. StuR 20 (1971) 222–224

Tschchikwadse, W.M. (1): Rechtswissenschaft und gesellschaftliche Praxis. StuR 14 (1965) 979–991

Tschchikwadse, W.M. (2): Die Entwicklung der marxistisch-leninistischen Staats- und Rechtswissenschaft in der DDR. StuR 18 (1969) 1386–1405

Ulbricht, Walter (1): Zu den Hauptaufgaben des sozialistischen Staates im Perspektivplanzeitraum. Aus dem Ref. auf der 9. Tagung des Zentralkomitee der SED. StuR 1924–1931

Ulbricht, Walter (2): Probleme der sozialistischen Leitungstätigkeit (Reden und Schriften). Berlin 1968

Vrecion, Vladimir: Vorschlag für eine Methode der exakten Analyse und Rationalisierung von Prozessen in der verwaltungspolitischen Leitung. StuR 15 (1966) 1878–1892

Weichelt, Wolfgang: Das 11. Plenum des ZK der SED und die Aufgaben der Staatsrechtswissenschaft. StuR 15 (1966) 545–563

Zentralinstitut für sozialistische Wirtschaftsführung beim ZK der SED (hg): Operationsforschung in der sozialistischen Wirtschaft, Berlin 1969

o. Verf. (1): Der VI. Parteitag der SED und die Aufgaben der Deutschen Akademie für Staats- und Rechtswissenschaft „Walter Ulbricht". StuR 12 (1963) 1057–1075

o. Verf. (2): Die weiteren Aufgaben und die Arbeitsweise der Deutschen Akademie für Staats- und Rechtswissenschaft „Walter Ulbricht". StuR 13 (1964) 180–190

o. Verf. (3): Die Rechtswissenschaft auf das Niveau der Aufgaben des kommunistischen Aufbaus heben. StuR 15 (1966) 1383–1386

o. Verf. (4): Bericht über die Tagung „Rechtsfragen der staatlichen Leitung" am 24.1.1968. StuR 17 (1968) 519

o. Verf. (5): Zwanzig Jahre Deutsche Akademie für Staats- und Rechtswissenschaft „Walter Ulbricht". StuR 17 (1968) 1699–1713 (Zeittafel)

o. Verf. (6): Zu theoretischen Grundfragen des Beschlußentwurfs des Staatsrates der DDR vom 11.12.1969. Schlußfolgerungen für Forschung und Lehre auf dem Gebiet der Staats- und Rechtswissenschaft. StuR 19 (1970) 766–799

Simulation und Planspiel in Recht und Gesetzgebung[1])

von **Klaus J. Hopt**

Zusammenfassung

Simulation und Planspiel haben in den Wirtschaftswissenschaften, in der Soziologie und in der Politikwissenschaft ihren Platz als nützliche methodische Hilfsmittel. Die Frage nach der Verwendung dieser Hilfsmittel auch in Recht und Gesetzgebung drängt sich auf.

Im ersten Teil des Artikels wird die Methode der Simulation dargestellt. Drei Hauptstufen lassen sich unterscheiden: Abbildung der Realität im Modell, Experiment am Modell, Auswertung und Rückschlüsse vom Modell auf die Realität. Innerhalb dieser Stufen sind für Zwecke der Analyse acht Unterstufen oder Schritte zu erkennen, die im einzelnen erörtert werden. Es folgen verschiedene Anwendungen von Modellbau und Simulation in den Wirtschafts- und Sozialwissenschaften. Schließlich werden in Anlehnung an die Ergebnisse zur Simulation die Methode und die Einsatzmöglichkeiten des Planspiels betrachtet.

Der zweite Teil befaßt sich mit Simulation und Planspiel in Recht und Gesetzgebung. Auf dem Hintergrund der geschilderten Versuche in den anderen Disziplinen zeigen sich fünf Felder möglicher rechtlicher Nutzanwendung: 1. Modelltest-Simulation (zwecks Verbesserung rechtlicher Modelle), 2. Pro-

---

1 Der Aufsatz ist Teil einer Arbeit über Notwendigkeit, Bedingungen und Möglichkeiten von System- und Verhaltensprognosen in Recht und Gesetzgebung. Die Grundlagen, die im folgenden nicht weiter diskutiert werden, sind an anderer Stelle erörtert (Klaus *Hopt*, Finale Regelungen, Experiment und Datenverarbeitung in Recht und Gesetzgebung, JZ 1972, 65). Erstens: Beide, Gesetzgeber und Richter, steuern, wenn auch in unterschiedlichem Ausmaß und in unterschiedlich starker Bewußtwerdung, **final** auf das für gerecht und/oder zweckmäßig gehaltene Ergebnis (Gesetz, Einzelfallentscheidung) hin. Zweitens: Dem Gesetzgeber und eingeschränkt auch dem Richter stehen eine Reihe von Hilfsmitteln und Methoden zur Verfügung, deren er sich dazu bedienen kann, diese finale Gestaltung über Intuition hinaus **rational** zu machen (z.B. Hearing, Kommissionsuntersuchung, Experiment, Modellrechnung). Drittens: Als Kombination von Experiment und Modellrechnung zeichnet sich auch in Recht und Gesetzgebung die Möglichkeit des **Experiments am Modell** ab, ein methodisches Vorgehen, dem auch Simulation und Planspiel zuzuordnen sind. Im Experiment am Modell soll die Wirklichkeitsnähe des Experiments mit der von realen Folgen des Experimentierens (soziale Kosten) unbeschwerten, freien Manipulierbarkeit der Modellrechnung verbunden werden und so der Rechtswissenschaft zusätzlich zu den anderen Hilfsmitteln ein neues Instrument zur rationalen Bewältigung der finalen Gestaltung an die Hand gegeben werden.

zeßablaufsoptimierung (z.B. im Gerichtssystem oder im parlamentarischen Prozeß), 3. Prozeßinhaltssteuerung durch Simulation oder Regelungsfolgen-Simulation (z.B. Ermittlung der Auswirkungen rechtlicher und gesetzlicher Maßnahmen auf Markt, Wirtschaft und Gesellschaft, etwa der Einführung der paritätischen Mitbestimmung), 4. Verhaltensprognose (z.B. gesetzgeberisches und richterliches Verhalten), 5. Systemstabilisierung (z.B. Leistung und Schwächen rechtlich eingesetzter Selbststeuerungsmechanismen, wie Privatautonomie, Wettbewerb). Anschließend wird die Einsetzbarkeit der Planspieltechnik erörtert. Zwei Arten des Planspiels sind zu unterscheiden: Forschungsplanspiele und Ausbildungsplanspiele. Forschungsplanspiele können ein nützliches Werkzeug beim Testen und Verbessern von Gesetzesentwürfen sein. Versuche in Bonner Ministerien bei Gesetzen aus dem Gebiet des Versicherungs-, Sozial- und Steuerrechts sind bereits durchgeführt worden. Planspiele zu Ausbildungszwecken helfen den Spielern, sich rasch mit den Charakteristiken der simulierten Realität und mit dem Verhalten der Mitspieler, das demjenigen der späteren realen Partner und Gegner entsprechen soll, bekannt und vertraut zu machen. Schließlich werden Schwierigkeiten und Chancen der Realisierung konkreter Projekte angedeutet.

Abstract

Simulation and gaming have shown to be effective tools in macroeconomics, microeconomics, sociology and political science. The question arises whether these tools may be useful also in law and legislation.

In its first part the above article analyses the method of simulation. Three main stages are distinguished: Reproduction of reality in a model, experiment with the model, analysis and conclusions from the model as for the reality. Within these basic stages eight different steps may be separated for analytical purposes: 1. formulation of the problem, 2. selection, collection and preparation of the data, 3. set-up of the model, 4. critique of the model, 5. elaboration of the (computer)program, 6. computer runs, 7. evaluation of the test results, 8. possible use of the results for further simulation. Then several applications of model-building and simulation in economics and social sciences are summarized. Finally the method and the application of gaming as compared to simulation is discussed.

In the second part possible applications of simulation and gaming within law and legislation are analysed. Five different uses for simulation arise: 1. model testing simulation (for improving legal models), 2. flow improvement within legal systems (f.e. streamlining the court system), 3. steering of the impacts of laws as affecting market, economy and society (f.e. implications of introducing co-participation of workmen in the direction of enterprise), 4. prognosis of legal behavior (f.e. legislative behavior, judicial behavior), 5. systems stabilization (f.e. performance and defects of self-steering mechanisms such as contractual freedom, free enterprise, competition). Then gaming within the law is discussed. Two sorts of gaming are distinguished: research gaming and educational gaming. The former can be used as a tool for testing and improving legislative drafts. Such use has already been made by German ministries while preparing certain social laws and tax laws. The latter can help quickly to familiarize the participants in the game with the characteristics of the simulated reality and with the behavior of the coparticipants, which hopefully is analogous to the behavior of the partners and adversaries in the real life situation. Finally some inherent difficulties of simulation and gaming are stressed, especially the cost issue, and some possible legal objections against the use of these methods in law and legislation are refuted.

Deskriptoren

Simulation
Planspiel
Modellbau
Methodik (der Simulation, des Planspiels)
Anwendungen (in den Wirtschafts- und Sozialwissenschaften, in Recht und Gesetzgebung)
Modelltest-Simulation
Prozeßablaufsoptimierung
Prozeßinhaltssteuerung
Regelungsfolgen-Simulation
Verhaltensprognose
Systemstabilisierung
Forschungsplanspiel
Ausbildungsplanspiel
Verwaltungsplanspiel
Experiment (in Recht und Gesetzgebung)
Unternehmensforschung
Operations Research

Übersicht:

Weniger bekannte Abkürzungen

Am.Bar Assoc.J.	American Bar Association Journal
Am.Ec.Rev.	American Economic Review
ch.	chapter (Kapitel)
Col.L.Rev.	Columbia Law Review
ed., eds.	editor, editors
et s.	ff.
Harv.Bus.Rev.	Harvard Business Review
Jurimetrics J.	Jurimetrics Journal
J. of Business	Journal of Business
loc.cit.	aaO
p.	Page, Seite
Psych.Rev.	Psychological Review
Quarterly J. of Economics	Quarterly Journal of Economics
Rutgers L.Rev.	Rutgers Law Review
rev.ed.	revised edition, neue Auflage
vol.	volume, Band
ZGesStW	Zeitschrift für die Gesamte Staatswissenschaft
Z.f.handels-wiss.Forsch.	Zeitschrift für handelswissenschaftliche Forschung

Eine Bibliographie häufiger zitierter Fundstellen finden Sie in den Fußnoten 6 und 60.

Simulation und Planspiel haben sich seit den fünfziger Jahren in den Wirtschaftswissenschaften, in der Soziologie und in der Politikwissenschaft einen unbestrittenen Platz im Arsenal methodischer Hilfsmittel erobert[2]. Wer diesen Disziplinen nicht nur einen unwichtigen Randplatz in den Vorhöfen der eigentlichen Rechtswissenschaft zuweist, sondern bei aller Verschiedenheit der Sozialwissenschaften die Einheit sieht und betont[3], wird sich die Frage nach der Verwendbarkeit von Simulation und Planspiel auch in Recht und Gesetzgebung stellen. Diese Fragestellung wird umso wichtiger, je mehr die Vorstellung geteilt wird, daß das Recht in der Hand des Gesetzgebers und Richters

2 Ausgewählte Literatur in den Fußnoten, besonders Fußn. 6 (Modellbau und Simulation), Fußn. 38 (Bibliographien), Fußn. 60 (Planspiel), Fußn. 68 (Anwendungen in Recht und Gesetzgebung).

3 Ansätze dazu z.B. in: Zur Einheit der Rechts- und Staatswissenschaften, Ringvorlesung, Freiburg, WS 1966/67, 1967; Das Verhältnis der Wirtschaftswissenschaft zur Rechtswissenschaft, Soziologie und Statistik, Schriften des Vereins für Socialpolitik, NF Bd. 33, 1964.

Werte und Zweckentscheidungen in der Ralität setzt und gegen diese durchzusetzen unternimmt[4]. Dann geht es nämlich darum, diese Realität kennenzulernen, ihre Entwicklung zu prognostizieren und sie im Rahmen des Möglichen zu beeinflussen und zu steuern.

Methodische Hilfsmittel aus anderen Disziplinen zu übertragen, setzt zweierlei voraus: Einmal muß Klarheit über die Methodik bestehen. Weiter müssen die Erfahrungen dieser Disziplinen mit dem Hilfsmittel gesichtet werden. Beides, Methode und Erfahrungen, müssen so dargestellt werden, daß sich derjenige, der für diese Hilfsmittel Interesse zeigt, sei es der Gesetzgeber, der Richter oder der Verwaltungsjurist, ein Bild machen kann. Das zwingt dazu, manches für den Fachmann etwa des Operations Research Bekanntes näher auszuführen, wie umgekehrt manches andere zu vereinfachen. Erst auf einem solcher Art vorbereiteten Hintergrund läßt sich dann sinnvoll versuchen, Gebiete möglicher Nutzanwendung für Simulation und Planspiel in Recht und Gesetzgebung aufzusuchen und abzustecken. Daß es bei dieser Suche nicht darum gehen kann, einzelne Simulationsmodelle aufzustellen oder Planspiele zu konstruieren, liegt auf der Hand. Dies in Angriff zu nehmen, ist eine interdisziplinäre Aufgabe für Juristen und Angehörge anderer Disziplinen (Unternehmensforscher, Soziologen, Informatiker usw.)[5].

---

4 Zum Wirtschaftsrecht als einem auf das System Wirtschaft zugreifenden Systemregelungsrecht und zu diesem wirtschaftsrechtlichen Steuerungsprozeß, Klaus *Hopt*, Rechtssoziologische und rechtsinformatische Aspekte im Wirtschaftsrecht, in: Münchner Ringvorlesung, WS 1971/72 über „Die Anwendung der elektronischen Datenverarbeitung im Recht – Möglichkeiten und Probleme".

5 Die Notwendigkeit solcher interdisziplinärer Zusammenarbeit speziell für Simulationsprojekte betont z.B. Charles P. *Bonini*, Simulation of Information and Decision Systems in the Firm, Englewood Cliffs, 1963, 3d printing, 1965, p.22, 27; allgemein in einem Bericht über die Lage in den USA Volkmar *Gessner*, Probleme der Zusammenarbeit zwischen Juristen und Sozialwissenschaftlern, JZ 1970, 324. Daß die immer dringlichere Notwendigkeit interdisziplinärer Zusammenarbeit den Weg zu einem eigenen Wissenschaftsgebiet – das freilich über seine Reichweite noch keine Einigkeit hat erzielen können –, nämlich der Kybernetik gewiesen hat, betont Karl W. *Deutsch*, Politische Kybernetik, Modelle und Perspektiven, 1969, S. 136 mit Nachweisen.

I. Simulation und Planspiel: Ihre Methode und ihre Anwendung in den Wirtschafts- und Sozialwissenschaften

A. Die Methode der Simulation[6]

Die verbale Abgrenzung der Simulation von anderen Methoden[7] oder gar eine bloße Definition[8] lassen die Eigenarten dieser Methode noch nicht plastisch werden. Hierfür empfiehlt sich, das methodische Vorgehen in einem Ablaufdiagramm analytisch zergliedert darzustellen und dann die einzelnen Schritte zu erläutern[9].

---

6 Zahllos sind die einschlägigen allgemeineren und spezielleren Arbeiten zu Modellbau und Simulation. Im folgenden seien herausgegriffen:

a) Methodische und allgemeinere Literatur, insbesondere auch zum Modellbau
W. *Ross Ashby*, Simulation of a brain, in: Harold *Borko*, ed., Computer Applications in the Behavioral Sciences, Englewood Cliffs, 1962, p. 453–467;
Adolf *Angermann*, Entscheidungsmodelle, 1963;
Robert *Boguslaw*, Robert H. *Davis*, Social Process Modelling: A Comparison of a Live and Computerized Simulation, Behavioral Science, vol. 14 (1969) 197–203;
Carl F. *Christ*, Aggregate Economic Models, Am.Ec.Rev. 46 (1956) 385–408;
Kalman J. *Cohen*, Richard M. *Cyert*, Computer Models in Dynamic Economics, Quarterly J. of Economics 75 (1961) 112–127;
Kalman J. *Cohen*, Frederick S. *Hammer*, eds., Analytical Methods in Banking, Homewood, III., 1966;
H. *Freudenthal*, ed., The Concept and the Role of the Model in Mathematics and Natural and Social Sciences, Dordrecht, 1961;
Erich *Kosiol*, Modellanalyse als Grundlage unternehmerischer Entscheidungen, Z.f.handelswiss. Forsch. 13 (1961) 318–334 (eine Einführung);
Claude *McMillan*, Richard F. *Gonzales*, Systems Analysis, a computer approach to decision models, rev. ed., Homewood, Ill., 1968, 2d printing 1969.
Renate *Mayntz*, Formalisierte Modelle in der Soziologie, 1967;
Oskar *Morgenstern*, John v. *Neumann*, Theory of Games and Economic Behavior, Princeton, 1953, 3d ed., New York, 1964;
Martin *Shubik*, Spieltheorie und Sozialwissenschaften, 1964 (1965);
Herbert A. *Simon*, Models of Man, Social and Rational, 4th ed., New York, London, 1966;
J.R.N. *Stone*, Economic and Social Modelling, in: *C–E–I–R*, ed., Mathematical Model Building in Economics and Industry, London, 1968, p. 49–60.

b) Literatur spezieller zur Simulation (weitere Nachweise auch in den übrigen Fußnoten)
Arnold E. *Amstutz*, Computer Simulation of Competitive Market Response, Cambridge, Mass., 1967;
Frederick E. *Balderston*, Austin C. *Hoggatt*, Simulation of Market Processes, Berkeley, 1962;
Helmut *Barth*, Die Technik der Computersimulation. Ein Aufweis theoretischer Probleme, ADL-Nachrichten 59 (1969) 722–732;
Richard F. *Barton*, A Primer on Simulation and Gaming, Englewood Cliffs, 1970;
Karl *Bleicher*, Unternehmungsspiele, Simulationsmodelle für unternehmerische Entscheidungen, 1962;
Charles P. *Bonini*, Simulation of Information and Decision Systems in the Firm, Englewood Cliffs, 1963, 3d printing 1965;

Dimitris N. *Chorafas,* Systems and Simulation, New York, London 1965;
Geoffrey P.E. *Clarkson,* Herbert A. *Simon,* Simulation of Individual and Group Behavior, Am.Ec.Rev. 50 (1960) 920–931;
Geoffrey P.E. *Clarkson,* Portfolio Selection: A Simulation of Trust Investment, Prencice Hall, 1962;
Warren B. *Davis,* IBM-McKinsey Bank Management Simulation, in: Kalman J. *Cohen,* Frederick S. *Hammer,* Analytical Methods in Banking, Homewood, Ill., 1966, p. 91 (pädagogische Zwecke);
James R. *Emshoff,* Roger L. *Sisson,* Design and Use of Computer Simulation Models, 2d printing, London, 1971;
Harold *Guetzkow,* ed., Simulation in Social Science: Readings, Englewood Cliffs, 1962;
John *Haldi,* Harvey M. *Wagner,* Simulated Economic Models, Homewood, Ill., 1963 (pädagogische Zwecke, ohne Computereinsatz);
Volker *Hauff,* Friedrich *Latzelsberger,* Simulationsmodelle in der soziologischen Forschung, in: Rul *Gunzenhäuser,* Hrsg., Nicht-numerische Informationsverarbeitung, 1968, S. 127–147;
Austin C. *Hoggatt,* Frederick E. *Balderston,* eds., Symposium on Simulation Models; Methodology and Application to the Behavioral Sciences, South Western Publ. Co., Cincinnatti, 1963;
S.H. *Hollingdale,* ed., Digital Simulation in Operational Research, Conference Hamburg, 1965, London, 1967;
Horst *Koller,* Simulation und Planspieltechnik, Berechnungsexperimente in der Betriebswirtschaft, Gabler, 1969;
Horst *Koller,* Simulation als Methode in der Betriebswirtschaft, Zeitschrift für Betriebswirtschaft 1966, 95;
Rolf *Koxholt,* Die Simulation – ein Hilfsmittel der Unternehmensforschung, München, Wien 1967;
Francis *Martin,* Computer Modelling and Simulation, Wiley, New York 1968;
Renate *Mayntz,* Anwendung der Kybernetik in der Soziologie, in: Helmar *Frank,* Hrsg., Kybernetische Maschinen, 1964, S. 379–385 (besonders zur Simulation);
Peter *Mertens,* Simulation, Stuttgart, 1969;
Werner *Meissner,* Zur Methodologie der Simulation, ZGesStW 126/3 (1970) 385–397;
Wolfgang *Müller,* Die Simulation betriebswirtschaftlicher Informationssysteme, Gabler, 1969;
Thomas H. *Naylor,* ed., Computer Simulation Experiments with Models of Economic Systems, New York, London, 1971;
Thomas H. *Naylor,* Josef L. Balintfy, Donald S. *Burdick, Kong Chu,* Computer Simulation Techniques, Wiley, New York, London, 1966;
Guy H. *Orcutt,* Martin *Greenberger,* John *Korbel,* Alice M. *Rivlin,* Microanalysis of Socioeconomic Systems, A Simulation Study, New York, London, 1961;
Martin *Shubik,* Simulation of the Industry and the Firm, Am.Ec.Rev. 50 (1960) 908–919;
Horst *Siebert,* Simulation als Informationsinstrument der Wirtschaftspolitik, ZGesStW 126/3 (1970) 409;
S. *Siegel,* L. *Fouraker,* Bargaining Group Decision Making: Experiments in Bilateral Monopoly, McGraw Hill, New York, 1960;
R. Clay *Sprowls,* Business Simulation, in: Harold *Borko,* ed., Computer Application in the Behavioral Science, 1962;
K.D. *Tocher,* The Art of Simulation, London 1963;
K.D. *Tocher,* The State of the Art of Simulation – A Survey, in: David B. *Hertz*

Jacques *Melese*, The Proceedings of the 4th International Conference on Operational Research, New York, 1966, p. 693–701;
William D. *Wells*, Computer Simulation of Consumer Behavior, Harv. Bus. Rev. 41 (1963), No. 3, p. 93–98.

7 Dazu die Lehrbücher zu Unternehmensforschung und Operations Research, z.B. das Standardwerk von C.W. *Churchman*, R.L. *Ackoff*, E.L. *Ackoff*, Operations Research, Eine Einführung in die Unternehmensforschung, 1963.

8 Simulation kann definiert werden als Berechnungsexperiment, in dem mehrere alternative Einzelfälle eines Modells berechnet werden, die induktive Schlüsse über das im Modell abgebildete System als ganzes, über die Interaktion der einzelnen Systemteile, über optimale Konstellationen der Parameter etc. zulassen. Mit Nachweisen Klaus *Hopt*, aaO (Fußn.1), JZ 1972, 65 (74).

9 Aufgliederung und Abfolge des in Abb. 1 dargestellten Prozesses ist in der Literatur keineswegs einheitlich. So wird gelegentlich die Reihenfolge von Schritt 2 und 3 umgekehrt bzw. zwischen Schritt 3 und 4 ein weiterer Schritt eingefügt, bei dem es um die Abschätzung der Parameter und ihre empirische Verifizierung gehen soll, oder es wird zwischen Schritt 5 und 6 in einem eigenen Schritt die Brauchbarkeit des Computermodells geprüft, wobei dann hier erst die Parameter abgeschätzt werden sollen. Schließlich wird manchmal der Schritt 8 als Folgeentscheidung nach Durchführung der Simulation ausgeklammert. Der Sache nach ändert sich aber dadurch jeweils prinzipiell wenig. Besonders ausführlich zu den einzelnen Schritten *Naylor, Balintfy, Burdick, Kong Chu*, Computer Simulation Techniques, 1966, p 24 et s. Ferner Peter *Mertens*, Simulation, 1969, S. 10. Vgl. auch allgemeiner zur Vorgehensfolge im Operations Research Fred *Hanssmann*, Operations Research Techniques for Capital Investment, New York, London, 1968, p.5 et. s.

Die in dem Ablaufdiagramm (Abb. 1) ersichtliche Einteilung des Vorgehens in **drei Stufen** entspricht dem an anderer Stelle[10] geschilderten logischen Vorgehen beim Experimentieren am Modell. Gegenüber dem für die Naturwissenschaften typischen Experiment an der Realität erweitert sich hier das Vorgehen vor und nach dem Experiment um die Abbildung der Realität im Modell[11] und um die Rückbeziehung der im Experiment gewonnenen Informationen auf die Realität[12].

Dieses stufenweise Vorgehen läßt sich in acht einzelne Schritte[13] untergliedern. Die Abbildung der Realität im Modell (erste Stufe) vollzieht sich in den ersten vier Schritten.

1. Formulierung des Problems

Erster und entscheidender Schritt bei der Simulation ist die Formulierung des Problems oder anders: Es muß klar werden, welches Erkenntnisziel den Forscher bestimmt. Dies gilt zwar allgemeiner für jede Art methodischen Forschens, aber doch in besonderer Weise für die Simulation. Angesichts des hohen Aufwands und der Kosten von Simulationen muß nämlich ganz zu Anfang schon erwogen werden, erstens ob das Erkenntnisziel nicht einfacher mit anderen (analytisch-deduktiven) Methoden erreicht werden kann und, wenn nein, zweitens ob die Simulation im Hinblick auf dieses Erkenntnisziel ausreichende Informationen zu liefern verspricht. Beide Erwägungen können nur dann erfolgreich angestellt werden, wenn nicht nur, wie manchmal sonst, das Forschungsinteresse allgemein bestimmt ist, sondern wenn im einzelnen die zu beantwortenden Fragen und die dazu aufgestellten und zu verifizierenden Hypothesen formuliert werden können und formuliert sind[14]. Daten-

---

10 Siehe Fußnote 1.

11 Das ist mehr als eine bloße Versuchsanordnung.

12 Es handelt sich hier in einem doppelten Sinn um einen Regelkreis. Einmal werden die durch Simulation gewonnenen Ergebnisse häufig als Ausgangsdaten in den nächsten Simulationslauf eingegeben bzw. für weitere Simulationen verwendet, also feedback im Prozeß der Simulation selbst. Zum anderen werden die Endergebnisse der Simulation auf die Realität rückbezogen, also feedback vom Modell zur Realität.

13 Nur die Stufen liegen fest. Die Schritte können zusammengefaßt oder weiter zergliedert werden. Das gilt auch für Rückverzweigungen in der Abbildung. *Naylor, Balintfy, Burdick, Kong Chu,* loc.cit. (Fußn. 9), p. 24: „To be sure, any procedure of this type is largely arbitrary in nature, and can only be judged on purely pragmatic grounds."

14 *Nylor, Balintfy, Burdick, Kong Chu,* loc.cit. (Fußn. 9), p. 27. Ein gutes Beispiel für eine solche Problemformulierung bieten H. N. *Chycon,* R.B. *Maffey,* Simulation – Tool for Better Distribution, Harv.Bus.Rev. 38 (1960), No. 6, p.65–75, für ein Firmenabsatzmodell.

Abbildung 1:

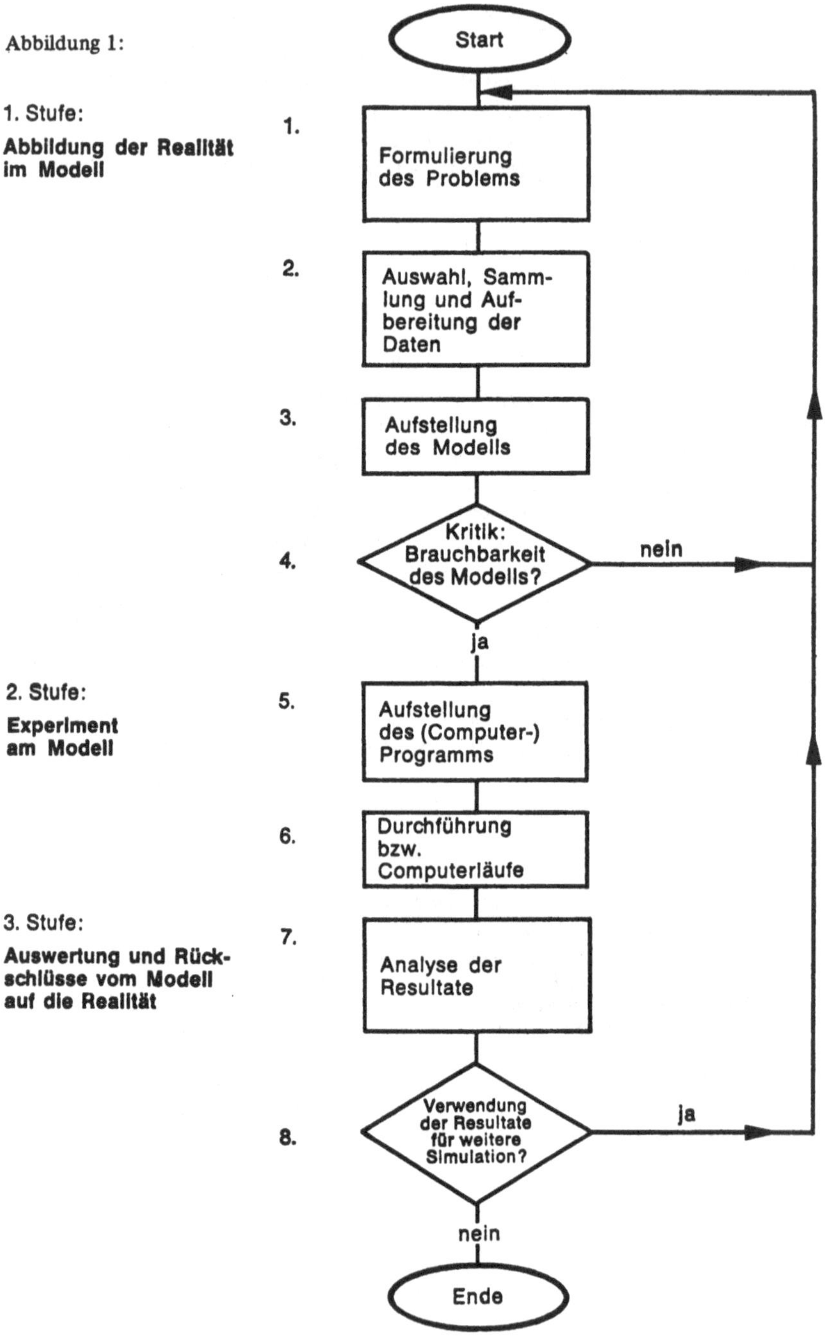
Start
1. Stufe:
Abbildung der Realität im Modell
1.
Formulierung des Problems
2.
Auswahl, Sammlung und Aufbereitung der Daten
3.
Aufstellung des Modells
4.
Kritik: Brauchbarkeit des Modells?
nein
ja
2. Stufe:
Experiment am Modell
5.
Aufstellung des (Computer-) Programms
6.
Durchführung bzw. Computerläufe
3. Stufe:
Auswertung und Rückschlüsse vom Modell auf die Realität
7.
Analyse der Resultate
8.
Verwendung der Resultate für weitere Simulation?
ja
nein
Ende

sammlung, Modellbau oder gar Programmierarbeit vor Abschluß der Problemformulierung vergeuden Zeit und Mittel. Sehr ironisch ist dazu gesagt worden: „There is often a great temptation to regard a computer as a substitute for thought."[15]

2. Auswahl, Sammlung und Aufbereitung der Daten

Wenn das Ergebnis der ersten Stufe die Abbildung der Realität in einem Modell sein soll, gilt es in einem zweiten Schritt umfassende und möglichst exakte Informationen aus eben dieser Realität zu gewinnen. Je mehr Reibungsverluste hier auftreten, desto mehr werden Modell und abzubildende Realität differieren und desto fragwürdiger werden später die Rückschlüsse von dem manipulierten Modell auf die Realität.

Daß es nicht möglich ist, die gesamte vielfacettige Realität abzubilden, liegt auf der Hand. Reduzierung auf das für das Erkenntnisziel Wesentliche tut not. Nicht Isomorphie[16], sondern mehr oder weniger große Ähnlichkeit in einer bestimmten, durch das Erkenntnisziel festgelegten Richtung gilt es zu schaffen. Aus der Viel-, ja Unzahl der empirischen Fakten muß ausgewählt werden. Welche Auswahl getroffen wird, bestimmt das Erkenntnisinteresse. Dieser Prozeß des Auswählens kann bereits Rückinformationen für die Formulierung des Problems liefern. Besonders dann, wenn von vornherein keine Aussicht besteht, für die ausgewählten Fakten ausreichend zuverlässige Daten zu bekommen, muß erneut beim ersten Schritt eingesetzt werden.

Nach der Auswahl der relevanten Fakten gilt es, unter Beachtung der bekannten Repräsentativitätserfordernisse die diesen Fakten zugehörigen Daten zu erfassen. Ein Teil dieser Daten ist bereits nötig, damit anschließend das Modell aufgestellt werden kann. Die übrigen hierzu noch entbehrlichen Daten – besonders in Anzahl und Umfang – können auch erst später nach Aufstellung

---

15 B.H.P. *Rivett*, Why Simulate? in S.H. *Hollingdale*, ed., Digital Simulation in Operational Research, 1967, p. 3 (6); auch p. 7: „Perhaps however, the greatest limitation lies in the limitation of our understanding of what is going on in the management situations we are observing."

16 In der Sprache mathematischer Funktionen (Abbildungen): Bijektivität.

und Kritik des Modells erfaßt werden[17]. Methoden der Datenerfassung sind bei sozialwissenschaftlichen Modellen etwa die Benutzung der Interviewtechnik oder Fragebogenerhebungen[18]. So können bei der Simulation des Wählerverhaltens Meinungsumfragen aufschlußreich sein. Clarkson hat für seine Simulation der Investmentanlage durch Banken und Trusts die für die Anlageentscheidung zuständigen Angestellten über ihre Überlegungen, Gründe und Motive für das Ausscheiden bestimmter Anlagemöglichkeiten und die Wahl anderer befragt.[19] Bei der Simulation des Verhaltens eines Unternehmens kann in weitem Umfang auf bereits vorhandene Daten zurückgegriffen werden, z.B. Löhne, Zahl der Beschäftigten, Kundenbestellungen, Außenstände, Transportwege, Lagermöglichkeiten.

Die Daten werden bei der Erfassung in den verschiedensten Formen und nach unterschiedlichen Bezugseinheiten angeliefert. Sie müssen aufbereitet werden. Zunächst werden sie auf dieselben bzw. vergleichbare Bezugseinheiten umgeformt[20]. Folge- und Komplementärdaten können aus den ermittelten Daten errechnet werden[21]. Umwandlung in maschinenlesbare Form (Übertragung auf Lochkarten oder Magnetband) und Abspeicherung für wiederholten Zugriff schließen sich an.

---

17 Diese zweispurige Datenerfassung empfiehlt sich besonders dann, wenn damit zu rechnen ist, daß sich erst beim Modellbau die Notwendigkeit anderer, bis dahin nicht ausgewählter Fakten erweisen wird. Vgl. allgemein für die Unternehmensforschung *Hanssmann*, loc.cit. (Fußn. 9), p. 5 et s.: Modellkonstruktion vor Abschätzung der Umweltsparameter. Aus zwei Gründen empfiehlt es sich dennoch, an der in Abb. 1 dargestellten Schrittfolge festzuhalten: Einmal werden für Modellbau und Modellkritik unbedingt Daten gebraucht. Erst aus der Anschauung der Daten lassen sich bestimmte Funktionshypothesen aufstellen und ohne Daten läßt sich die Realitätsnähe des Modells kaum beurteilen. Zum anderen sollte schon bei der Problemformulierung und bei der Auswahl der Fakten in solchem Maß Klarheit über die benötigten Daten erzielt werden, daß die Datensammlung auf ein Mal – dies schon aus Zeit- und Kostengründen – vorgenommen werden kann.

18 Einführend z.B. René *König*, Hrsg., Handbuch der empirischen Meinungsforschung, Bd. 1, 1962; Renate *Mayntz*, Kurt *Holm*, Peter *Hübner*, Einführung in die Methoden der empirischen Soziologie, 1969; Bernard S. *Philipps*, Empirische Sozialforschung (Strategie und Taktik), 1970.

19 Geoffrey P.E. *Clarkson*, Portfolio Selection: A Simulation of Trust Investment, Prentice Hall, 1962, 2d ed. 1968.

20 Ein ganz einfaches Beispiel: Matrixinversion, um vergleichbare Matrizen zu bekommen.

21 Z.B. den Periodengewinn als Differenz zwischen Erlös bzw. Umsatz und Kosten: $G = E - K$, in der Betriebswirtschaft.

3. Aufstellung des Modells[22]

a) Bei der Aufstellung des Modells werden zunächst die **Systemkomponenten**, also die verschiedenen Teileinheiten bestimmt, aus denen sich das System zusammensetzt. So wird beispielsweise ein Simulationsmodell des Absatzes eines Unternehmens (=Gesamtsystem) folgende Teileinheiten aufweisen: Kunden, Produktionsstätten, Lagerhäuser, Transportmittel, Produkte, Lieferungsorte usw. Das Modell wird verfeinert, wenn diese Teileinheiten durch weitere ergänzt oder untergliedert werden. In dem genannten Beispiel wären dann weiter zu berücksichtigen: Auftragshäufigkeiten, Absatzmengen, Grad der Produktkombination bei den Aufträgen usw.[23]

b) Vom (Anfangs-)Zustand der Systemkomponenten selbst und von den Umwelteinflüssen auf diese Komponenten hängt es ab, wie die Komponenten sich im Verlauf der Simulation verhalten und welcher Endzustand der Komponenten und des Systems erreicht wird. Nach den Systemkomponenten müssen also Zustandsvariabeln, Entscheidungsvariabeln und Parameter festgelegt werden.

Mit Hilfe der **Zustandsvariabeln**[24] wird der jeweilige Zustand der Systemkomponenten zu Beginn, Ende oder einem anderen relevanten Zeitpunkt des Simulationsprozesses bestimmt. Handelt es sich bei der betreffenden Systemkomponente um ein einzelnes Individuum, sind Zustandsvariabeln etwa Einkommen, Erziehung, Alter, Geschlecht, Stand usw. Bei einem Unternehmen als Teileinheit des Systems sind es z.B. bisheriger Umsatz, Kapazität, vorhandene Läger, Liquidität usw.

Entscheidungsvariabeln[24a] bezeichnen diejenigen Größen, die während der Simulation gezielt verändert werden sollen, damit ihre Einwirkung auf das Verhalten des Systems oder der Systemkomponenten festgestellt werden kann oder damit unter mehreren möglichen Strategien die optimale herausgefunden wird. Hierher gehören z.B. in einer Marktverhaltenssimulation Entscheidungen des Unternehmens über Preiserhöhung, Kapazitätsausweitung, Produktionsdrosselung, Parallelverhalten im Oligopol usw.

Parameter[25] sind diejenigen Bedingungen, die die Umwelt des Systems betreffen und während des Simulationslaufes nicht verändert werden[26]. Nur wenn sie konstant gehalten werden, läßt sich nämlich ein bestimmtes Verhalten des Systems auf die Veränderung gerade der Entscheidungsvariabeln zurückführen.

---

22 Die Modelle lassen sich in verschiedener Weise einteilen, z.B. deterministische und stochastische Modelle, statische und dynamische Modelle usw.

23 Dazu *Shycon, Maffei,* loc.cit. (Fußn. 14), p. 68 et. s.

24 Auch Statusvariabeln genannt.

24a Auch Entscheidungsparameter genannt.

25 Auch Umweltparameter, Umweltfaktoren oder Nebenbedingungen genannt.

Neben diesem Sprachgebrauch gibt es noch andere. So ist gelegentlich von exogenen oder Inputvariabeln[27] und von endogenen oder Outputvariabeln[28] die Rede. Doch läßt sich bei Verwendung dieser Begriffe die Frage, welcher Kategorie eine bestimmte Größe zuzuordnen ist, nur mehr ad hoc für das einzelne Modell beantworten[29].

c) Nach der Festlegung der Systemkomponenten, der Variabeln und der Parameter müssen die gegenseitigen Beziehungen und Verhaltenseinflüsse zwischen den verschiedenen Größen in Form mathematischer oder logischer Funktionen fixiert werden **(Funktionalbeziehungen oder Operationscharakteristiken)**. Diese Beziehungen sind nur manchmal bekannt. Oft müssen insoweit erst aus der Anschauung der Daten Funktionshypothesen aufgestellt werden.

4. Kritik: Brauchbarkeit des Modells?

Die Abbildung der Realität im Modell schließt mit einer kritischen Würdigung der Brauchbarkeit des Modells für das zu lösende Problem. Die Brauchbarkeit kann aus zwei Gründen zu verneinen sein. Zunächst kann sich herausstellen, daß das Modell die Realität in einem für die Erreichung des Erkenntniszieles nicht ausreichenden Maße widerspiegelt. Das trifft zu, wenn relevante Einflußfaktoren nicht in das System aufgenommen worden sind oder wenn sich eine hypothetische Funktionalbeziehung zwischen zwei Variabeln bei näherem Zusehen nicht halten läßt. Es wäre wenig sinnvoll, ein solches Modell un-

---

26 Z.B. Richard F. *Barton,* A Primer on Simulation and Gaming, 1970, p. 31.

27 Exogene oder Input-Variabeln bezeichnen den jeweiligen Zustand der für die Systemkomponenten relevanten externen Faktoren zu irgendeinem Zeitpunkt der Simulation. Diese Variabeln sind entweder durch die abgebildete externe Realität determiniert oder werden jeweils durch die Wahl dessen, der in dem System die Entscheidungen fällt, festgelegt. So sind etwa bei der Simulation des Marktverhaltens eines Unternehmens exogene Variabeln der ersten Art die Aufnahmefähigkeit des Markts für bestimmte Produkte, Produktpräferenzen oder die Konkurrenzverhältnisse. Exogene Variabeln der zweiten Art wären etwa Kapazitätsausweitung oder Produktionsdrosselung, Preiserhöhung usw. Vgl. auch *Barton,* loc.cit. (Fußn. 26), p. 31.

28 Endogene oder Output-Variabeln (im Englischen auch generated variables) werden im Verlauf der Simulation als Resultierende des Prozesses selbst gebildet. Sie werden anders als Statusvariabeln und exogene oder Input-Variabeln zu keinem Zeitpunkt des betreffenden Simulationslaufs – wohl aber (dann als Variabeln der genannten Art) für neue Simulationsläufe – von außen eingegeben.

29 Der hier gewählte Sprachgebrauch entspricht folgender Funktionsgleichung: $E = f(x,y)$; E = Zielgröße, x = Entscheidungsvariable, y = Umweltsfaktoren.

ter Zeit- und Kostenaufwand in ein Computerprogramm zu übersetzen, um dann doch beides, mathematisches und Computermodell, zu verwerfen[30].

Das Modell kann zum anderen deswegen unbefriedigend sein, weil es unnötig oder übermäßig komplex ist. Das Modell ist unnötig komplex, wenn bestimmte Größen und Funktionalbeziehungen keinen wesentlichen Einfluß auf die Zielgrößen haben. Dies muß im Rahmen einer Sensibilitätsanalyse festgestellt werden. Das Modell wird dann vereinfacht. Das Modell ist übermäßig komplex, wenn es bei der Berücksichtigung der zur Verfügung stehenden Speicherkapazität, Rechenzeit und finanziellen Mittel nicht mehr zu manipulieren ist. Die Frage nach der Ökonomie des Modells stellt sich und der Versuch liegt nahe, ein komplexes Gesamtmodell aus identischen oder doch verhaltensgleichen Bausteinen und Submodellen zusammenzusetzen. Das ist blockrekursive Konstruktion oder Konstruktion nach dem Bausteinprinzip[31].

Kann die Brauchbarkeit des Modells bejaht werden, ist also die Realität adäquat abgebildet, gilt es in der **zweiten Stufe** an diesem Modell zu experimentieren.

5. Aufstellung des (Computer-)Programms

Zunächst wird der Verlauf des Experiments in einem Programm abgesteckt. Bei der Computersimulation[32] muß dabei das mathematische oder logische Modell mit Hilfe einer Programmiersprache, am besten mit einer der eigens für Simulationen entwickelten Spezialsprachen wie GPSS III, SIMSCRIPT II und DYNAMO[33], in Maschinensprache übersetzt werden.

---

30 Manchmal läßt sich allerdings die Brauchbarkeit des Modells erst an Hand verschiedener Testläufe beurteilen. Dann bleibt die Aufstellung des Computerprogramms nicht erspart. In diesem Fall wird dann – methodisch gesehen – der in Abb. 1 dargestellte Prozeß voll durchlaufen: Das Erkenntnisziel ist dabei der Modelltest. Zu dieser sog. Modelltest-Simulation weiter unten im Text.

31 Dazu G.H. *Orcutt*, M. *Greenberger*, J. *Korbel*, A.M. *Rivlin*, Microanalysis of Socioeconomic Systems: A Simulation Study, New York, 1961, p. 17 et s.; G.H. *Orcutt*, Simulation of Economic Systems, Am.Ec.Rev.50 (1960) 893 (901). Auch *Siebert*, aaO (Fußn. 6), ZGesStW 126/3 (1970) 409 (413 f).

32 Simulationen sind nicht denknotwendig nur unter Computereinsatz durchzuführen. Praktische Bedeutung hat heute aber in erster Linie die Computersimulation. Näher *Hopt*, aaO (Fußn. 1), JZ 1972, 65 (74f).

33 Ausführliche Zusammenstellungen z.B. bei *Naylor*, *Balintfy*, *Burdick*, *Kong Chu*, loc. cit. (Fußn.9), p. 239–309 mit weiteren Nachweisen; *Barton*, loc. cit., (Fußn. 26), p. 173–203; Rolf *Koxholt*, Die Simulation – Ein Hilfsmittel der Unternehmensforschung, 1967, S. 57–103 (Simulationssprachen und Simulationssteuerungssysteme); J.N. *Buxton*, ed., Simulation Programming Languages, 1968 (Proceedings of the JFJP Working Conference on Simulation Programming Languages, Oslo, May 1967).

6. Duchführung bzw. Computerläufe

Die eigentliche Durchführung des Experiments entsprechend dem Programm schließt sich an. Wieviele und welche Computerläufe stattfinden sollen, wird entweder vorweg im Programm oder von Lauf zu Lauf entschieden. Die Entscheidung ist eine Frage der Suchstrategie (z.B. welche verschiedenen Entscheidungs- und Umweltkonstellationen untersucht werden sollen) und der eigenen Anforderungen an den Zuverlässigkeitsgrad des späteren Induktivschlusses[34].

Innerhalb der sich eröffnenden **dritten Stufe** werden die Experimente ausgewertet und Rückschlüsse vom Modell auf die Realität gezogen.

7. Analyse der Resultate

Die verschiedenen Experimente am Modell, die durch Veränderung der Entscheidungsvariabeln vorgenommen worden sind, müssen ausgewertet und interpretiert werden. Durch Aufstellung von Statistiken und unter Zuhilfenahme anderer Techniken[35] muß beurteilt werden, ob und gegebenenfalls welche Abhängigkeiten zwischen Entscheidungsvariabeln und dem Verhalten des Gesamtsystems bzw. seiner Komponenten besteht. Eine wesentliche Hilfe bei dieser Analyse ist der Vergleich der simulierten Prozesse und ihrer Resultate mit der Realität. Freilich dürfen all die Daten, die zur Aufstellung des Modells benützt worden sind, um dieses der Realität anzunähern, hier nicht erneut herangezogen werden. Sie sind bereits in das Modell eingegangen und verbürgen keine zusätzliche Kontrolle der Ähnlichkeit von Modell und Realität.

8. Verwendung der Resultate für weitere Simulation?

Zuletzt fragt sich, ob das analysierte und nach Bedarf an zusätzlichen Daten verifizierte Resultat für weitere Simulation verwendet werden soll. Verneint wird diese Frage beispielsweise bei einer sog. strategischen[36] oder besser Modelltest-Simulation, wenn der Vergleich der simulierten Ergebnisse mit der Realität eine nicht mehr tragbare Diskrepanz zwischen Urbild und Abbild erkennen läßt. Hier folgt dann unmittelbar, daß der gesamte Vorgang – ab Schritt 1 oder, wenn lediglich eine Funktionshypothese falsifiziert ist, ab Schritt 3 – wiederholt wird, bis simulierte und empirische Daten korrelieren.

---

34 Erhöhung des Zuverlässigkeitsgrads setzt quadratisches Anwachsen des Stichprobenumfangs voraus.

35 Dazu mit Nachweisen *Meissner*, aaO (Fußn. 6), ZGesStW 126/3 (1970) 385 (389 f).

36 Martin *Shubik*, Simulation and Gaming: Their Value to the Study of Pricing and other Market Variables, in: Alfred R. *Oxenfeldt*, Models of Markets, New York, London, 1963, p. 307–338 (310).

Ist dies der Fall, hat die Modelltest-Simulation ihr Ziel erreicht. Bei allen anderen Simulationen[37] ist das Vorgehen dann zu Ende, d.h. die Resultate der Simulation werden nicht für weitere Simulation verwendet, wenn in sich stimmige, derzeit empirisch nicht falsifizierbare Aussagen über das Verhalten des Systems und seiner Komponenten aufgestellt sind oder wenn sich die prognostischen Aussagen in der Realität bestätigen oder wenn bei der Optimierung ein dem Anspruchsniveau genügendes relatives Optimum gefunden worden ist.

Wenn die Simulation erfolgreich war, steht also am Ende die erstrebte Erkenntnis bzw. Information: als realitätsnahes Modell, als fundierte Prognose, als relatives Optimum oder allgemein als Aussage über Verhältnis und Verhalten von System, Systemkomponenten, Variabeln und Parametern.

B. Anwendung der Simulation in den Wirtschafts- und Sozialwissenschaften[38]

Jede Methode in der Wissenschaft findet Rechtfertigung und Bestätigung in dem, was sie praktisch leistet. Nach der Betrachtung der Methodik gilt es deshalb, einen Blick auf einige typische Anwendungsversuche zu werfen. Hier interessieren die Anwendungen in den Wirtschafts- und Sozialwissenschaften, weil die sich dort stellenden Fragen den in Recht und Gesetzgebung zu bewältigenden Aufgaben noch am nächsten stehen.

Dem kritisch abwartenden Juristen kann hier vorweg die Tatsache mitgeteilt werden, daß sich Berechnungsexperiment und Simulation[39] aus den Wirt-

---

37 Auch taktische genannt von *Shubik,* loc.cit. (Fußn. 36).

38 Die Modelle sind heute bereits so zahlreich, daß sie ohne Bibliographie nicht mehr zu überblicken sind. Z.B. Martin *Shubik,* Bibliography on Simulation, Gaming, Artificial Intelligence and Allied Topics, in: Journal of the American Statistical Association, vol. 55 (1960) 736–751; D.G. *Malcolm,* Bibliography on the Use of Simulation in Management Analysis, in: Operations Research, vol. 8 (1960), No. 2, p. 169–177; A.R.*Deacon* Jr., A selected bibliography in: Simulation and Gaming, A Symposium, American Management Association, Management Report, No. 55, New York, 1961, p. 113–131. Eine kommentierte Bibliographie (besonders zur Spieltheorie) bringt Martin *Shubik,* Hrsg., Spieltheorie und Sozialwissenschaften, 1965, S. 378 ff. Speziell für die Soziologie Volker *Hauff,* Friedrich *Latzelsberger,* Simulationsmodelle in der soziologischen Forschung, in: Rul *Gunzenhäuser,* Hrsg., Nicht-numerische Informationsverarbeitung, 1968, S. 127 (144–147). Neuerdings Horst *Koller,* Simulation und Planspieltechnik, 1969, S. 167–193; Thomas H. *Naylor,* ed., Computer Simulation Experiments with Models of Economic Systems, 1971, an verschiedenen Stellen, bes. p. 36 at s., 83 et s., 147 et s. Ferner Dimitris N. *Chorafas,* Systems and Simulation, 1965.

39 Näher *Koller,* aao (Fußn. 38).

schaftswissenschaften heute nicht mehr wegdenken lassen. In den Sozialwissenschaften ist die Entwicklung noch nicht so weit fortgeschritten. Doch zeigen eine ganze Reihe von Projekten, daß sich auch dort die Simulation – wenngleich vorerst noch hinter dem Planspiel – ihren Platz neben den herkömmlichen Methoden erobert. Der entscheidende doppelte Vorzug dieser Methode gegenüber den bisherigen besteht nämlich darin, daß es unter Einsatz von Rechenmaschinen möglich wird, erstens Systeme großer Komplexität zu manipulieren und dadurch in ihrer Verhaltensweise und ihren inneren Abhängigkeiten zu verstehen und zweitens Systeme mit einer großen, bisher nicht zu bewältigenden Datenmenge ohne allzu rigorose Vereinfachung und mit dem gesamten relevanten empirischen Datenschatz zu erfassen[40]. Die Relevanz der dadurch eröffneten Erkenntnisse und Prognosen für den „Wirtschafts- und Sozialingenieur" und sein technisches, politisches, soziales, wirtschaftliches und – leider – militärisches Planen liegt auf der Hand. Diese Aussagen und Voraussagen stützen sich nämlich nicht nur auf Intuition des Praktikers oder Spekulation des Theoretikers, sondern auf Beobachtung der Realität am homomorphen Modell.

1. Unternehmensmodelle

Ihren Einzug in die Wirtschaftswissenschaften hat die Simulation in erster Linie über die Unternehmensforschung[42] gehalten. Im Rahmen der heute mehr und mehr als Entscheidungslehre konzipierten Betriebswirtschaftslehre[43] richtet sich das Interesse des Systembetrachters entweder auf einen Teilbereich des Unternehmens, auf die interne Entscheidungsbildung im Unternehmen oder auf das Verhalten des Unternehmens im Markt gegenüber Konsumenten und Konkurrenten.

---

40 Zu Modellbau und Systemanalyse in diesem Zusammenhang *McMillan, Gonzales,* loc.cit. (Fußn.6), p. 27 et s., 29.

41 W. Ross *Ashby,* Simulation of a brain, in: Harold *Borko,* ed., Computer Applications in the Behavioral Sciences, Englewood Cliffs, 1962, p. 453–467; Olaf *Helmer,* Nicholas *Rescher,* On the Epistemology of the Inexact Sciences, Management Science, vol. 6 (1959), No. 1, p. 25–52 (41, 48 et s.): Experten als Teile der Simulation.

42 Damit sind die Gebiete gemeint, die oft auch als Operations Research, Management Science, Business Administration, Theory of the Firm, Marketing Theory, Administrative Behavior etc. bezeichnet werden.

43 G.P.E. *Clarkson,* H.A. *Simon,* Simulation of individual and group behavior, Am. Ec.Rev. 50 (1960) 920–931 (922). Zu einer deutschsprachigen Darstellung der Betriebswirtschaftslehre als Entscheidungslehre vgl. Edmund *Heinen,* Einführung in die Betriebswirtschaftslehre, 1968, mit Nachweisen.

a) Mit einem Teilbereich des Unternehmens befaßt sich die Absatzsimulation durch Shycon und Maffei[44]. Die Aufgabe war, für einen amerikanischen Lebensmittelkonzern durch Änderung im Versand Kostenersparnisse zu erzielen. Bei der Größe und Komplexität des Systems (etwa 4000 über die ganzen USA verstreute Großkunden, 10 konzernangehörige Produktionsstätten, 40 Auslieferungsläger) erschien die Simulation die einzige Möglichkeit, dieses analytisch nicht mehr zu bewältigende Optimierungsproblem zu lösen. So wurden im Rahmen einer Simulation Zahl und Standorte der Läger verändert und die Auswirkungen auf Transport-, Versandkosten und Lieferbereitschaft für verschiedenste Konstellationen durchgerechnet. Die Anzahl derartiger spezieller, auf bestimmte Produktions-, Absatz- und Planungsprobleme zugeschnittener Teilbereichsmodelle ist sehr groß[45]. Viele bleiben firmenintern.

b) Die herkömmliche Theorie des Unternehmens betrachtet das Unternehmen als „black box"[46]. Das Unternehmen als solches reagiert auf die Umwelt und richtet sich nach Marktzwängen, Konkurrenz, Konsumentenpräferenzen, rechtlichen Schranken usw. Demgegenüber interessiert heute immer mehr nicht nur die nach außen tretende Entscheidung „des Unternehmens", also eines einzelnen Unternehmensinhabers oder -repräsentanten, sondern der Prozeß der internen Entscheidungsbildung im System Unternehmen. Bei einem solchen Forschungsobjekt wird die Wichtigkeit der Simulation ohne weiteres deutlich. Mit Hilfe der Simulation kann nämlich dieses Systemverhalten im Modell nachgebildet und experimentell untersucht werden.

Ein sehr bekannt gewordenes Beispiel für diese Art der Simulation ist Bonini's Simulation des Firmenverhaltens[47]. Bonini's Unternehmen ist ein hierarchisch strukturiertes, aus mehreren Untersystemen zusammengesetzes System, dessen Verhalten nach außen von dem internen Informations-, Planungs- und Ent-

---

44 *Shycon, Maffei,* loc.cit. (Fußn. 14). Auch Martin L. *Gerson,* Richard B. *Maffei,* Technical Characteristics of Distribution Simulators, Management Science, vol. 10 (1963), No. 1, p. 62–69.

45 Der gesamte Bereich der Optimierungsprobleme wird dabei bestrichen: Lagerhaltungssysteme; Produktionskapazität, Ausnutzungsgrad; Warteschlangenprobleme; Maschinen-, Fließband-, Werkbelegung; Transportprobleme; Ermittlung optimaler Losgrößen usw. Es genügt ein Blick in die einschlägigen Zeitschriften wie Operations Research, Management Science usw. Dazu auch Thomas H. *Naylor,* Computer Simulation Experiments with Models of Economic Systems, 1971, ch.3: Management Science Models.

46 Dazu Charles P. *Bonini,* Simulation of Information and Decision Systems in the Firm, 1963 (1965), p. 4.

47 Charles P. *Bonini,* loc.cit. (Fußn. 46); *Bonini,* Simulating Organizational Behavior, in: W.W. *Cooper,* H.J. *Leavitt,* M.W. *Shelly II,* New Perspectives in Organization Research, New York, London, Sydney, 1964, p.277–288; *Bonini,* Simulation of Organizational Behavior, in Charles P. *Bonini,* Robert K. *Jaedicke,* Harvey M. *Wagner,* Management Controls, New York, 1964, p. 91 et s. Referierend auch Peter *Mertens,* Simulation, S. 53 ff.

scheidungsprozeß zwischen den einzelnen Untersystemen und innerhalb dieser abhängt. Bonini versucht dabei zu zeigen, wie trotz gleichbleibender Umwelt- und Marktbedingungen das reaktive Verhalten des Unternehmens von dieser seiner inneren Struktur abhängt. Interessant ist der Gedanke, mittels eines „index of felt pressure" das Verhalten des einzelnen Individuums aus dessen Stellung zwischen gleich- und gegenläufigen Pressionen anderer Individuen und Gruppen innerhalb des Unternehmens in den Griff zu bekommen.

c) Die Simulation läßt sich auch auf das Verhalten des Unternehmens im Markt bei variierenden Marktbedingungen und gegenüber Konkurrenten und Konsumenten anwenden.

Da sind etwa die „industrial dynamics"-Modelle von Forrester[48], die als Systemkomponenten u.a. Fabriken, Lagerhäuser, Großhändler, Einzelhändler und Verbraucher aufweisen. Ausgehend von solchen Ansätzen könnte eine Simulation aufzeigen, welche Werbestrategie die Firma im Netz ihrer Umweltbeziehungen am ehesten befolgen sollte. Cyert und March[49] haben mit großem Erfolg für die Preis- und Bestellstrategie eines Kaufhauses den Modellansatz einer Computersimulation bei oligopolistischer Marktstruktur erarbeitet. In ähnliche Richtung kann die Suche nach optimalen Investitionsstrategien gehen[50].

Zu dem Problem des Investments und der Wertpapierauswahl durch Effektensachbearbeiter der Banken hat Clarkson[51] eine interessante Simulation durchgeführt. Clarkson's Modell ist aufgrund detaillierter Beobachtung des Beratungsverhaltens solcher Bankangestellten konzipiert. Zu berücksichtigen sind auf der einen Seite die vorhandenen Informationen über die verschiede-

---

48 Jay W. *Forrester*, Industrial Dynamics, 3d printing, 1964, Cambridge, Mass.; Jay W. *Forrester*, Industrial Dynamics, Harv. Bus. Rev. 36 (1958), No. 4, p. 37–66.

49 Richard M. *Cyert*, James G. *March*, The Behavioral Theory of the Firm: A Behavioral Science-Economics Amalgam, in: W.W. *Cooper*, H. J. *Leavitt*, M.W. *Shelly II*, eds., New Perspectives in Organization Research, New York, London, Sydney, 1964, p. 289–304; Richard M. *Cyert*, James G.*March*, eds., A Behavioral Theory of the Firm, Englewood Cliffs, 1963, p. 128 et s.; vgl. ebenda Kalman J. *Cohen*, Richard M. *Cyert*, Computer Models in Dynamic Economics, p. 312–325; ferner Richard M. *Cyert*, E.A. *Feigenbaum*, James G. *March*, Models in a Behavioral Theory of the Firm, Behavioral Science, vol. 4 (1959), 81–95.

50 Vgl. (nicht spezifisch zur Simulation) Fred *Hanssmann*, Operations Research Techniques for Capital Investment, New York, London, 1968.

51 Geoffrey P.E. *Clarkson*, Portfolio Selection: A Simulation of Trust Investment, Prentice Hall, 1962, 2d ed., 1968; Geoffrey P.E. *Clarkson*, A model of trust investment behavior, in: Kalman J. *Cohen*, Frederick S. *Hammer*, eds., Analytical Methods in Banking, Homewood, Ill., 1966, p. 340–354; Geoffrey P. *Clarkson*, A model of trust investment behavior, in: Richard M. *Cyert*, James G. *March*, eds., A behavioral theory of the firm, Englewood Cliffs, 1963, p. 253–267; ferner Jerome B. *Cohen*, Edward D. *Zinbarg*, Investment Analysis and Portfolio Management, Homewood, Ill., 1967, ch. 20 (p. 755 et s.).

nen Effektenanlagemöglichkeiten, wie Kurs, Dividende, Zins, Rendite, Umsatz, Börsenprognosen, Branchenaussichten, gesamtwirtschaftliche Tendenz usw. Auf der anderen Seite sind die Kundenwünsche Richtschnur für den Rat des Angestellten, also schneller Gewinn bei höherem Risiko, langfristige Anlage, hohe Liquidität, Standardwerte und selbstverständlich Betrag der anzulegenden Summe. Das erstaunliche Ergebnis dieser Simulation war, daß sich schließlich Computerratschläge mit den tatsächlich erteilten in geradezu überraschender Weise deckten.

2. Gesamtwirtschaftliche Modelle

Auch in der Makroökonomik zeichnet sich der Einsatz der Simulationstechnik ab, sind doch hier Komplexität und Datenmenge besonders hinderlich und Voraussagen besonders nötig. Wegbereiter für diesen Einsatz sind die zunächst noch analytischen Versuche, dynamische Modelle von ganzen Volkswirtschaften zu konstruieren, an Hand derer durch Input-Output-Kontrolle Strukturveränderungen und Wachstum der einzelnen Systemkomponenten (z.B. regionale Industrien) und des wirtschaftlichen Gesamtsystems untersucht werden können[52].

---

52 Z.B. das Leontieff'sche dynamische Modell der Wirtschaft der USA. Wassily *Leontieff,* Studies in the Structure of the American Economy. Theoretical and Empirical Explorations in Input-Qutput-Analyse, 1953. Berühmt wurden die Klein-Goldberger Modelle der Wirtschaft der USA. Diese drei Modelle bestehen aus jeweils 15 – 20 verschiedenen mathematischen Gleichungen und einer Großzahl von Variabeln. Sie beanspruchen, das Verhalten der amerikanischen Volkswirtschaft in ihrem Wachstum nachzubilden.Die erzielten Testergebnisse schnitten im Vergleich zu den empirischen Daten recht gut ab. Lawrence R. *Klein,* Arthur S. *Goldberger,* An Econometric Model of the United States 1929–1952, Amsterdam, 1955; dazu auch Carl F. *Christ,* Aggregate Econometric Models, Am.Ec.Rev. 46 (1956) 385–408. Eine kritische Würdigung dieses Modells geben Irma *Adelman,* Frank L. *Adelman,* The Dynamic Properties of the Klein-Goldberger-Model, Econometrica 27 (1959) 596–625. Ein anderes Gesamtmodell der US-Wirtschaft ist das Brookings-Modell von Duesenberry und anderen. James S. *Duesenberry,* Gary *Fromm,* Lawrence *Klein,* Edwin *Kuh,* eds., The Brookings Quarterly Econometric Model of the United States, Amsterdam, London, Chicago, 1965; *dieselben,* The Brookings Model: Some Further Results, Amsterdam, London, Chicago, 1969. Vgl. auch für ein Modell, das vierteljährlich die Bewegungen des nationalen Volkseinkommens der USA im Zusammenhang mit Konsum und Investitionsrate nachzubilden versucht, James S. *Duesenberry,* Otto *Eckstein,* Gary *Fromm,* A Simulation of the United States Economy in Recession, Econometrica 28 (1960) 749–809. Weitere Versuche durch I. *Adelman,* Long Cycles – A Simulation Experiment, in: A.C. *Hoggatt,* F.E. *Balderston,* Symposium on Simulation Models: Methodology and Application to the Behavioral Sciences, Cincinnatti, 1963, p. 152 et s.; F. de *Leeuw,* Financial Markets in Business Cycles: A Simulation Study, Am.Ec.Rev. 54 (1964) 309–343.

Mit dem Ziel, eine rationale Entwicklungspolitik für unterentwickelte Länder anzusteuern, haben Holland und Gillespie[53] unter Heranziehung der Bevölkerungs- und Wirtschaftsstatistik Indiens für 1951 und 1952 ein Modell gebaut, an dem durch Simulation die Konsequenzen verschiedener Entwicklungspolitiken für die Volkswirtschaft des Landes ausgetestet wurden. Im Vordergrund standen dabei Alternativpläne über die Steuerung der Investitionen in ihren langfristigen Auswirkungen auf das Sozialprodukt, auf die Preisentwicklung, auf die Handels- und Zahlungsbilanz, auf die Vollbeschäftigung usw. Daß bei einem Entwicklungsland die empirische Datenbasis sehr dünn ist, schien die Simulation hier zunächst in Frage zu stellen. Um so wichtiger war dann die im Laufe des Versuchs gewonnene Erfahrung, daß bei großer Unsicherheit und Streubreite der empirischen, in das Modell einfließenden Daten zwar weniger exakte Prognosen gewagt werden können, aber deutlich die Abhängigkeit erwünschter oder unerwünschter Systemverhaltensweisen von ganz bestimmten strategisch wichtigen Daten zu ersehen ist. Die Simulation hat sich dadurch als ein wichtiges Instrument gerade auch dort erwiesen, wo sie mangels zuverlässiger Information über die Realität auch keine zuverlässigen Rückschlüsse aus dem Modell auf diese zuläßt: Sie zeigt nämlich Möglichkeiten relativ optimaler Strategien bei geringen Informationen sowie Schwerpunkte für detaillierte Informationsgewinnung unter bestimmten Zielaspekten.

3. Soziale und politische Modelle

In der Soziologie und Politologie gewinnen die Simulation und formalisierte Modelle ebenfalls an Boden[54]. Zwei Beispiele seien herausgegriffen.

Orcutt und andere[55] haben für die USA ein demographisches Simulationsmodell aufgestellt. Ziel der Simulation war es, Aussagen über die Gesamtentwicklung der Bevölkerung, ihre Zusammensetzung und bestimmte Interdependenzen zu ermöglichen. Die Systemkomponenten des Modells sind Individuen und Gruppen von Individuen (Ehen, Familien). Die simulierte Bevölkerungs-

---

53 E.P. *Holland,* R.W. *Gillespie,* Experiments on a Simulated Underdeveloped Economy: Development Plans and Balance-of-Payments Policies, Cambridge, 1963.

54 Eine Zusammenstellung der überwiegend amerikanischen Literatur geben *Hauff, Latzelsberger,* aaO (Fußn. 38). Auch Renate *Mayntz,* Hrsg., Formalisierte Modelle in der Soziologie, 1967; Martin *Shubik,* Spieltheorie und Sozialwissenschaften, 1965; Renate *Mayntz,* Anwendung der Kybernetik in der Soziologie, in: Helmar *Frank,* Hrsg., Kybernetische Maschinen, 1964, S. 379–385.

55 Guy H. *Orcutt,* Martin *Greenberger,* John *Korbel,* Alice M. *Rivlin,* Microanalysis of Socioeconomic Systems. A Simulation Study, New York, 1961; *Orcutt,* Simulation of Economic Systems, Am.Ec.Rev. 50 (1960) 893–907; *Orcutt,* Views on Simulation and Models of Social Systems, in: A. C. *Hoggatt,* F.F. *Balderston,* loc.cit. (Fußn. 52), p. 221.

entwicklung resultiert aus dem „Schicksal" dieser Systemkomponenten, für die in Perioden von einem Monat ermittelt wird, ob Abgänge (z.B. bei Individuen Tod oder Heirat und bei Familien Scheidung) oder Zugänge (z.B. Geburt, Eheschließung) zu verzeichnen sind. Die Operationscharakteristiken sind stochastischer Art. Als Datenmaterial diente ein repräsentativer Querschnitt der amerikanischen Bevölkerung von etwas über 10.000 Individuen. Simuliert wurde für den Zeitraum von 1950 bis 1960.

Frappierend ist das Simulmatics-Modell[56], das zur Erkenntnis der optimalen Wahlkampfstrategie im Präsidentschaftswahlkampf Kennedy gegen Nixon 1960 führen sollte. Ausgangspunkt war die Frage, ob der Katholik Kennedy im Wahlkampf offen zu seiner Konfessionszugehörigkeit Stellung nehmen oder diese nicht zu einer „issue" machen sollte. Für die Simulation wurde zunächst umfangreiches Datenmaterial gesichtet und neu gesammelt. Trotz der vorhandenen und brauchbaren Daten von 50 Meinungsumfragen der vorausgegangenen Jahre wurde für diese Arbeit rund ein Jahr benötigt. Die Bevölkerung der USA wurde dabei in 480 sozialstatistische Gruppen eingeteilt, für die sich besondere problemrelevante Merkmale ergaben, z.B. Religion, Rasse, Geschlecht, Stadt-Land-Zugehörigkeit, geographische Region, sog. sozio-ökonomischer Status usw. Mittels weiterer Präzisierung (z.B. Parteianhängerschaft, politische, soziale und andere Einstellungen usw.) wurden schließlich 52 Variabeln für jede der 480 Gruppen ermittelt. Die Operationscharakteristiken wurden teils aufgrund sozialwissenschaftlicher Theorien, teils aufgrund politischen Erfahrungswissens gebildet[57]. Das Modell ließ sich zuletzt wider Erwarten drastisch vereinfachen und bestand dann aus zwei Wahlkampfstrategien und fünf Gleichungen. Trotz dieser äußerst reduzierten Komplexität des Modells erwies es sich als überaus leistungsfähig.

Die hier vorgestellten Modelle haben – wie aus den empirischen Vergleichsdaten entnommen werden konnte – mit zum Teil beachtlichem Erfolg die Realität nachgebildet. Das darf freilich nicht darüber hinwegtäuschen, daß es schwierig ist, menschliches Verhalten in festen Entscheidungsregeln niederzulegen[58]. Für soziales und politisches Verhalten gilt das in noch größerem Umfang als für wirtschaftendes Verhalten, obwohl neuerdings auch in

---

56 Ithiel de *Sola Pool*, Robert P. *Abelson*, Samuel L. *Popkin*, Candidates Issues, and Strategies, A Computer Simulation of the 1960 and 1964 Presidential Elections, Cambridge, Mass., 1965; Ithiel de *Sola Pool*, Robert P. *Abelson*, The Simulmatics Project, in: Harold *Guetzkow*, ed., Simulation in Social Sciences: Readings, Englewood Cliffs, 1962, p. 70–81; vgl. auch die Schilderung bei *Hauff, Laetzelsberger*, aao (Fußn. 38), S. 133–137.

57 Vgl. auch mit Nachweisen Klaus *Hopt*, Die Dritte Gewalt als politischer Faktor, 1969, S. 143, 149 ff.

58 Robert *Boguslaw*, Robert H. *Davis*, Social Modeling: A Comparison of a Live and Computerized Simulation, Behavioral Science, vol. 14 (1969), 197–203.

den Wirtschaftswissenschaften die Vorstellung von dem rational entscheidenden Wirtschaftssubjekt realistischeren Ansätzen Platz macht[59]. Läßt sich menschliches Verhalten allenfalls als beschränkt rational bezeichnen, liegt es nahe, die Menschen selbst an dem Experiment am Modell teilnehmen zu lassen. Nur die äußeren Bedingungen müssen dann simuliert werden, nicht das menschliche Verhalten selbst. Oder genauer: Das menschliche Verhalten (von Gruppen, Regierungen, Unternehmen usw.) wird durch menschliches Verhalten (der Versuchspersonen oder -teams) simuliert. Wir haben es dann mit einem Planspiel zu tun.

---

59 Kurz einführend Edmund *Heinen*, Einführung in die Betriebswirtschaftslehre, 1968, S. 43 ff. So schon länger in der amerikanischen Literatur zur Organisationstheorie z.B. James G. *March*, Herbert A. *Simon*, Organizations, 7th printing, New York, 1966; auch Richard M. *Cyert*, James G. *March*, A Behavioral Theory of the Firm, 1963, p. 99.

C. Planspiele:[60] Einsatz und Methode in Forschung und Ausbildung

1. Einsatz

Im Spiel lernt und übt das Kind seine eigenen Aktionsmöglichkeiten und sammelt Erfahrungen über Eigenschaften, Verhalten und Reaktion seiner materiellen und sozialen Umwelt. Diese wichtige Rolle des Spiels bei der kindlichen Erfassung der Realität ist in der Entwicklungspsychologie erforscht und belegt worden[61]. Aber auch der Erwachsene ist in vielfältiger

---

60 Zum Plan- und Unternehmensspiel seien herausgegriffen:
G.R. *Andlinger*, Business Games – Play One!, Harv.Bus.Rev. 36 (1958), No. 2, p. 115–125;
Arbeitskreis Gamer, Unternehmungsspiele und ihre Bedeutung für die betriebswirtschaftliche Ausbildung an Hochschulen, Z.f.handelswiss.Forsch. 15 (1963) 149–190;
Richard F. *Barton*, A Primer on Simulation and Gaming, Englewood Cliffs, 1970;
Knut *Bleicher*, Entscheidungssimulation und Unternehmungsspiele, Zeitschrift für Betriebswirtschaft 1962, 15–30;
Knut *Bleicher*, Unternehmungsspiele, Simulationsmodelle für unternehmerische Entscheidungen, 1962;
Kalman J. *Cohen*, Eric *Rhenman*, The Role of Management Games in Education and Research, Management Science, vol. 7 (1961), No. 2, p. 131–166;
W.R. *Dill*, J.R. *Jackson*, J.W. *Sweeney*, eds., Proceedings of the Conference on Business Games as Teaching Devices, New Orleans, 1961;
Jay R. *Greene*, Roger L. *Sisson*, Dynamic Management Decision Games, 2d ed., New York, 1962;
Paul S. *Greenlaw*, Lowell W. *Herron*, Richard H. *Rawdon*, Business Simulation in Industrial and University Education, Englewood Cliffs, 1962;
Paul S. *Greenlaw*, William *Frey*, Finansim, A financial management simulation, Scranton, 1967;
Harold *Guetzkow*, Eine Anwendung der Simulationstechnik auf die Untersuchung zwischenstaatlicher Beziehungen, in: Martin *Shubik*, Spieltheorie und Sozialwissenschaft, 1965, S. 286–295;
Harold *Guetzkow*, A.E.*Bowes*, The Development of Organizations in a Laboratory, Management Science, vol. 3 (1957), No. 4, p. 380–402;
Horst *Koller*, Simulation und Planspieltechnik, Berechnungsexperimente in der Betriebswirtschaft, 1969;
J.S. *McGuiness*, A Managerial Game for an Insurance Company, Operations Research, vol. 8 (1960), No. 2, p. 196–209;
Max *Rehm* Das Planspiel als Bildungsmittel, 1964;
Heinz *Sauermann*, Reinhard *Selten*, Ein Oligopolexperiment, ZGesStW 115 (1959) 427–471;
Eugen H. *Sieber*, Das Planspiel unternehmerischer Entscheidungen, in: Adolf *Angermann*, Hrsg., Betriebsführung und Operations Research, 1963, S.80–123;
Hans B. *Thorelli*, Robert L. *Graves*, International Operations Simulation, Design and Use of Management Games, New York, 1964;
S. *Vance*, Management Decision Simulation: a Noncomputer Business Game, McGraw Hill, New York, 1960.

61 Einführend z.B. Charlotte *Bühler*, Psychologie im Leben unserer Zeit, 1962, S. 166 ff.

Weise ein homo ludens. Diesen Urtrieb macht sich das Planspiel zunutze: Der Spieler lernt spielend, was in dem Planspiel über die Realität ausgesagt ist.

Die ersten derartigen Planspiele sind militärischer Art[62]. Scharnhorst und Gneisenau gehören zu ihren Vätern. Waren die damaligen Kriegsspiele der Generalstäbler noch einfach konstruiert, haben die modernen technischen Möglichkeiten, besonders der Computereinsatz, Bedeutung und Verbreitung dieser Technik sehr gefördert und gleichzeitig neben der Lehrfunktion auch den Charakter eines Hilfsmittels für den experimentierenden Forscher hervortreten lassen. So sagt man, daß der amerikanische Präsident sich nach einem „durchgespielten" Krieg gegen China gegen die Ausweitung des Koreakrieges entschlossen habe[63].

Außerhalb des militärischen Bereichs liegen die Hauptanwendungsgebiete der Planspieltechnik heute in der Betriebswirtschaftslehre und in der Politikwissenschaft, soweit sie sich mit den internationalen Beziehungen befaßt. Beides kommt nicht von ungefähr. Sind militärische Aktionen nur eine Form der (Re-)Aktion eines Staates im Rahmen seiner internationalen Beziehungen, liegt es nahe, auch andere Verhaltensmöglichkeiten in der internationalen Politik „nachzuspielen"[64]. Das führt vom Kriegsspiel zu diplomatischen und Friedens-Spielen. Ähnlich verlief die Entwicklung der Unternehmensspiele. Eines der ersten betriebswirtschaftlichen Planspiele wurde von der Rand Corporation entwickelt. Es behandelt Fragen der Organisation des Nachschubwesens der amerikanischen Luftwaffe[65]. Seit 1957 nahmen dann Art und Zahl dieser betriebswirtschaftlichen, nunmehr vom militärischen Bereich gänzlich gelösten und primär zur Ausbildung von Führungskräften eingesetzten Unternehmensspiele sprunghaft zu und heute gibt es eine Vielzahl von Planspielen, z.B. allgemeine Unternehmensspiele, Unternehmensbereichsspiele, auf ganz bestimmte Einzelunternehmen zugeschnittene Spiele, Spiele, die bestimmte Branchen, Märkte, ja sogar internationale Unternehmen nachbilden usw.[66].

62 Dazu mit Nachweisen Knut *Bleicher,* Unternehmungsspiele, 1962, S. 31–40.

63 Vgl. Fritjof *Haft,* Elektronische Datenverarbeitung im Recht, 1970, S. 101, Fußn. 443.

64 Harold *Guetzkow,* Simulation in International Relations, Englewood Cliffs, 1963; ferner die zahlreichen Nachweise bei *Hauff, Latzelsberger,* aaO (Fußn. 38), S.144 –147.

65 Monopologs im Jahre 1955. Vgl. Paul S. *Greenlaw,* Lowell W. *Herron,* Richard H. *Rawdon,* Business Simulation in Industrial and University Education, 1962, p.14. Als Pionierspiel wird ferner betrachtet die Top Management Decision Simulation, entwickelt von der American Management Association, 1957, Vgl. *Greenlaw, Herron, Rawdon,* loc.cit., p. 13, 15. Auch die Nachweise bei Horst *Koller,* Simulation und Planspieltechnik, 1969, S. 95.

66 *Greenlaw, Herron, Rawdon,* loc.cit. (Fußn. 60), p. 273–341, beschreiben nicht weniger als 89 Spiele in Stichworten.

2. Methode

In Anlage und Konstruktion sind die Planspiele sehr unterschiedlich. Manche sind nur für eine Person gedacht; ihr Gegenpart ist der Computer. Andere sind Vielpersonenspiele. Die Spieler können miteinander, nebeneinander oder gegeneinander spielen. Sie können auch interagieren, entweder nur über die Adresse des Spielleiters oder „face to face". Gruppen können sich bilden. Meist steht der kompetitive Charakter im Vordergrund. Manche Spiele werden ohne Rechenmaschinen gespielt. Bei anderen erlaubt erst der Computereinsatz die unerläßliche Verwertung der umfänglichen Daten. Gelegentlich spielt der Computer sogar die Rolle eines Mitspielers neben anderen Spielern. Die Spieler sind in ihrer Entscheidung im Spiel manchmal ganz frei, manchmal an bestimmte Regeln gebunden.

Diese bunte Palette von Planspielarten erweckt den Anschein, daß das Planspiel sich methodisch von der Simulation wesentlich unterscheide. Beim Planspiel greift nämlich irrationales oder doch beschränkt rationales menschliches Verhalten unmittelbar in den Ablauf ein und die Variationen in Spielaufbau und Spielregeln sind praktisch unbegrenzt. Dennoch läßt sich zeigen, daß die methodische Schrittfolge beim Planspiel mit nur geringfügigen Abweichungen dem Ablauf der Simulation entspricht (Abb. 2).

In den vier Schritten der **ersten Stufe** wird das Planspiel konstruiert, erfunden. Diese Stufe bleibt nur deshalb oft unerwähnt, weil bei den Planspielen das Spiel mit seinen Regeln, seinem Drehbuch und seinen Daten meist schon vorliegt und es nur noch darum geht, dieses Spiel mit den Teilnehmern tatsächlich durchzuführen.

Erster Schritt ist die Formulierung des Problems. Wichtig ist, ob mit Hilfe des Planspiels etwas untersucht werden soll (Forschungsplanspiel) oder ob das Spiel zu pädagogischen Zwecken dient (Ausbildungsplanspiel). Je nachdem muß das Problem anders ausgesucht und angepackt werden. Der oben bei der Simulation betonte Vorrang der analytisch-deduktiven Methode verliert an Gewicht, weil es hier um menschliches Verhalten geht und dieses Verhalten der Mitspieler nicht ersetzbar ist. Doch ist auch hier zu überlegen, ob das Forschungs- oder Ausbildungsziel nicht auch oder besser anders erreicht werden kann, sei es durch Simulation, sei es mit herkömmlichen Methoden.

Dann muß je nach Intention des Spiels der reale Datenkranz ermittelt und bearbeitet werden. Dieser Schritt wird im Vergleich zur Simulation dadurch erleichtert, daß das Entscheidungsverhalten nicht nachgebildet, sondern „life" gespielt wird. Jedenfalls bei den Ausbildungsspielen müssen lediglich sinnvolle, realitätsnahe Regeln für Aktion und Reaktion gebildet werden. Im übrigen sind die Spieler frei.

Auch bei der sich anschließenden Konstruktion des Planspiels mildert sich der Rigorismus der Simulation. Die Realität muß strikt nur bei Forschungsplan-

Abbildung 2:

1. Stufe:
Erfindung des Planspiels

2. Stufe
Durchführung des Spiels

3. Stufe:
Auswertung und Rückschlüsse auf die nachgespielte Realität

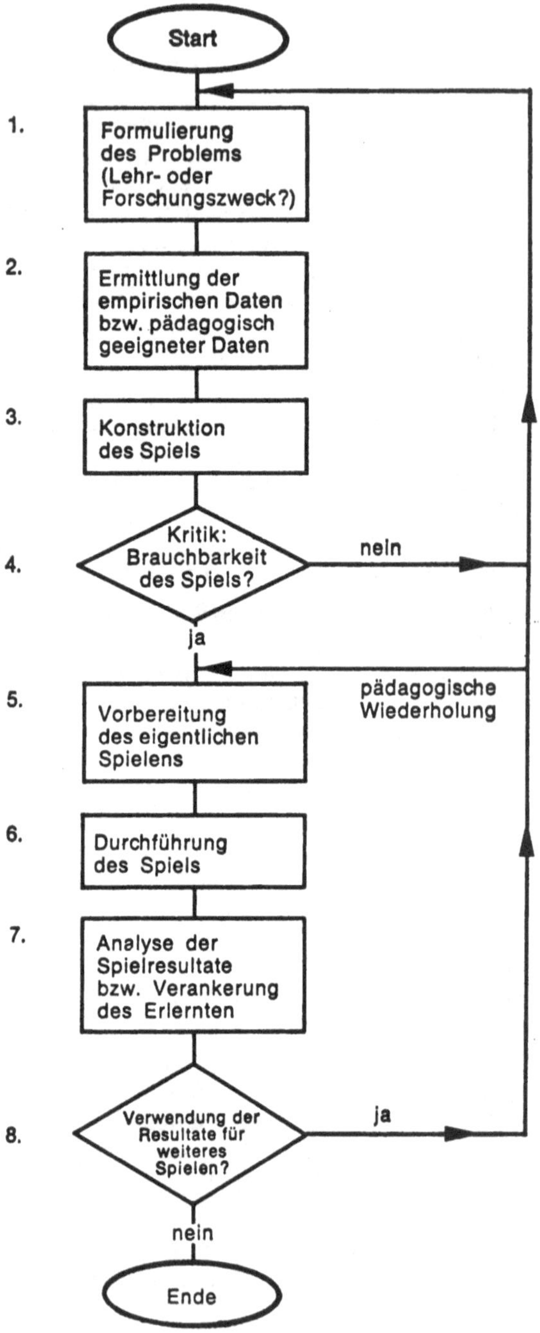

spielen abgebildet werden. Dort geht es ja darum, Aufschlüsse über vermutliches Verhalten realer, durch die Spieler repräsentierter Staaten, Regierungen, Gruppen, Unternehmer usw. zu erhalten. Soll dagegen allgemeiner menschliches Verhalten etwa unter Konkurrenzdruck oder in der Gruppe erforscht werden, so ist die Realität weitgehend schon dadurch präsent, daß reales menschliches Verhalten der Spieler mitwirkt. Bei den Ausbildungsplanspielen bestimmt der Lehrinhalt den Grad der Realitätsnähe. Sollen allgemeine Einsichten vermittelt und Zusammenhänge nahegebracht werden, kann es pädagogisch besser sein, die Realität im Modell strikt zu vereinfachen oder – etwa um einen besonders nachhaltigen Lernerfolg zu bewirken – einen Effekt stärker als in der Wirklichkeit zur Auswirkung kommen zu lassen. Schließlich können Planspiel und Simulation verwoben werden, so wenn zahlreiche komplizierte Berechnungen und Entscheidungen von den Spielern verlangt werden, wie etwa bei dem bekannten Carnegie Tech Management Game[67], oder wenn der Computer als Mitspieler oder Entscheidungshilfe eingesetzt wird.

Der vierte Schritt, Kritik und Frage nach der Brauchbarkeit des erfundenen Spiels für den intendierten Forschungs- oder Ausbildungszweck, deckt sich mit dem bei der Simulation.

In der **zweiten Stufe** folgt die eigentliche Veranstaltung des Planspiels. Zunächst wird im fünften Schritt die Planspielregie im einzelnen vorbereitet, also personelle und technische Organisation, Aussuchen und Einweisen der Spieler, Erstellung der Umweltsbedingungen, unter denen gespielt werden soll, usw.

Im sechsten Schritt wird das Spiel von den Mitspielern unter Überwachung und je nach Spielart auch leitender Mitwirkung des Spielleiters durchgespielt. Entsprechend den jeweiligen Entscheidungen des Spielers oder der Spielgruppe läßt sich das Spiel, besonders wenn es kompetitiven Charakter hat, in einzelne Spieletappen unterteilen. Der Aktion folgt die Reaktion usw. bis zum Ende des Spiels, etwa wenn die eine Seite ihre Chips verloren hat. Die Rückkopplung erfolgt von Spielschritt zu Spielschritt aus der Bestätigung oder Korrektur des antizipierten gegnerischen Verhaltens durch das tatsächlich im Spiel getätigte. Andere Spiele werden nur in zwei sich wiederholenden Spieletappen gespielt. Der Spieler testet hintereinander die Reaktion im Modell auf verschiedene Strategien.

Die Auswertung der Spielergebnisse und die Rückübertragung auf die Realität folgt in der **dritten Stufe**. Unterschiede ergeben sich wiederum zwischen Forschungs- und Ausbildungsplanspielen. Bei ersteren entspricht die Analyse

---

67 K.J. *Cohen*, R.M. *Cyert*, W.R. *Dill*, A. A.*Kuehn*, M.H. *Miller*, T.A.van *Wormer*, P.R. *Winters*, The Carnegie Tech Management Game, J. of. Business vol. 33 (1960) 303–321.

(siebter Schritt) der bei der Simulation. Bei letzteren kommt die pädagogische Erklärung, Richtigstellung und Verankerung des im Spiel Gelernten hinzu.

Schließlich wird im achten Schritt entschieden, ob die im Spiel und mit dem Spiel gemachten Erfahrungen Anlaß zur Um- oder Neugestaltung des Spiels geben – hier könnte wie bei der Simulation von einem strategischen oder Modelltest-Planspiel gesprochen werden – oder ob die Erfahrungen der Mitspieler in einem erneuten Durchlauf der eigentlichen Spielphase (zweite Stufe) gefestigt und internalisiert werden sollen.

II. Simulation und Planspiel: Perspektiven für Recht und Gesetzgebung[68]

Simulation und Planspiel haben sich bei der Betrachtung ihrer Methodik und ihrer Anwendungsversuche als allgemeine, nicht auf eine bestimme Disziplin beschränkte Methoden der Forschung und Lehre erwiesen. Mit ihrer Hilfe kann es gelingen, das Verhalten realer Systeme nachzubilden, Interdependenzen zu erkennen, Prognosen über Eingriffe in diese realen Systeme zu gewinnen und optimale Strategien zur Durchsetzung bestimmter Ziele zu finden. Voraussetzung für die Anwendung der Simulation und des Planspiels in Recht und Gesetzgebung ist, daß diese Fragestellungen überhaupt interessieren. Bestreitet man also für die richterliche Tätigkeit das Vorliegen finaler Struktu-

---

68 Die Literatur ist spärlich. Meist wird nur allgemein festgestellt, der Weg komme in Betracht. Z.B. Malte von *Berg*, Automationsgerechte Rechts- und Verwaltungsvorschriften, 1968, S. 120 f; Fritjof *Haft*, Elektronische Datenverarbeitung im Recht, 1970, S. 79 f, 100; Spiros *Simitis*, Informationskrise des Rechts und Datenverarbeitung, 1970, S. 89 ff; Franz *Wieacker*, Recht und Automation, in: Festschrift für Bötticher, 1969, S. 383 (402/403); auch Ulrich *Klug*, Herbert *Fiedler*, Die Berücksichtigung der automatisierten Gesetzesausführung in der Gesetzgebung, Deutsche Rentenversicherung 1964, 269 (273); John C. *Lyons*, Computers in Legislative Drafting: An Aid or a Menace, 51 Am.Bar.Assoc.J. 591 (1965); zum kybernetischen Aspekt Karlheinz *Kannegießer*, Gerhard *Kelm*, Das Vertragssystem unter dem Systemaspekt der Kybernetik, Staat und Recht 1965, 31–43 (35 ff); mehr in Richtung einer automatischen Subsumtion bzw. der Schaffung eines Typenprogramms, A.F. *Dejew*, L.B. *Galperin*, Ju.T. *Iwanow*, Die Kybernetik und die Erfahrungen bei der Lösung einiger rechtlicher Aufgaben, Staat und Recht 1965, 289–300 (290 ff); außer den bisher Genannten besonders für das Planspiel Udo *Klausa*, Das Verwaltungsplanspiel, Sonderdruck (aus Mitteilungen der kommunalen Gemeinschaftsstelle für Verwaltungsvereinfachung, KGSt) 1963; Max *Rehm*, Das Planspiel als Bildungsmittel, 1964, S. 53 ff, 64 ff (zum Verwaltungsplanspiel); Die Mehrwertsteuer, Ihre abrechnungstechnischen Probleme bei der Anwendung in der Praxis, Ergebnisse eines Planspiels, 4. Aufl., 1967. Vgl. auch Bericht Armin *Draber*, Gruppendynamik für Juristen? NJW 1970, 601.

ren (der Richter wendet das Gesetz an und steuert nicht die Realität) und interessiert sich „der Jurist" nur für das fertige Gesetzesprodukt (die Gesetzgebung ist Teil des politischen Prozesses, der nur formal richtig abzulaufen braucht und im übrigen juristisch nicht interessiert), dann bleibt für die Methoden der Simulation und des Planspiels verständlicherweise in der Rechtswissenschaft kein Bedürfnis und kein Tätigkeitsfeld. Die Aufgaben der Gesetzesplanung, der Prognose von Gesetzes- und Urteilsauswirkungen, der Quantifizierung von juristischen Steuereffekten, der Nachbildung gesetzgeberischen, richterlichen und anderen Verhaltens, bestehen jedoch auch dann – nur werden sie und die mit ihnen verbundene Verantwortung in andere Wissenschaftsbereiche abgeschoben oder, falls sich diese für solche „Rechts"-Probleme nicht interessieren, im Niemandsland zwischen den Disziplinen belassen. Die Auswirkungen einer solchen Haltung sind verhängnisvoll. Das Recht und die Wirklichkeit leben sich auseinander und in der gegenseitigen Ignorierung bleibt die Wirklichkeit ohne gezielte rechtliche Steuerung und das Recht steril in seinen begrifflichen Konstruktionen. Kann ein moderner Staat sich dies leisten?

Ist diese Frage erst einmal gestellt und beantwortet, ist die grundsätzliche Anwendbarkeit und Wichtigkeit von Simulation und Planspiel in Recht und Gesetzgebung mit den bisherigen Überlegungen bereits dargetan: Deduktiv aus dem überdisziplinären, allgemein auf Systemverhalten und menschliches Entscheidungsverhalten zugreifenden Charakters dieser Methoden, induktiv aus ihrer erfolgreichen Anwendung auf nicht prinzipiell unterschiedliche Fragestellungen in den Wirtschafts- und Sozialwissenschaften. Im folgenden brauchen deshalb diese grundsätzliche Anwendbarkeit und Wichtigkeit nur näher entfaltet zu werden. Die Verbindungen zur juristischen Methodenlehre, die besonders für eine Anwendung von Simulation und Planspiel durch den Richter zum Problem werden, sind an anderer Stelle gezogen worden[69a]. Hier sollen nicht erneut der (beschränkt) finale Charakter richterlicher Judikate betont, prozessuale Hindernisse für den Einsatz dieser Methoden im Prozeß untersucht und dem Versprechen dieser Methoden nachgegangen werden, eine rationalere Folgendiskussion zu gewährleisten und so weitere Lösungsgesichtspunkte für die Entscheidung zu liefern bzw. die vorhandenen nach ihren Auswirkungen im System zu prüfen und zu gewichten. Vielmehr sollen hier in einem ersten Anlauf Fragestellungen aus Recht und Gesetzgebung aufgezeigt und umrissen werden, die methodisch und aufgrund der geschilderten Anwendungserfahrungen schon jetzt oder in einem späteren Stadium, wenn sich die

69a Siehe Fußnote 1.

Werkzeuge verfeinert und die Kenntnisse über die Realität zugenommen haben, simulationsgeeignet und planspielfähig erscheinen[69b] Zu diesem Zweck werden einzelne typische Anwendungsgruppen der Simulation und des Planspiels isoliert, auch wenn im einzelnen Überschneidungen vorkommen.

A. Simulation

1. Modelltest-Simulation

Strategische bzw. Modelltest-Simulation haben wir kennengelernt als Methode im Vergleich simulierter Prozesse und Prozeßergebnisse mit empirischen Verläufen und Daten zu erkennen, ob das zur Simulation benutzte mathematische oder logische Modell die Realität unter dem gewünschten Blickwinkel ausreichend getreu abbildet. Die Modelltestsimulation ist einerseits Selbstzweck (Nachbildung empirischer Systeme und ihres Verhaltens), andererseits kaum entbehrliche Durchgangsstufe zur weiteren Simulation an dem Modell und zu Aussagen aus dem Modell über die Realität. In Recht und Gesetzgebung gibt es zahlreiche Systeme, die sich dynamisch entwickeln und herkömmlicherweise nur jeweils punktuell beschrieben und erläutert werden. Diese Systeme im Modell nachzubauen und am jeweiligen Output der Simulationsläufe die Homomorphie (Verhaltensgleichheit) des empirischen und des modellierten Systems zu testen und zu erreichen, wäre reizvoll. Im folgenden seien einige Beispiele aufgeführt, die jedenfalls als reine Ablaufsimulationen – nur der Prozeß als solcher, nicht die konkrete Entscheidung und ihr Inhalt im einzelnen Fall interessieren dann – schon heute grundsätzlich möglich sind. Das

69b Daß hier keine Einzelmodelle erstellt werden können, ist ohne weiteres einsichtig. Bei der Anwendung dieser Methoden hat sich nämlich gezeigt, daß dies ein zeitraubendes und kostspieliges Unternehmen ist, das zumeist einen interdisziplinären Aufwand erfordert, wenn die Möglichkeiten voll ausgeschöpft werden sollen. Vgl. J.R.N. *Stone,* Economic and Social Modelling, in: *C–E–I–R,*ed., Mathematical Model Building in Economics and Industry, London, 1968, p. 49 (52); ferner die Nachweise in Fußn. 5. Diese Notwendigkeit gilt schon für die Ermittlung der Datenbasis. Hier ist die empirische Soziologie mit ihren Methoden des Interviews etc. aufgerufen. Für die Aufstellung des Modells sind weitere Disziplinen notwendig. Die zutreffende Wiedergabe der Realität im Modell und die Bildung entsprechender Hypothesen über Operationscharakteristiken und Funktionszusammenhänge erfordern den Fachmann: den Soziologen, den Politologen, den Psychologen, den Wirtschaftswissenschaftler usw. Für die eigentliche Formulierung des Modells selbst werden dann der Informatiker, der Mathematiker und für das Computermodell der Programmierer benötigt. Inwieweit sich ein und derselbe Forscher zutraut, nicht nur einige, sondern alle diese Funktionen in sich zu vereinigen und zu beherrschen, sei dahingestellt. Vgl. auch Klaus *Hopt*, Bericht: Programmierkurs für Juristen, JA 1970, 375 (376). Immerhin gibt es derzeit schon eine kleine Zahl von Versuchen mit Simulation und Planspiel in Recht und Gesetzgebung. Sie werden im folgenden erwähnt.

zeigen sowohl erste Versuche in den USA als auch die Erfahrungen mit makroökonomischen und gesamtgesellschaftlichen Modellen[70].

Als ein solches System läßt sich die Gesetzgebung auffassen. Systemkomponenten könnten sein: die Abgeordneten, die Parteien, die Fraktionen, die Ausschüsse, die Ministerialbürokratie, die Wähler, pressure groups und Lobbyisten, die Presse usw. Aus dem System lassen sich Subsysteme ausgliedern und auch isoliert betrachten, etwa das Parlament. Der Durchlauf eines Gesetzentwurfes durch den Bundestag in den verschiedenen zeitlichen Etappen wäre der zu modellierende empirische Prozeß.

Ähnlich komplex ist das gesamte Gerichtssystem. Systemkomponenten wären die verschiedenen Gerichte mit unterschiedlichen personellen und anderen Kapazitäten und verbunden in Instanzenwegen und Gerichtsbarkeiten. Für einen Teilbereich – die staatliche Strafrechtspflege in California – beschreibt ein in den USA von Operations Research Fachleuten entwickeltes Modell den Gang der Delinquenten durch das System: von der Verhaftung über die Stationen Polizei, Gericht, Strafanstalt bis hin zu erneuten Straffälligkeit. Die zur Verfügung stehenden Daten über Verbrechensart, Verbrechenshäufigkeit, Zahl der Erst- und Rückfallverhaftungen usw. sind in das Modell eingegangen[71].

Auch das einzelne (Gerichts-)Verfahren entwickelt sich nach bestimmten Regeln von seiner Einleitung über die verschiedenen Abschnitte der Verhandlung hin zum Abschluß durch die Entscheidung. Systemkomponenten wären Richter, Parteien, Sachverständige, Zeugen, Beigeladene, u.U. Zuhörer.

Schließlich läßt sich auch das Verhalten der das Gesetz anwendenden Verwaltung und der von dem Gesetz betroffenen Personen dynamisch als Aktion, Reaktion und erneute Aktion in Gegenreaktion begreifen. So wäre es reizvoll, ein Modell zu konstruieren, das die marktbedingten Verhaltensabhängigkeiten der Unternehmen untereinander und die Einflüsse nachzeichnet, die eine unter einem Kartellgesetz agierende, bestimmte Schwerpunktspolitiken verfolgende Behörde auf diese Unternehmen nimmt.

So interessant jedoch Modellbau ist und so sehr er den Konstrukteur zu genauester Analyse der empirischen Zusammenhänge zwingt und gerade dadurch zum Motor neuer Erkenntnisse wird, für sich allein befriedigt die Modelltestsimulation nicht. Sie bleibt Durchgangsstufe. Nicht l'art pour l'art, Steuerung und Prognose reizen.

---

70 S.o. I B 2, 3 und zu den Erfahrungen mit Gerichtssystemsimulationen die weiter unten nachgewiesenen Modelle von Blumstein und Larson und von Navarro und Taylor.

71 Alfred *Blumstein*, Richard *Larson*, Models of a Total Criminal Justice System, Operations Research, vol. 17 (1969), No. 2, p. 199–232. Das Interesse der Autoren besteht einmal in der Abbildung des Prozesses, dann weiter in der Zuteilung von Kostenanteilen auf die verschiedenen Phasen und Deliktsarten.

2. *Prozeßablaufsoptimierung*[72] *durch Simulation*

Aus den betriebswirtschaftlichen Anwendungen der Simulationsmethode ist uns bekannt, daß besonders gute Erfolge bei der Optimierung von Prozessen erreicht worden sind, die mit den herkömmlichen analytisch-deduktiven Optimierungsmethoden nicht oder nur schwer erfaßt werden können. Eines dieser Optimierungsprobleme ist die Prozeßablaufsplanung bei Abfolge mehrerer teils paralleler, teils hintereinandergeschalteter Prozeßetappen.

a) Von hier aus liegt gedanklich am nächsten der Versuch, das Funktionieren eines Gerichtssystems im Modell nachzubilden in der Absicht, die Effizienz des Systems zu steigern und beispielsweise die Durchlaufsgeschwindigkeit unter Einhaltung bestimmter Nebenbedingungen zu optimieren. Die Dringlichkeit dieser Aufgabe ist heute angesichts der überlangen Prozeßdauer und des kaum mehr abzubauenden Fallüberhangs in der Diskussion um Justizreform und Prozeßbeschleunigung[73] ein Gemeinplatz; neu ist die Methode.

Gelingt es, ein realitätsgetreues Modell des Gerichtssystems zu bauen – und die Versuche in den USA sind sehr ermutigend[74] –, können im Experiment am Modell die kritischen Größen gezielt manipuliert werden. Verschiedene Ergebnisse können anfallen bzw. angestrebt werden.

---

72 Mit Prozeß ist hier nicht der (Gerichts-)Prozeß im juristischen Sinn, sondern die dynamische Entwicklung eines Systems oder Subsystems in der Zeit gemeint.

73 Für die BRD vgl. Peter *Mes*, Eine Rechtstatsachenforschung zur Beschleunigung des Zivilprozesses, ZRP 1971, 90. Für die USA z.B. Maurice *Rosenberg*, Michael J. *Sovern*, Delay and the Dynamics of Personal Injury Litigation, Col.L.Rev. 59 (1959) 1115–1170; in deutscher Übersetzung in Ernst E. *Hirsch*, Manfred *Rehbinder*, Studien und Materialien zur Rechtssoziologie, Kölner Zeitschrift für Soziologie und Sozialpsychologie, Sonderheft 11, 1967, S. 323.

74 In dem Simulationsmodell Courtsim haben Joseph A. Navarro und Jean G. Taylor am Institut für Verteidigungsanalysen in Arlington, Virginia, Organisation und Funktionieren der Strafgerichte bei Vergehen (felonies) im District of Columbia nachgebildet und aufgrund der Simulationsexperimente Verbesserungsvorschläge gemacht. Task Force Report: Science and Technology, A Report to the President's Commission on Law Enforcement and Administration of Justice, Prepared by the Institute for Defense Analyses, Arlington, Va., June 1967 (erhältlich vom Superintendent of Documents, U.S.Government Printing Office, Washington, D.C. 20402), p.37–44, p. 199–215; auch Joseph A. *Navarro*, Jean G. *Taylor*, Data Analyses and Simulation of a Court System for the Processing of Criminal Cases, 9 Jurimetrics J. 1968/2, p. 101–126. Eine populär aufgemachte Kurzfassung dieser Simulation geben die Autoren in: An Application of Systems Analysis to Aid in the Efficient Administration of Justice, Judicature, August-September 1967, vol. 51, No. 2, p. 47–52.

Aussagen lassen sich zum einen über Zeitpunkte und Zeitabschnitte innerhalb des Prozesses machen, die bezogen auf das Ziel der kürzeren Durchlaufszeit strategisch wichtig sind. Besonders angesichts der gemeinhin beklagten Dürftigkeit des vorhandenen Datenmaterials über das Gerichtssystem ist es wichtig, die Schlüsselstellen zwecks gezielter Sammelanstrengung zu kennen. Die Parallele zu dem Vorgehen von Holland und Gillespie[75] liegt zutage.

Des weiteren sind Aussagen darüber möglich, wie das derzeit bestehende System funktioniert, wie die einzelnen Systemteile voneinander abhängen, etwa welchen Verzögerungseffekt die Nichteinhaltung eines Termins hat oder wie sich Versäumnisurteile insgesamt auswirken.

Sind die realen Daten in einem für die Prognose ausreichenden Umfang[76] vorhanden, können zuletzt Alternativvorschläge für die Systemgestaltung, den Prozeßablauf und die Verfahrensorganisation (Einrichtungen, Instanzen, Organe, Prozeduren) im Hinblick auf verschiedene Haupt- und Nebenziele gemacht werden. Ist beispielsweise feststellbar, wieviel Zeit für eine richterliche Voruntersuchung benötigt wird oder in welchem Umfang Fristen nicht ausgenützt und umgekehrt durch Versäumung und Wiedereinsetzung oder durch Verlängerung überzogen werden, dann lassen sich mit Hilfe der Simulation andere bessere Vorschläge machen. Die Simulation ermöglicht nämlich quantitative Aussagen[77] über Effektivität, Auswirkungen und Alternativkosten im Rahmen des Systems. Sie nennt z.B. den Preis in Zeiteinheiten, den die Beibehaltung des Jurysystems (Auswahl, Beiziehung und Ausfallen der einzelnen Geschworenen) kostet. Meinungsverschiedenheiten in Fragen des Richtigen und Gerechten sind bekanntlich zu einem geringen Teil auf unterschiedliche Verhaltenserwartungen und differierende Einschätzung von Effekten und Entwicklungen zurückzuführen. Die Simulation wirkt hier erklärend und abklärend.

Die Simulation zum Zwecke der Erkenntnis optimaler Prozeßablaufssteuerung wird primär den zur Reform aufgerufenen Gesetzgeber interessieren. Doch auch die Verfahrensbeteiligten sind angesprochen. Die Gerichte können auf strategisch wichtige Punkte und Abschnitte des Verfahrens besonders achten und auch ohne formelle Reformen bestimmte Praktiken befolgen. Auch die Parteien können Schlüsse auf ihre optimale Prozeßstrategie ziehen. Daß diese Strategie sich an ihren eigenen Interesssen an zügiger Abwicklung oder an Verfahrensverzögerung ausrichten wird, ist eine andere Frage.

---

75 S.o. I B 2.

76 Näher Horst *Koller*, Simulation und Planspieltechnik, 1969, S. 135.

77 Zu beachten ist freilich die Gefahr der Scheinpräzision. Zehntel und Hundertstel hinter dem Komma bedeuten wenig, wenn die Eingabevoraussetzungen ungenau oder geschätzt sind.

b) Was hier am Beispiel eines Gerichtssystems für die Prozeßablaufsoptimierung dargestellt wurde, gilt mutatis mutandis für den Gesetzgebungsprozeß. Dieser läßt sich im Simulationsmodell abbilden, manipulieren und auf bestimmte Prozeßablaufsziele hin optimieren, eine Chance, die gerade heute im Zeitalter der Gesetzesfabrikate eines permanent überforderten Gesetzgebers[78] nicht ungenützt bleiben sollte.

Ähnliche Versuche empfehlen sich für staatliche Behörden. Mit Hilfe der Simulation könnten Verwaltungsverfahren und Organisationsmuster (z.B. bei der Errichtung eines Aktienamtes ähnlich der Securities and Exchange Commission) getestet und optimiert werden.

Eine besondere Aufgabe wäre es schließlich, die derzeitige Informationsstruktur innerhalb der genannten Systeme nachzubilden und am Modell simulierend zu verbessern. Anregungen hierzu können Betriebswirtschaftslehre und Unternehmensforschung mit ihren bisher freilich noch nicht ausgereiften Informationssystemen geben[79].

3. Prozeßinhaltssteuerung durch Simulation (Regelungsfolgen-Simulation)

In den wirtschafts- und sozialwissenschaftlichen Simulationsmodellen sind auch komplexe Systeme mit gutem Erfolg nachgebildet und am Modell manipuliert worden mit dem Ziel, optimale Strategien zu entwickeln. Was dort für Unternehmen und Branchen zwecks Gewinnmaximierung in einem Wettbewerbsmarkt mit vielen Unbekannten möglich ist, scheint ebenso sinnvoll für den Gesetzgeber, der für solche Prozesse einen bestimmten rechtlichen Rahmen setzen will. Er möchte wissen, welche Auswirkungen seine Maßnahmen zeitigen und ob seine zwingenden und dispositiven Vorschriften, Ge- und Verbote, Interventionen und Ordnungsmaßstäbe die intendierten Steuerungsfunktionen in dem wirtschaftlichen oder gesellschaftlichen Prozeß erfüllen. Einige Versuchsmöglichkeiten seien erwogen. Um Einwände gegen die Realisierbarkeit zu entkräften, sollen sie jeweils in Parallele zu Simulationsversuchen gesetzt werden, die wir bereits aus anderen Disziplinen kennen.

a) Gegen die Einführung der paritätischen Mitbestimmung, die zur Zeit in Deutschland diskutiert wird, werden erhebliche Befürchtungen laut. Die Entscheidungsfähigkeit und -schnelligkeit mitbestimmter Unternehmen werde gelähmt, ihre Wettbewerbsposition im In- und Ausland werde angetastet, die Kapitalbeschaffung werde erschwert. Paritätische Mitbestimmung als Experiment in der Realität zu wagen, um ihre Auswirkungen ein paar Jahre „auszuprobieren", kann – wenn die Argumente der Mitbestimmungsgegner zutref-

78 Z.B. Fritz *Kübler*, Kodifikation und Demokratie, JZ 1969, 645 (651).

79 Zu denken ist auch an das Modell von Bonini. S.o. I B 1 b.

fen sollten – einen hohen Preis fordern. Gewiß läßt sich die Position beziehen, der Preis werde schon nicht abverlangt werden und im übrigen müsse das Risiko angesichts der politischen und sozialen Bedeutung einer solchen Reform eben eingegangen werden. Rationaler wäre demgegenüber der Versuch, Höhe und Wahrscheinlichkeit der mit dieser Reform riskierten Kosten und Nebenfolgen zu quantifizieren. Das könnte beispielsweise im Hinblick auf die Entscheidungsfähigkeit des Unternehmens unternommen werden. Es müßte ein Unternehmensmodell (bzw. mehrere für typischerweise verschieden strukturierte Unternehmen) aufgestellt werden, das die unternehmensinternen Informations- und Entscheidungsstrukturen nachzeichnet. Hier könnte unmittelbar an die gedankliche Vorarbeit von Bonini[80] und anderen angeknüpft werden. Unter Berücksichtigung der Daten und Erfahrungen aus dem Montanbereich und aus freiwillig eingeführten Mitbestimmungsregelungen[81] könnten am Modell Änderungen des Entscheidungsbildungsprozesses durchgespielt und daraus Schlüsse auf zeitliche Verzögerung und inhaltliche Änderung des Entscheidungsoutput bei gleichbleibender Umwelts-, Markt- und Wettbewerbskonstellation gezogen werden.

b) Bei dem erwogenen Mitbestimmungsmodell, einem Unternehmensmodell, bleiben die unternehmensexternen Änderungen unberücksichtigt. Hier müßten weitergreifende (Markt-)Modelle gebaut werden. Solche Modelle sind aus betriebswirtschaftlichen Simulationen des Unternehmensverhaltens im Markt bekannt. Lohnend wäre es, in solchen Marktmodellen die Interaktion des Unternehmens mit seinen Konkurrenten, Kunden, Händlern, Lieferanten, Verbrauchern unter dem Einfluß rechtlicher Vorschriften und unter der Einwirkung von Überwachungs- oder Lenkungsbehörden nachzubilden. In Frage käme beispielsweise das Modell eines Oligopolmarkts mit starken Konzentrationstendenzen. An diesem Modell wäre das typische Verhalten der Marktteilnehmer zu simulieren. Die Manipulationen hätten den möglichen rechtlichen Schranken zu entsprechen (Konzentrationskontrolle, Entflechtung, Verbot des oligopolistischen Parallelverhaltens, Unternehmensverhaltenspflichten für marktbeherrschende Unternehmen usw.). Von den in den Wirtschaftswissenschaften existierenden Marktformensimulationen zum Einbau der rechtlichen Steuerungsparameter ist es nur ein Schritt, der freilich getan werden muß und nicht unbedingt leicht fällt.

Ein anderer hierher gehörender Versuch betrifft die Unternehmensrechtsreform. An einem Marktmodell, das die finanzielle Interaktion des Unterneh-

80 S.o. I B 1 b.

81 Z.B. bei den Paul-Spindler-Werken, Hilden im Rheinland, wo gerade der finanzielle Abstieg des Unternehmens auf Korrelation oder Nichtkorrelation mit der Mitbestimmung untersucht werden könnte.

mens mit Gläubigern und Kunden simuliert, wären die optimale Liquiditätsstruktur[82] einerseits – betriebswirtschaftliche Simulationsansätze zeichnen sich ab – und die angemessene Grundkapitalstruktur andererseits zu ermitteln. Das wäre unmittelbar von Bedeutung für die im Gesellschaftsrecht überaus strittige Behandlung von Gesellschafterdarlehen bei unterfinanzierten Gesellschaften mit beschränkter Haftung[83]. Auch die Frage, auf welche Höhe das Mindest- bzw. Gründungskapital gesetzlich festgesetzt werden sollte[84], ließe sich auf diese Weise angehen. Dabei müßte freilich ermittelt werden, inwieweit nicht die verbreitete Übung, mit einem dieses Grundkapital weit übersteigenden Fremdkapital zu arbeiten, die der Grundkapitalausstattung zugetraute Gläubigerschutzfunktion hinfällig macht.

c) Neben Modellen, die mikroökonomisch die unternehmensinterne, rechtlich beeinflußte Organisation und Struktur nachbilden oder das den Gesetzgeber interessierende Markt-, Konkurrenz- oder Verhandlungsverhalten der Unternehmen unter bestimmten einzuhaltenden rechtlichen Nebenbedingungen simulieren, kommen auch Gesamtsystem-Modelle in Betracht, wie wir sie aus makroökonomischen und gesamtgesellschaftlichen Simulationen her kennen. Denkbar ist ein Modell, das die Wirtschaft unter dem Gesichtspunkt der Besteuerung erfaßt. An ihm könnten durch Simulationsexperimente die Auswirkungen verschiedener Steuersatzhöhen, Progressionen, Abschreibungsmöglichkeiten, Investitionsanreize usw. und Änderung in Steuerart und Steuereintreibung getestet werden[85]. Derartige freilich sehr komplexe Modelle wären die konsequente Fort- und Umbildung der bisher schon durchgeführten Modellrechnungen.

Im kleineren Maßstab und bei Projekten mit erheblichem Zahlenwerk sind solche Simulationsversuche in Deutschland bereits unternommen worden. Weitere werden erwogen[86]. Nur zwei seien erwähnt. Bei der Frage der Krankenversicherungspflichtgrenzen wurde 1970 unter großem Interesse der Presse eine Simulation der Auswirkungen verschiedener Grenzziehungen durchgeführt. Ziel war es, die optimale Marge (z.B. 1425 DM, 1575 DM ... 2100

---

82 Dazu einführend und mit Nachweisen Edmund *Heinen*, Einführung in die Betriebswirtschaftslehre, 1968, S. 114 ff, 216.

83 Hierzu z.B. Hans-Jürgen *Sonnenberger*, Das Darlehen des GmbH-Gesellschafters als Mittel der Gesellschaftsfinanzierung, NJW 1969, 2033 mit Nachweisen.

84 So heute in der Diskussion um die GmbH-Rechts-Reform, Vgl. Referentenentwurf, S. 143 einerseits und andererseits z.B. Carl Hans *Barz*, Kapitalfragen im Referentenentwurf eines GmbH-Gesetzes in: GmbH-Reform, 1970, S. 37–44.

85 Vgl. Rudolf *Eppler*, Die Steuerwirkungen. Eine makroökonomische Modellstudie, 1970.

86 Z.B. für eine Novellierung des Arbeitsförderungsgesetzes, das in der bisherigen Fassung unerwartete Effekte (besonders im Bereich der Kosten: Hausfrauenumschulung) mit sich gebracht hat.

DM) festzustellen. In das Modell floß unter anderem auch die erwartete Steigerung der Einkommen in den nächsten 10 bis 20 Jahren ein. Einzelfragen waren beispielsweise, wieviele Personen bei bestimmten Grenzziehungen versicherungspflichtig werden, wieviele nicht versicherungspflichtige Personen, die anderen Krankenversicherungen angehören, über ein Kündigungsrecht zur Pflichtversicherung stoßen würden usw.

Ähnliches wurde 1971 im Rahmen der Rentenversicherungsreform unternommen. Eingeführt werden sollte statt der bisherigen festen Altersgrenze von 65 bzw. 62 Lebensjahren (Männer/Frauen) die Wahlmöglichkeit, ab einer bestimmten Altersgrenze schon vorher „in Rente" zu gehen. Ziel war es, die Grenze zu ermitteln, die kostenmäßig noch vertretbar erschien. Zu klären war ferner, ob diese Wahlmöglichkeit erst ab 35 Versicherungsjahren bestehen sollte oder schon ab 5, 10 usw. und weiter welche Rentenabschläge demjenigen zugemutet werden sollten, der von der Regelung flexibler Altersgrenzen Gebrauch macht (nur in Höhe des wegen früheren Ausscheidens nicht mehr erreichten, normalen Zuwachses oder unter zusätzlicher Berücksichtigung der höheren Lebenszeiterwartung als Rentner). In das Modell einfließen mußte auch, welche Zahl von Personen die neue gesetzliche Wahlmöglichkeit tatsächlich in Anspruch nehmen würde. Mit Hilfe der Simulation wurden die verschiedenen Möglichkeiten durchgespielt. Am Schluß ergaben sich 62 Lebensjahre, 35 Versicherungsjahre und etwa 500.000 Personen als Richtwerte.

4. Verhaltensprognose durch Simulation

Hierbei geht es darum, durch Simulation des Verhalten des Systems und der Menschen als Systemkomponenten bei bestimmten rechtlichen und anderen Ausgangsbedingungen vorherzusagen. Diese Bedingungen können sich entwikkeln, aber aus tatsächlichen, politischen oder rechtlichen Gründen in der Wirklichkeit unbeeinflußbar sein. Dann interessiert die Prognose. Noch interessanter ist es freilich zu ermitteln, ob nicht doch und mit welchen Strategien Einflüsse ausgeübt und das System und seine Komponenten in erwünschte oder unerwünschte Richtung gelenkt werden können. Insoweit ist Verhaltensprognose mit Prozeßinhaltssteuerung verwandt und geht in diese über. Die Besonderheit – und besondere Schwierigkeit –, in erster Linie menschliches Verhalten zu simulieren, hebt aber diese Form der Simulation gegenüber anderen heraus, bei denen die Quantifizierbarkeit wegen der vorhandenen Zahlenwerte näher liegt wie etwa bei den erwähnten Steuer- und Versicherungssimulationen.

Wenn wir oben an dem Simulmatics-Modell[87] gesehen haben, daß das Verhalten der Wähler auf einen bestimmten Anreiz – katholische Religionszugehörigkeit des Präsidentschaftskandidaten in den USA – prognostiziert und eine

---

87 Siehe Fußn. 56.

optimale Wahlkampfstrategie entwickelt werden kann, muß Ähnliches möglich sein mit dem Verhalten anderer im Recht und an der Gesetzgebung mitwirkenden Personen unter bestimmten Umweltsreizen und zu bestimmten Projekten.

a) So könnte versucht werden, in einem Modell des Gesetzgebungssystems nicht nur, wie schon oben erwähnt, den Prozeßablauf nachzubauen und zu optimieren, sondern simulierend das Verhalten des Gesetzgebers und der an dem Gesetzgebungsprozeß Beteiligten für ein bestimmtes Gesetzgebungsprojekt vorherzusagen. Was oft für den erfahrenen Praktiker eine Frage des Gespürs ist – diese Vorlage hat keine Chance –, könnte auf diese Weise präzisiert werden. Wahrscheinlichkeiten könnten gesucht werden. Kritische Stellen lassen sich ermitteln. Alternativstrategien böten sich an. Die Reaktion des Gesetzgebers auf das Verhalten anderer Prozeßbeteiligter oder auf Pressionen von außen[88] wäre in Rechnung zu stellen. Bei aller Schwierigkeit der Quantifizierung ist dieser Ansatz keineswegs utopisch. Die Vorstellung von dem Abgeordneten, der sein Abstimmungsverhalten allein am bonum commune ausrichtet und nur dem eigenen Gewissen verpflichtet handelt (ein Paradefall einer black box), ist heute dahin. Vielmehr lassen sich verschiedene Einflußfaktoren nachweisen wie Parteizugehörigkeit, Fraktionszwang, Herkunft, sozialer Status, Pressionen aus dem eigenen Wahlkreis, Druck der Lobby etc.[89]. Auch ist es nicht so, daß das Gespür des Praktikers ausreichen würde, um solche Einflüsse ohne weiteres in ihrer endgültigen Gesamtauswirkung (Verhalten des Gesetzgebers) zu erfassen. So wurde in den USA im Zusammenhang mit der durch den Supreme Court erzwungenen Reform der Wahlkreiseinteilung nahezu allgemein vermutet, daß die in den bis dahin unterrepräsentierten Städten besonders starke demokratische Partei erhebliche Sitz- und Abstimmungsgewinne zu erwarten habe. Dieses Gespür politischer Beobachter wurde erst durch genauere quantifizierende Analysen und hypothetische Abstimmungsnachrechnungen korrigiert[90]. Gewiß sind solche Nachrechnungen mit Vorbehalten aufzunehmen. So wurde nur das Stimmgewicht des durch faire Wahlkreiseinteilung statt anderer in das Parlament kommenden Abgeordneten berücksichtigt, nicht aber seine Überzeugungskraft, seine Ausschußtätigkeit, sein Status als Neuling ohne Anciennität usw. Derartige Abhängigkeiten wären jedoch für die Simulation zu bewältigen.

b) Was bei der Gesetzgebungssimulation an einem komplexen Modell versucht wird, könnte auch isoliert für die einzelnen Systemkomponenten dieses Modells (kleinere Gruppen, Einzelindividuen) erwogen werden. Prognose des Verhaltens von Gremien (Kommissionen, Ausschüsse, Gerichte) und einzelner In-

---

88 Aufzugreifen wären Ansätze von Bonini (Fußn. 47): index of felt pressure.

89 Dazu Klaus *Hopt,* Die Dritte Gewalt als politischer Faktor, 1969, S. 155 ff mit Nachweisen.

90 *Hopt* aaO (Fußn. 89), S. 117 ff, bes. S. 123, 145 ff.

dividuen (Abgeordnete, Richter) wäre dann das Ziel. Angesprochen ist das Bedürfnis des vorausplanenden Rechtsverkehrs, ein „berechenbares" Verhalten der Justiz und Verwaltung[91] einkalkulieren zu können. Das liegt ganz parallel zu dem Bestreben, das Marktverhalten des Wettbewerbers, Gläubigers, Konsumenten usw. quantitativ zu antizipieren. Der Weg dahin ist freilich noch weit. Wie ein Berg türmt sich die Schwierigkeit auf, die das zu prognostizierende Verhalten beeinflussenden Kausalfaktoren begrifflich und empirisch zu erfassen[92]. Daß dieser Weg jedenfalls nicht von vornherein zum toten Ende einer Sackgasse führt, sei statt an den viel und heftig umstrittenen amerikanischen Ansätzen zur Quantifizierung richterlichen Verhaltens[93] an folgender Episode gezeigt. 1962 hatte der Supreme Court in der Frage des reapportionment (Wahlkreisneueinteilung) zu entscheiden. Klare Präjudizien sprachen gegen die Justiziabilität. Angesichts der mannigfaltigen Implikationen einer Reformentscheidung auf die Zusammensetzung der Volksvertretung, auf den politischen Prozeß, auf das Stadt-Land-Problem, auf das föderative Gefüge und nicht zuletzt auf die Stellung des Gerichts selbst[94] herrschte völlige Unklarheit darüber, wie der Supreme Court entscheiden würde. Da wagte es einer der amerikanischen Behavioristen aufgrund des bis dahin gezeigten Entscheidungs- und außerrichterlichen Verhaltens der neun Richter für jeden von ihnen präzis vorauszusagen, wie er stimmen werde – und er täuschte sich nur in einem[95]. Wohlgemerkt: Ob eine solche Vorhersage sinnvoll oder viel eher gefährlich ist, ob sie auch für andere, weniger politisch agierende Gerichtskörper als den Supreme Court möglich ist und ob der Weg nicht für das kontinentale civil-law-System wegen anderer Rechtsfindung, Gerichtsorganisation, Veröffentlichungspraxis usw. ausscheidet, ist hiermit

---

91 Max *Weber*, Wirtschaft und Gesellschaft, Bd. 2, Tübingen, 1956, S. 834: „Der moderne kapitalistische Betrieb ruht innerlich vor allem auf der Kalkulation. Er braucht für seine Existenz eine Justiz und Verwaltung, deren Funktionieren wenigstens im Prinzip ebenso an festen generellen Normen rational kalkuliert werden kann, wie man die voraussichtliche Leistung einer Maschine kalkuliert."

92 Besonders dezidiert Thomas A.*Cowan*, Decision Theory in Law, Science and Technology, Rutgers L.Rev.17 (1963) 499 at 515, 517.

93 Dazu die umfangreichen Nachweise bei Hubert R. *Rottleuthner*, Zur Soziologie richterlichen Handelns, Krit.J. 1970/3, 283.

94 Zu den damit angesprochenen Fragen der Konsensbedürftigkeit richterlichen Eingreifens in den politischen Prozeß wie überhaupt „politischer" Entscheidungen von Gerichten *Hopt*, aaO (Fußn. 89), S. 202 ff, 206 f.

95 Rodell (von der Yale Law School) irrte sich nur in Clark. Whittacker nahm an der Entscheidung nicht teil.

nicht beantwortet. Fest steht jedoch, daß sich hier mehr als nur utopische Forschungsperspektiven auftuen[96].

Daß die Simulation bei solchen Prognosen eine wichtige Rolle spielen kann, zeigen jüngste, zugegebenermaßen noch unvollkommene Versuche in den USA, den Entscheidungsprozeß nachzumodellieren, in dem städtische Verordnungen über (Bau-)Zonen geändert und den sich entwickelnden Bedürfnissen einer Stadt angepaßt werden[97]. Aufgrund intensiver Beobachtung – u.a. Teilnahme an den Beratungen – wurden Variabeln ermittelt, von denen die Entscheidung abhängt (z.B. Verkehrsverhältnisse, Parkmöglichkeiten, Wasserversorgung, Abwässerbeseitigung, Grünflächen, Schulen usw.). Berücksichtigt wurden aber auch Bedingungen wie Vereinbarkeit mit früheren Entscheidungen der Planungsbehörde, öffentliche Meinung, Bestehen von Interessenkonflikten usw. Das Modell wurde mit den Daten von 125 Änderungsvorschlägen zur Zoneneinteilung von Pittsburgh zwischen 1963 und 1965 durchgespielt. Es gelang schließlich, für rund 90 % und mehr der Fälle in der Simulation zu der „richtigen", d.h. von den beiden beteiligten Behörden bzw. Kommissionen tatsächlich getroffenen Entscheidung zu gelangen. In immerhin 26 Fällen wurden im (simulierten) Entscheidungsprozeß genau dieselben – nicht mehr und nicht weniger – Gründe für die Entscheidung angegeben, die zur Begründung der (menschlichen) Entscheidung ausgeführt worden waren, in insgesamt 46 Fällen erbrachte die Simulation dieselben Gründe und zusätzlich weitere, in 110 Fällen alle Gründe bis auf einen.

5. Systemstabilisierung durch Simulation

Unter Einwirkung bestimmter Ereignisse können Systeme ihre Funktionsfähigkeit verlieren oder zusammenbrechen. Wichtig ist es zu ermitteln, wo der kritische Moment des Umschlags liegt, und diese Grenze der Kapazität durch Einbau systemstabilisierender Vorrichtungen hinauszuschieben bzw. für bestimmte Arten von Ereignissen ganz aufzuheben. Die Simulation ist hierzu vorzüglich geeignet, weil das Realexperiment nicht riskiert werden kann.

Ein Gerichtssystem kann, wie bereits geschildert, mit seinen empirisch ermittelten Ressourcen und Bedürfnissen – Anzahl der Gerichte, der Richter, der

---

96 Zu beachten etwa die Simulation zwischenmenschlichen Verhaltens in kleinen Gruppen durch J.T. *Gullahorn*, J.E. *Gullahorn*, A Computer Model of Elemantary Social Behavior, Behavioral Science, vol. 8 (1963) 354–362, nach der Theorie von G.C. *Homans*, Social Behavior: Its Elementary Forms, New York, 1961, oder die amerikanischen Versuche, menschliches Problemdenken im Simulationsmodell nachzubilden. A. *Newell*, J.C. *Shaw*, H.A. *Simon*, Elements of a Theory of Human Problem-Solving Behavior, Psych.Rev., vol. 65 (1958) 151–166; auch Herbert A. *Simon*, Theories of Decision-Making in Economics and Behavioral Science, 49 Am.Ec.Rev. (1959) 253 at 274 et s.

97 Otto A. *Davis*, Frederick H. *Rueter*, A Simulation of Municipal Zoning Decisions (Carnegie-Mellon University, Pittsburgh, Regulatory Process Workshop Paper).

zur Verfügung stehenden Räumlichkeiten, vorhandene Hilfsmittel, durchschnittliche Dauer der Verfahren, Gerichtsorganisation, prozeßrechtlich notwendige Verfahrensstufen usw. – nachgebildet werden. Im Simulationsexperiment an diesem Modell läßt sich ohne Risiko ermitteln, wie sich die Überlastung des Systems durch eine zu große Zahl von Rechtsfällen (längerfristiges Ansteigen oder auch plötzliche Prozeßlawinen[98]) oder durch Ausfall bestimmter personeller, räumlicher oder zeitlicher Teile (Nachwuchsschwierigkeiten, Raumprobleme, Gerichtsferienregelung) auswirkt.

Während sich ein solches Modell schon heute aufstellen läßt[99], sind andere noch wichtigere denkbar, die vorerst aber noch übermäßige Schwierigkeiten aufwerfen. So könnte versucht werden, das Modell eines Systems vertraglicher Interaktionen auf einem nur begrenzt kompetitiven Markt aufzustellen und an diesem Modell zu prüfen, welche (Grenz-)Bedingungen herrschen müssen, damit die Privatautonomie ihre individuelle und wirtschaftliche Ausgleichsfunktion noch erfüllen kann (Wettbewerb, Marktgegenmacht, Markttransparenz, rechtliche Gebote usw.). Gelängen derartige Simulationen, liessen sich viele Behauptungen und Vorstellungen zur Privatautonomie, zu Planung und Intervention, zu Kartellnormen, zur Konzentrationskontrolle, zur Inhaltskontrolle von Allgemeinen Geschäftsbedingungen, zu Preisleitlinien und Preismeldestellen usw. falsifizieren oder untermauern. Das Ziel wäre Systemstabilisierung durch weitestgehende Selbststeuerung. Soweit diese trägt, hätte die Einzelsteuerung des Prozeßablaufs durch gesetzgeberische, richterliche oder sonstige staatliche Eingriffe zurückzutreten.

B. Planspiel

Die Anwendungsmöglichkeiten des Planspiels in Recht und Gesetzgebung sind jedenfalls in der Praxis bekannter und erprobter als die der Simulation. Dies und die prinzipielle Ähnlichkeit des methodischen Vorgehens erlauben knappere Ausführungen.

1. Forschungsplanspiel

a) Versuche, in einem Planspiel einen Gesetzesentwurf zu testen, sind schon verschiedentlich angestellt worden. Eines der Beispiele ist das 1964 von ei-

98 Z.B. als Folge bestimmter Muster-Entscheidungen insbesondere im Steuerrecht. Vgl. Klaus *Hopt*, 6 Common Market Law Rev. 1968–69, p. 414–419 und 8 Common Market Law Rev. 1971, 97–103: Prozeßlawine als Folge eines EuGH-Beschlusses zu Art. 95 EWG-Vertrag. Wohl weniger realistisch oder doch schwieriger zu realisieren ist der als politische Maßnahme erwogene Gedanke, durch eine Flut von (Wohngeld-)Anträgen oder Selbstanzeigen das System zu überlasten und funktionsunfähig zu machen.

99 Vgl. Fußn. 71, 74.

nem Arbeitskreis „Rechnungstechnische Probleme der Mehrwertsteuer" durchgeführte Planspiel[100]. Im freiwilligen Zusammenwirken von Mitgliedern der Finanzverwaltung, von Bundesbetriebsprüfern und von Unternehmen wurde das damals im Entwurf vorliegende neue Umsatzsteuergesetz durchgespielt. Der Schwerpunkt lag auf der Erprobung der rechnungstechnischen und buchhalterischen Praktikabilität des Gesetzesentwurfs. Es sollte ermittelt werden, ob die Bestimmungen des Entwurfs „eindeutig, verständlich und in der Praxis durchführbar sind, ob sie ohne wesentlichen Mehraufwand befolgt werden können, ob mit ihnen die angestrebten Ziele erreicht werden, ob einzelne Bestimmungen ungewollte und wirtschaftlich widersinnige Auswirkungen haben"[101]. Aufgrund des Planspiels waren zu allen diesen Zielen konkrete Erfahrungsaussagen möglich, die der einzelne Referent des Entwurfs allenfalls spekulativ hatte treffen können. Die Ergebnisse waren nicht spektakulär. Doch konnte im Versuch gezeigt werden, daß insgesamt die Anwendung des Gesetzes technisch möglich sein würde. Gleichzeitig trat eine Reihe von Punkten ans Licht, wo erhebliche Mehrarbeit anfiel, wo Mißverständnisse auftauchten, wo durch einzelne Änderungen ohne Antasten der Grundkonzeption Erleichterungen, Zeitersparnisse und Kosteneinsparungen möglich und angezeigt erschienen.

Während es bei diesem Steuerrechtsplanspiel um eine Praktikabilität rechnerischen Einschlags ging und noch Ähnlichkeiten zu Modellrechnungsansätzen vorlagen, führen andere Planspiele vom Zahlenwerk weg zur Verhaltenssimulation. Bekannt geworden ist das schon Anfang der Sechziger Jahre mit dem Entwurf des Bundessozialhilfegesetzes durchgeführte Verwaltungsplanspiel[102]. Weitere Versuche liegen auf dem Gebiet des Wohngeld- und Sozialrechts vor.

---

100 Die Mehrwertsteuer, Ihre abrechnungstechnischen Probleme bei der Anwendung in der Praxis, Ergebnisse eines Planspiels, 4.Aufl., 1967.

101 AaO (Fußn. 100), S. 19

102 Udo *Klausa*, Das Verwaltungsplanspiel, 1963, und Max *Rehm*, Das Planspiel als Bildungsmittel, 1964, S. 65 ff: Ziel war es festzustellen a) welche Begriffe und Bestimmungen mehrdeutig oder mißverständlich seien, b) welche Bestimmungen zu einer ungleichartigen oder ungerechten Behandlung von Fällen der Sozialhilfe führen könnten oder müßten, c) welche Lücken sich im Gesetz ergäben, d) ob die Abgrenzung der Bestimmungen zu anderen Grundsätzen zweckmäßig gewählt sei. Bei der Durchführung des Planspiels wirkten 14 kreisfreie Städte, zehn Landkreise und die beiden Landschaftsverbände (Rheinland-Pfalz) mit. In 48 verschiedenen Fällen spielten sie den Gesetzesentwurf durch, freilich ohne Auswirkung auf Staatsbürger. Die Tatbestände waren von der Spielleitung festgesetzt. Ein Gegenspieler vertrat den Hilfesuchenden und versuchte mit allen zulässigen Mitteln, eine ihm günstige Entscheidung herbeizuführen. Vgl. auch Denkschrift zur Anlage eines „Verwaltungsplanspiels" (Prüfung der Durchführbarkeit in der Verwaltung) für den Entwurf eines Bundessozialhilfegesetzes – BSHG –, Frühjahr 1959 (Landschaftsverband Rheinland) sowie Werner *Nelles*, Praktische Fälle zum Bundessozialhilfegesetz, Deutscher Gemeindeverlag Köln, 1962.

Eines der jüngsten Planspiele ist das zum Entwurf des Städtebauförderungsgesetzes[103]. Von einem Praktiker angeregt und vom Ministerium gefördert, exerziert das Spiel den Entwurf an einem ausgewählten Fall – Sanierung des Ortskerns von Stuttgart-Vaihingen – durch. Gespielt wurde es innerhalb von zwei Tagen von Stadtplanern, Architekten, mit der Materie befaßten Beamten und anderen Experten. Durch ihre Rollenerfahrung und angesichts der in dem Spiel sehr real zu Tage getretenen, kaum lösbaren Interessenkonflikte bei den Sanierungsbetroffenen kamen die Mitspieler zu der Erkenntnis – und dem entsprechenden Änderungsvorschlag –, daß Spekulationen, Veränderungen des status quo im Hinblick auf die bevorstehende Sanierung, Erschleichung von Entschädigungen usw. wirksam nur bekämpft werden können, wenn der Zeitpunkt für die Bauveränderungssperre vorverlegt wird auf den Termin, in dem die Gemeinde zum erstenmal „öffentlich" tätig wird. Nun ist diese Erkenntnis keineswegs so neu. Schon 1892 hat Shaw ein derartiges Verhalten des Londoner Grundstücksbesitzers Sartorius in seinem ersten Bühnenstück „Widower's Houses – An Original Didactic Realistic Play" angeprangert – zum überaus großen Mißbehagen der guten Gesellschaft. Aber anscheinend genügt die Überlegung allein nicht; sie will im Experiment am Verhalten des Mitspielers erlebt sein.

b) In Forschungsplanspielen kann ohne den Rigorismus einer Simulation menschliches Verhalten gewissermaßen im Laboratoriumsexperiment[104] beobachtet werden. Viele der oben erwogenen Simulationen (z.B. des unternehmerischen Entscheidungsprozesses bei Einführung der paritätischen Mitbestimmung oder des oligopolistischen Marktverhaltens unter Einfluß staatlicher Kartellbehörden) lassen sich auch unter Einschaltung realer Menschen als Systemkomponenten durchführen. Die Erleichterung für den Forscher besteht darin, daß Individuum und Gruppe im Spiel real als Mensch(en) entscheiden und dieses Verhalten im Modell nicht nachgebildet und quantifiziert werden muß. Diese Erleichterung wird freilich mit einer beschränkteren Aussagekraft des Experiments erkauft[105]. Außerdem wird es mit zunehmender Komplexi-

103 Dazu Bericht Manfred *Sack*, So wurde ein Gesetz getestet, in: Die Zeit, vom 9.4. 1971, Nr. 15, S. 55, Vgl. auch Städtebau-Gesetz unter Druck, Die Zeit, v.30.4. 1971, Nr. 18, S. 51.

104 Besonders Heinz *Sauermann*, Hrsg., Beiträge zur experimentellen Wirtschaftsforschung, Bd. 1 (1967) und Bd. 2 (1970).

105 Denn die im einzelnen Mitspieler gebündelten Parameter lassen sich anders als bei der Simulation nicht gesondert manipulieren. Die Individualität der Mitspieler stellt damit einen großen Unsicherheitsfaktor dar, der durch gezielte Auswahl der Teilnehmer nur abgeschwächt, aber nicht behoben werden kann. Auch ist nicht immer sicher, ob Mitspieler im Experiment unter nur gespielten Risiken und Sachzwängen dieselben Entscheidungen fällen und dasselbe Verhalten an den Tag legen wie in der Realität.

tät des abzubildenden Systems schwieriger, die Interaktionen – etwa im Gesetzgebungsprozeß – in einem Forschungsplanspiel noch genügend realistisch nachzuspielen[106].

2. Ausbildungsplanspiel

Schon bei dem Planspiel einer Stadtsanierung ist deutlich geworden, welchen Beitrag zur Internalisierung von Erkenntnissen das eigene Erleben der Situation im Experiment zu leisten vermag. Der pädagogische Wert des Planspiels als Ausbildungsmittel liegt in der Konfrontation mit neuen Situationen, im nachhaltigen Erleben der gegnerischen Verhaltensweisen und des Erfolgs oder Scheiterns eigener Strategien und schließlich in der dauernden Notwendigkeit, nicht nur passiv zu rezipieren, sondern im Spiel zu agieren und zu reagieren[107]. Während das Ausbildungsplanspiel in der Betriebswirtschaftslehre und in der Unternehmenspraxis für Nachwuchs- und Führungskräfte vielfältig ausgenutzt wird, harrt es in Recht und Gesetzgebung weithin noch der Entdeckung.

Gewiß ist es ein Fortschritt zur wirklichkeitsnahen Ausbildung, wenn die Fallmethode an Boden gewinnt. Diese Methode, bei der ein tatsächlich vorgekommener bzw. entschiedener Fall aus der Praxis mit den dazugehörigen Fakten und Daten als Vehikel der Wissensvermittlung dient, hat in den USA ja von der Harvard Law School ihren Siegeszug angetreten und sich erst von dort auch in anderen Disziplinen durchgesetzt. Indessen bleibt bei der Fallmethode der Lernende doch in der Rolle des außenstehenden Betrachters. Er „spielt nicht mit". Dies wird in dem Augenblick anders, in dem der Fall nicht mehr nur von außen analysiert wird, sondern die Lernenden dadurch „in den Fall hineintreten", daß sie im Spiel die Rolle von Beteiligten übernehmen und in dieser Rolle die Wirklichkeit des Falls in Sach- und Entscheidungszwängen an

---

106 Nur manchmal – und auch dann nur bedingt – hilft die aus den Planspielen internationaler Beziehungen bekannte Methode, einem Individuum oder einer Gruppe die Rolle einer realen Gesamtheit zuzuteilen (etwa des Feindstaats). Eine sehr gute Einführung bei H. *Goldhamer*, H. *Speier*, Einige Bemerkungen über politische Planspiele, in: Martin *Shubik*, Spieltheorie und Sozialwissenschaften, 1965, S. 273 ff.

107 Dazu, daß auch die Simulation solche pädagogische Effekte hat und möglicherweise überhaupt wegen dieser Effekte unternommen wird, kurz auch Dimitris N. *Chorafas*, Systems and Simulation, New York, London, 1965, p. 17 („as a means of learning about new systems in order to redesign or refine them"; „as a tool in familiarizing personnel with a system or a situation which may, as yet, not exist in real life"). Vgl. auch John *Haldi*, Harvey M. *Wagner*, Simulated Economic Models, Homewood, Ill., 1963.

sich selbst erleben[108]. Wird dieser Ansatz der Fallösung mit verteilten Rollen konsequent weitergeführt und ausgebaut, haben wir ein Planspiel[109].

Vielerlei Möglichkeiten zu solchen Ausbildungsplanspielen in Recht und Gesetzgebung lassen sich denken. Am nächsten liegt die Durchführung simulierter Gerichtsverhandlungen und Prozesse mit verteilten Rollen, wie das in den USA bei den „moot courts" mit großem Erfolg und großer Begeisterung durchgeführt wird. Studenten treten vor einem aus Richtern oder Professoren bestehenden (Spiel-)Gericht auf. Dies führt zu regelrechten Wettkämpfen nicht nur innerhalb einer law school, sondern auch zwischen den besten Teams verschiedener Universitäten. Spielen die Studenten beim moot court die gegnerischen Anwälte, können ebenso auch Richter und Gericht von Studenten gespielt werden. Auch richterliches Entscheidungsverhalten will gelernt sein[110].

Nun ist freilich die juristische Ausbildung in Deutschland zu sehr auf den Richterberuf zugeschnitten. Die Ausbildung für die Verwaltung und Industrie kommt zu kurz. Hier bieten sich wiederum Planspiele an. Im Wirtschaftsrecht könnten so die Aufgaben und Handlungsmöglichkeiten des Bundeskartellamts bei Ermittlung und Ahndung von Kartellverstößen plastisch werden. Im Arbeitsrecht ließen sich spielend die Mitwirkung des Betriebsrats im Unternehmen oder die Regelungsbefugnisse der Tarifpartner kennenlernen. Im Verfassungsrecht könnte vereinfacht das Gesetzgebungsverfahren durchgespielt werden. Schließlich müßte auch das Regeln eines Sachverhalts durch Gesetz, also die Fertigung möglichst rationaler Normvorschläge, gelernt werden. Das führt bereits über zu komplexeren Planspielen unter Heranziehung von Computern, wenn es nämlich innerhalb eines solchen Planspiels darum

108 Die Lösung von Rechtsfällen mit verteilten Rollen steigern nach meinen Erfahrungen mit Erst- und Zweitsemestern Teilnahmebereitschaft und Verständnis in beachtlichem Maß. Pädagogisch eindrucksvoller ist freilich das Experiment an der Wirklichkeit, etwa wenn Studenten der Bankwirtschaftslehre in Investmentseminaren und -zirkeln echte Gelder einsetzen können, die ihnen zu Ausbildungszwecken von einer Bank oder einem Unternehmen zur Verfügung gestellt worden sind. Indessen ist dies eben mit allen Risiken des Experiments an der Realität verbunden und in Recht und Gesetzgebung nur selten möglich.

109 Horst *Koller*, aaO (Fußn. 76), S. 102, spricht im Anschluß an J.M. *Kibbee*, C.J. *Craft*, B. *Nanus*, Management Games, New York, 1961, p. 231, von Planspielen als dynamischen, lebenden Fallstudien. *Arbeitskreis Gamer*, aaO (Fußn. 60), S. 185 ff zur Abgrenzung von Fallmethode und Planspiel. Der entscheidende Unterschied ist der statische, in der Vergangenheit bereits abgeschlossene Charakter bei der Fallmethode, demgegenüber die dynamische, auf das feedback hin orientierte Natur des Planspiels, das zumeist auch den Spiel- und Wettkampftrieb anspricht. Zur Fallmethode (Betriebswirtschaftslehre) Herbert B. *Schmidt*, Die Fallmethode, Eine einführende Darstellung, 1958.

110 So neuestens Gerd *Kleinheyer*, Prozeßspiele an der Universität Regensburg, JZ 1971, 648.

geht, optimale Strategien bei der Erstellung von Gesetzesentwürfen im Wege der Simulation zu entwickeln.

C. Abschließende Bemerkungen zur Inangriffnahme konkreter Projekte

1. Schwierigkeiten

Zahlreiche Möglichkeiten, Simulation und Planspiel als Methoden in Recht und Gesetzgebung anzuwenden, sind erörtert worden. Dennoch wäre voreiliger Enthsiasmus fehl am Platz. Bei allen Erfolgen, die mit diesen Methoden in anderen Disziplinen errungen worden sind, türmen sich doch dort und hier oft große Schwierigkeiten bei der tatsächlichen Realisierung auf und es wäre ein grobes Mißverständnis zu glauben, Simulationsmodelle und Planspiele sollten und könnten andere Hilfsmittel verdrängen.

Die Hauptschwierigkeit bei der Simulation und bei dem Forschungsplanspiel liegt in der Übertragung der Realität auf das Modell und der Ergebnisse von dort zurück auf die Realität. Eine Simulation ist immer nur so gut, wie ihre Abbildung der Wirklichkeit. Diese Abbildung kann unmöglich sein, weil Daten aus der Realität des zu lösenden Problems einfach nicht vorhanden oder bisher nicht gesammelt worden sind. Diese Abbildung kann auch scheitern, weil das Zusammenspiel der Daten nicht soweit verstanden wird, daß ein Modell konzipiert werden kann. Oft wird diese Schwierigkeit in vollem Umfang erst dann bewußt, wenn ein bestimmtes Simulationsprojekt konkret angegangen wird. Menschliches Verhalten – und um dieses geht es bei der Simulation in Recht und Gesetzgebung sehr oft – ist nicht rational, sondern bestenfalls beschränkt rational[111] und gerade deswegen auch so schwierig zu erfassen.

Simulation und Forschungsplanspiel sind finanziell und zeitlich aufwendig[112]. Das folgt einmal aus der Notwendigkeit detaillierter Faktenforschung. So benötigte man im Rahmen des erwähnten Simulmatics-Projekts, bei dem Ergebnisse von rund 100.000 einzelnen Interviews schon vorlagen, zur Auswahl, Sammlung und Computeraufbereitung dieses und weiteren Materials rund ein Jahr[113]. Die Personalkosten, besonders wegen des oft unerläßlichen interdisziplinären und Teameinsatzes, fallen meist noch mehr ins Gewicht. Für Aus-

111 S.o. Fußn. 59 mit Nachweisen.

112 Mit Nachweisen Horst *Koller*, aaO (Fußn. 76), S. 92, 116. So habe eine Simulationsstudie des Nutzholzmarktes an der pazifischen Küste der USA einen Zeitaufwand von etwa 8 Mannjahren erfordert und rund 95.000 $ gekostet.

113 *Hauff, Latzelsberger*, aaO (Fußn. 38), S. 134.

bildungsplanspiele gilt dies je nach Komplexität und Lehrziel nur in erheblich geringerem Umfang[114].

Nicht zuletzt muß mit dem Widerstand derer gerechnet werden, die befürchten, zuviel Prognose determiniere, lähme die menschliche Intuition und Entscheidungskraft, mache den Menschen zum Objekt und den Staat durch noch größere Manipulierbarkeit künftigen Geschehens und Verhaltens zum Leviathan.

2. Chancen

Diese Schwierigkeiten gilt es, realistisch einzuschätzen, will man mit diesen Methoden Erfolg haben. Wie die Erfahrung zeigt, sind diese Schwierigkeiten jedoch von Projekt zu Projekt ganz unterschiedlich und insgesamt keineswegs unüberwindlich. Nicht darum geht es, andere bessere und billigere Methoden aus falscher Neuerungssucht zu verdrängen, sondern dort, wo diese nicht weiterhelfen, neue Methoden einzusetzen und mit ihrer Hilfe zu weiteren Erkenntnissen zu kommen.Solche Methoden kosten ihren Preis und haben ihrerseits ihre Grenzen. Das gilt es, vor Inangriffnahme eines konkreten Simulations- oder Planspielprojektes zu bedenken.

Ist die Entscheidung positiv ausgefallen, können Simulation und Planspiel auch in Recht und Gesetzgebung unverzichtbare Dienste leisten. Das trifft ohne Einschränkung für das Ausbildungsplanspiel zu. Dieses wird sich auch am schnellsten durchsetzen. Aber auch für das Forschungsplanspiel und die Simulation zeichnen sich in der Jurisprudenz viele Möglichkeiten ab. Eine dieser Möglichkeiten ist die Prognose. Sie ist für menschliches Gestalten wichtig und für jedes Planen unentbehrlich. Prognose allein determiniert nicht. Sie wird von der Realität immer wieder überholt und neu angestoßen. Prognose allein manipuliert auch nicht – der Mensch setzt sie ein zum Bösen oder zum Guten.

---

114 Horst *Koller*, aaO (Fußn. 76), rechnet allerdings bei sehr komplexen und umfangreichen Planspielmodellen zur Konstruktion bis zur Fertigstellung für den Einsatz mit einem Zeitaufwand bis zu 5 Mannjahren und mit Kosten bis zu einer halben Million DM. Zu den besonderen Fehlerquellen bei Ausbildungsplanspielen *Koller*, aaO, S. 108, 115 ff, bei Forschungsplanspielen *Barton*, loc.cit. (Fußn. 60), p. 37.

Formulierungsprobleme bei der Gesetzesplanung

von **Hansjürgen Garstka**

Zusammenfassung

Die Bedeutung der sprachlichen Formulierung bei der Gesetzgebung wird von Wissenschaft und Praxis nicht durch die Entwicklung rationaler Kriterien gewürdigt. Eine Rationalisierung der Gesetzesplanung darf jedoch diese Phase nicht aussparen. Die Forderungen, die an die sprachliche Gestaltung von Gesetzestexten zu richten sind, gelten teils für alle Rechtssätze, teils speziell nur für einzelne Typen. Beispielhaft werden einige Forderungen an Verhaltensnormen und Entscheidungsprogramme aufgeführt. Sie werden ergänzt durch Forderungen, die im Rahmen einer automationsgerechten Gesetzgebung aktuell werden. Schließlich wird auf den Wert von Formalisierung, Logifizierung und Axiomatisierung im Recht hingewiesen.

Abstract

The importance of linguistic formulation in the process of legislation is not being recognized in theory and in practice by the development of rational criteria. However, a rationalisation of legislative planning must not eliminate this phase. The standards to be required from the linguistic structure of statutory materials are in part valid for all legal norms, in part only for individual types of norms. The article illustrates a few requirements for norms prescribing a certain behavior and for decision programs. In addition it lists requirements which become necessary for a legislation which is to be applied in automated processes. Finally, the values of formalization, logification, and axiomatization of the law are pointed out.

Deskriptoren

Automationsgerechte Gesetzgebung
Axiomatisierbarkeit
Entscheidungsprogramm
Formalisierung
Formulierung
Konditionaler Teil des Rechtssatzes
Logifizierbarkeit
Logik
Regelung
Sprache
Verhaltensnorm
Widerspruchslosigkeit

Übersicht

1. Recht und Sprache

Die Bedeutung der **Sprache** für das Recht war schon oft Gegenstand wissenschaftlicher, meist rechtsphilosophischer Erörterung[1]. Die Aspekte dieser Untersuchungen sind sehr weit gestreut, sie reichen von ästhetischen[2] bis zu strukturell-linguistischen Überlegungen[3]. Dabei fällt auf, daß praktisch nirgends versucht wird, auf der Basis der eigenen Vorstellungen von Funktion und Struktur der Rechtssprache Kriterien für die Gestaltung der Rechtssätze selbst zu entwickeln.

Dies wird allerdings auch nicht von der Praktikerliteratur versucht. So verwendet das „Handbuch der Gesetzgebungstechnik" von Hanswerner Müller[4] viel Raum für die Bekämpfung von „Modetorheiten"[5] und „Kanzleiwörtern"[6] und gibt den Rat, nach der Formulierung jeden Gesetzesvorschlag zunächst von der „Gesellschaft für deutsche Sprache" auf Reinheit untersuchen zu lassen[7]. Der Vermeidung semantischer Widersprüche werden dagegen nur wenige Zeilen gewidmet.

Daraus erhellt, daß weder Wissenschaft noch Praxis bisher zu einer rationalen Analyse der Gestaltung des Gesetzestextes selbst vorgedrungen sind. Soll mit einer Rationalisierung der Gesetzesplanung aber der gesamte Vorgang zwischen erster Initiative und endgültiger Fassung eines Gesetzes verstanden werden, kann diese Phase aus den diesbezüglichen Überlegungen nicht ausgeklammert werden; denn erst nach der Formulierung läßt sich das Gesetz in seinen mutmaßlichen Auswirkungen und seinen Relationen zu anderen Gesetzen vollständig beurteilen.

Die dabei zu entwickelnden Kriterien dürfen nicht nur auf verwaltungstechnische und philologische, sondern müssen auch auf rechtstheoretische Aspekte Rücksicht nehmen. Dazu ist es notwendig, zunächst auf die rechtstheoretischen Forschungen zum Aufbau der Rechtsordnung einzugehen.

---

1 Z.B. *Hans Dölle:* Vom Stil der Rechtssprache. Tübingen 1949; *Horst Neumann-Duesberg:* Sprache im Recht. Regensburg 1949. *Helmut Hatz:* Rechtssprache und juristischer Begriff. Stuttgart 1963; *Els Oksaar:* Sprache als Problem und Werkzeug des Juristen. In: ARSP 1967, S. 97 ff; *Ernst-Joachim Lampe:* Juristische Semantik. Bad Homburg etc. 1970; *Arthur Kaufmann:* Die Geschichtlichkeit des Rechts im Licht der Hermeneutik. In: Rechtstheorie (Hg. *A. Kaufmann*). Karlsruhe 1971. S. 81–102.

2 *Heinrich Triepel:* Vom Stil des Rechts. Beiträge zu einer Ästhetik des Rechts. Heidelberg 1947.

3 *Peter Hartmann:* Sprachwissenschaft und Rechtswissenschaft. Eine vergleichende Konfrontation. In: Rechtstheorie, 1. Band (1970) Heft 1, S. 45–68.

4 2. Auflage Köln etc. 1968

6 a.a.O. S. 101

5 a.a.O. S. 101

6 a.a.O. S. 107

7 a.a.O. S. 93

2. Der Aufbau der Rechtsordnung

Jede Rechtsordnung, und ein zu erstellendes Gesetz soll ja als Bestandteil in diese Rechtsordnung eingebracht werden, kann aufgefaßt werden als eine Ansammlung von Verhaltensvorschriften, die die Interaktionen in der Gesellschaft in einer bestimmten Weise ordnen sollen[8]. Diese Vorschriften werden ergänzt durch Regeln, die ihrerseits zur Durchsetzung dieser Verhaltensvorschriften bestimmt sind. In einer Gesamtbetrachtung konstituiert damit jede Rechtsordnung ein Regelsystem. Die für die **Regelung** notwendigen Informationen sind sprachlich fixiert und in Gesetzestexten niedergelegt.

Die Erkenntnis, daß das Recht einerseits im wesentlichen einen Regelmechanismus darstellt, daß die Sprache andererseits dabei die entscheidende Rolle spielt, legt es nahe, regelungstheoretische Gesichtspunkte in die Erörterung einzubeziehen.

Es können nun grundsätzlich zwei Grundtypen von Regelungsvorgängen festgestellt werden:

1. Der Bürger sieht sich einer Verhaltensvorschrift gegenüber, in der ihm ein Gesetzgeber ein bestimmtes Verhalten vorschreibt: eine Handlung gebietet, eine Handlung verbietet, vielleicht eine an sich verbotene Handlung ausnahmsweise freistellt.

Der Regelungsprozeß läuft im Bewußtsein des Bürgers selbst ab: er erkennt eine Situation, er weiß, daß er sich in dieser Situation in einer bestimmten Weise verhalten muß und korrigiert sein Verhalten entsprechend.

2. Nicht der Bürger selbst vergleicht („subsumiert") eine bestimmte Situation mit einer rechtlichen Regelung, sondern dies geschieht durch eine dafür prädestinierte Stelle: entweder unmittelbar (Vorbereitung einer Verwaltungshandlung) oder nachdem festgestellt wurde, daß sich ein Bürger nicht entsprechend einer an sich vorhandenen Verhaltensvorschrift verhalten (Strafprozeß) hat. Erst nachdem diese „rechtliche Würdigung" stattgefunden hat und auf Grund des Ergebnisses eine „Entscheidung" getroffen wurde, wird der Bürger mit dieser Entscheidung konfrontiert.

Die Entscheidung hat nun in der Regel wieder die Form einer Verhaltensvorschrift („A hat B 1000 DM zu zahlen"), so daß sich, betrachtet man 1. und 2. zusammen, ein „vermaschter Regelkreis" ergibt, der im übrigen noch um weitere Stufen ergänzt werden kann.

---

8 vgl. z.B. *Hans Kelsen:* Reine Rechtslehre. 2. Aufl. Wien 1960. S. 31 ff.; für die sozialistische Literatur vgl. *Martin Posch:* Funktion und Struktur des Rechtssystems im gesellschaftlichen Regelprozeß. In: Staat und Recht 1967, S. 1700–1718.

Diesen beiden Stufen entsprechen bei der sprachlichen Fixierung der Rechtsordnung zwei Typen von Rechtssätzen[9]:

1. **„Verhaltensnormen"**: Vorschriften, die das Verhalten der Bürger selbst bestimmen. Dabei ist es nicht notwendig, daß **alle** Bürger gleichzeitig Adressaten sind (wie z.B. bei § 211 StGB); es genügt, daß bestimmte Klassen von Bürgern (z.B. Beamte, Angestellte, Minderjährige) betroffen sind; ja selbst ein einzelner Bürger kann Adressat einer Norm sein (rechts**theoretisch** stellt daher auch ein Verwaltungsakt eine Verhaltensnorm dar).

2. **„Entscheidungsprogramme"**: Vorschriften, die sich an einen juristischen Entscheidungsträger richten und das Verfahren bei den Entscheidungen regeln. Adressaten sind z.B. Richter, Vollzugsbeamte, der Sachbearbeiter in der Verwaltung.

Diese Aufzählung ist nicht vollständig, jede Rechtsordnung muß daneben, um vollständig zu sein, noch weitere Typen von Rechtssätzen enthalten: Dazu gehören vor allem die „secondary rules"[10] bzw. „Rechtserzeugungsregeln"[11] und die „Organisationsnormen"[12]. Auf diese und evtl. noch existierende andere Typen soll hier nicht eingegangen, vielmehr beispielhaft an Verhaltensnormen und Entscheidungsprogrammen auf einige Probleme bei der Formulierung des Gesetzes hingewiesen werden.

3. Gemeinsame Anforderungen an die Formulierung von Verhaltensnormen und Entscheidungsprogrammen

Die einfachste Forderung, die an die sprachliche Fassung eines Gesetzes zu richten ist, ist, daß keine logischen Widersprüche auftreten. Welches Verhältnis Rechtswissenschaft und -praxis bisher zu Wissenschaftstheorie und **Logik** hatten, zeigt sich schon darin, daß diese triviale Forderung eigens in einen Beschluß einer Staatsregierung aufgenommen werden mußte[13].

Die Forderung nach **Widerspruchslosigkeit** hat zwei Aspekte, die auseinandergehalten werden müssen:

---

9 Zur Einteilung der Rechtssatztypen aus regelungstheoretischer Sicht vgl. *Hansjürgen Garstka:* Ein Regelungsmodell der Rechtsanwendung. In: Jahrbuch für Rechtssoziologie und Rechtstheorie2. Im Erscheinen.

10 vgl. *H.L.A.Hart:* The Concept of Law. Oxford 1961. V.a. S. 77 f.

11 vgl. *Hans Kelsen:* a.a.O. S. 228 ff. *Robert Walter:* Der Aufbau der Rechtsordnung. Graz 1964.

12 vgl. *Klaus Adomeit:* In: Festschrift für Hans Kelsen 1971. In Druck.

13 vgl. Vorläufige Grundsätze für das automationsgerechte Abfassen von Vorschriften der Bayerischen Staatsregierung vom 27.8.1969, bes. Nr. 4

1. Syntaktischer Aspekt

Bei der syntaktischen Betrachtungsweise eines Textes wird von der Bedeutung der verwendeten Begriffe abgesehen, lediglich die Stimmigkeit der logischen Verknüpfungen überprüft. Die Forderung nach Widerspruchslosigkeit heißt demnach hier, zwischen gleichen Begriffen, Aussagen oder Normen dürfen die Aussagefunktionen „nicht", „und", „oder", „wenn, dann" usw. nicht so vorkommen, daß eine Kontradiktion entsteht. So darf z.B. an keiner Stelle eine Rechtsfolge angeordnet werden, die an anderer Stelle ausgeschlossen ist, oder es darf nicht eine Rechtsfolge an einer Stelle nur eintreten, wenn zwei Bedingungen konjunktiv gegeben sind, während an anderer Stelle eine der Bedingungen als genügend angesehen wird.

Solche Unstimmigkeiten können während der Gesetzesplanung dadurch aufgedeckt und vermieden werden, daß alle vorkommenden Verknüpfungen symbolisiert und dann (u.U. unter Zuhilfenahme einer EDV-Anlage) auf ihre Verträglichkeit überprüft werden.

Hier muß sofort auf ein Postulat eingegangen werden, das mit dem ersten untrennbar verknüpft ist: die Eindeutigkeit der logischen Verknüpfungen. Alle vorkommenden Verknüpfungen müssen eindeutig einer einzigen aussagenlogischen Verknüpfung zuordenbar sein. Daß dies mitunter bei Gesetzestexten nicht möglich ist, zeigt die öfter zu beobachtende Verwendung von „und" im Sinne des einschließenden „oder". Die Klarheit juristischer Texte hat hier über die in der Umgangssprache übliche Klarheit hinauszugehen. Dies ist nicht nur im Hinblick auf eine Übertragung von rechtlichen Entscheidungstätigkeiten auf Computer (s.u.), sondern auch im Hinblick auf den Regelungserfolg einer gesetzlichen Maßnahme notwendig. Es empfiehlt sich, bezüglich der aussagenlogischen Verknüpfungen Richtlinien über die Verwendung der entsprechenden Wörter zu verfassen, an die sich alle Gesetz- und Verordnungsgeber halten.

2. Semantischer Aspekt

Eine lediglich syntaktische Überprüfung von Gesetzestexten wird auf Widersprüche stoßen, die von Juristen nicht als Widersprüche anerkannt werden. Dies ist etwa dann der Fall, wenn das gleiche Wort an verschiedenen Stellen mit verschiedenen Bedeutungen verwendet wird. Diese Situation macht es notwendig, vor der Anwendung eines Gesetzes zunächst nach der Bedeutung des Begriffes im jeweiligen systematischen Zusammenhang zu fragen, d.h. es wird bei der Rechtsanwendung stets eine Interpretationsphase notwendig.

Aus den gleichen Gründen wie bei dem syntaktischen Aspekt ist diese Situation – trotz der anderweitigen Versuche von Seiten der Rechtsdogmatik – nicht zu rechtfertigen. Das bedeutet, daß in der gesamten Rechtsordnung nach und nach auf eine einheitliche Terminologie hinzuarbeiten ist. Dies kann entweder dadurch geschehen, daß bei neuen Gesetzentwürfen oder Novellierungen für verschiedene Begriffe auch verschiedene Bezeichnungen verwendet werden, oder dadurch, daß – soll in einem Gesetz ein Wort mit einer etwas abweichenden Bedeutung eingeführt werden – die Abweichung durch einen Zusatz klargestellt wird.

Eine Forderung völlig anderer Art, die aber ebenfalls an Vorschriften jeden Typs, also sowohl an Normen als auch an Programme zu richten ist, ist die nach einer klaren **Trennung des normativen Bestandteils** („Rechtsfolgeanordnung") **vom konditionalen Bestandteil** („Tatbestand"). Einzufügen ist hier zunächst, daß die wenigsten Verhaltensvorschriften, u.U. überhaupt keine[14], kategorisch gelten, daß ihre Geltung vielmehr stets an das Vorliegen einer bestimmten Menge von Bedingungen geknüpft sind. Erst wenn festgestellt ist, daß die Bedingung wahr ist, gilt die Rechtsfolgeanordnung. Eine solche Trennung erleichtert einerseits das Verständnis des Rechtssatzes und die Einordnung in den Rechtssatztyp, er erleichtert und ermöglicht u.U. andererseits erst, aus dem Rechtssatz logische Folgerungen zu ziehen. Ist der Rechtssatz nicht so konstruiert, muß er vor einer logischen Operation erst entsprechend umgeformt werden.

Einige Regeln über die Ableitungen aus imperativen Sätzen (und Rechtssätze stellen eine Unterklasse solcher Sätze dar) wurden von Nicholas Rescher[15] entwickelt. Bei einer Standardisierung der Formulierung von Rechtssätzen könnte daher auf seinen Formulierungsvorschlag zurückgegriffen werden, d.h. zunächst der Adressat, dann der normative Bestandteil, schließlich in aussagenlogischer Verknüpfung alle zur Geltung des normativen Bestandteils notwendigen Bedingungen angegeben werden. In allen Rechtssätzen vorkommende Bedingungen könnten dann gleichsam „vor die Klammer gezogen" werden. Zur Bedeutung dieser Forderung ist darauf hinzuweisen, daß eine automatisierte Rechtsanwendung, und erst recht eine automatisierte Einarbeitung von Novellierungen in bereits bestehende Gesetze ohne eine solche Formulierung sehr viel schwieriger zu erreichen ist, da diese Prozesse stets mit der Erzeugung logischer Ableitungen arbeiten werden.

Neben Forderungen wie die eben aufgestellten können nun auch Forderungen angegeben werden, die für die verschiedenen Typen von Rechtssätzen unterschiedlich gelten.

4. Anforderungen an Verhaltensnormen

Wie oben dargelegt, sollen unter „Verhaltensnormen" solche Verhaltensnorschriften verstanden werden, die sich unmittelbar an den Bürger wenden. An-

---

14 Die Antwort auf dieses Problem hängt z.B. davon ab, inwieweit man einen eigenen Rechtssatztypus „Organisationsnormen" anerkennt (vgl. *Adomeit* aaO).

15 vgl. *Nicholas Rescher:* The Logic of Commands. London/New York 1966.

knüpfungspunkt für die Forderung ist, daß durch Normen das Verhalten der Bürger in der Gesellschaft geregelt werden soll. Daraus läßt sich aber unmittelbar eines ableiten: Rechtssätze, die das Verhalten der Bürger selbst regeln sollen, müssen sprachlich so gefaßt sein, daß sie der Bürger sofort – ohne interpretierende Zwischenschaltung eines Fachmanns – verstehen kann, das heißt in Bezug zu seiner jeweiligen Situation bringen und sich entsprechend der Norm verhalten kann[16].

Das bedeutet, daß es bei den an die Bürger gerichteten Normen in erster Linie auf die Herstellbarkeit von Beziehungen zum eigenen Erfahrungsbereich ankommt. Dieser Erfahrungsbereich ist von einem hohen Anteil an faktischem Wissen und Vorstellungen gekennzeichnet. Spezifisch juristische Kategorien sind unbekannt, und wenn sie bekannt sind, werden sie kaum unmittelbar mit dem eigenen Erfahrungsbereich in Kontakt gebracht.

Für die sprachliche Formulierung von Verhaltensnormen hat das zur Folge, daß abstrakte, theoretische Begriffe vermieden, dagegen konkrete, praxisnahe Begriffe bevorzugt werden müssen. Es mag sein, daß damit gewisse Unschärfen in Kauf genommen werden müssen, da sich konkrete Begriffe sehr viel schwerer festlegen lassen als abstrakte. Dieser Nachteil wird aber durch die Effizienzsteigerung des Regelungserfolgs wettgemacht.

Die Formulierung, daß Normen nicht in einer Fachsprache abgefaßt sein sollten, kann zwar verwendet werden, führt aber zu Mißverständnissen: erstens regeln Gesetze heute viele Bereiche, die überhaupt nur in einer (allerdings ebenfalls nicht-juristischen) Fachsprache beschreibbar sind (z.B. EDV-Gesetze, Atomgesetz usw.); zweitens ist es linguistisch sehr fraglich, ob es so etwas wie eine eindeutig feststellbare Umgangssprache überhaupt gibt. Man könnte höchstens von einer „durchschnittlichen Umgangssprache" reden. Selbst daß ein solcher „Durchschnitt" existiert, mag zwar ebenfalls von Linguisten bestritten werden[17]; die Zielsetzung, daß die Rechtsordnung einen bestimmten Regelungserfolg erzielen will, macht es jedoch zumindest nötig, sich an die Semantik der normalen Sprache anzulehnen. Eine eigene „juristische Semantik" ginge für den Bereich der Verhaltensnormen an deren Funktion vorbei.

Aus ökonomischen Gründen kann es allerdings notwendig sein, dennoch bestimmte konkrete, umgangssprachlich nur einzeln aufzählbare Sachverhalts-

---

16 Daß dabei natürlich Voraussetzung ist, daß der Bürger dazu überhaupt bereit ist und die bisher eher abweisende Haltung dem geschriebenen Recht gegenüber aufgibt, soll nicht bestritten werden. Daß eine solche Einstellungsänderung allerdings anzustreben ist, darüber ist man sich wohl allerorten einig.

17 vgl. Paraphrasen juristischer Texte (Hg. *D. Rave, H. Brinckmann, K. Grimmer*). Darmstadt 1971.

komplexe mit einem einheitlichen juristischen Terminus zu bezeichnen („dingliche Rechte")[18]. In einem solchen Fall muß aber jederzeit auch für den Laien die Stelle auffindbar sein, wo dieser juristische Terminus auf Begriffe der normalen Sprache zurückgeführt werden kann.

Sind die Rechtssätze unter Einhaltung dieser Gesichtspunkte formuliert, und berücksichtigt die Gestaltung der Rechtssätze die – mehr formalen – Forderungen nach 3., dann ist es möglich, durch einfache Auflistung für bestimmte Adressatenkreise oder für bestimmte Realitätsbereiche eine vollständige Aufzählung der jeweils geltenden Verhaltensvorschriften zu erstellen. Die deskriptiven Bestandteile ergeben dann zusammengenommen den jeweiligen Gesamtbereich der normierten Verhaltensformen. Eine solche Aufzählung kann bei der Überprüfung der Wirkung des Gesetzes im nach der Formulierung folgenden Stadium der Gesetzesplanung von großem Nutzen sein.

Liegt über den jeweiligen Realitätsbereich hinreichend viel soziologisches und psychologisches Material vor, und ist dieses Material in einem hinreichend komfortablen Informationssystem gespeichert, so kann ein Automat die geplanten Bestimmungen mit dem Material konfrontieren und daraus Folgerungen für die zu erwartende Reaktion der Bevölkerung ziehen. Die Forderung nach einer nicht-juristischen Sprache der Verhaltensnormen wird dabei dadurch gestützt, daß auch die wissenschaftlichen Ergebnisse über Verhaltensformen und -reaktionen in der Gesellschaft immer in einer Protokollsprache ohne juristische Termini formuliert sind.

5. Anforderungen an Entscheidungsprogramme

Ganz anders stellt sich die Situation dar bei den Entscheidungsprogrammen, also den Verhaltensnormen, die sich an eine juristische Entscheidungsinstanz richten, etwa die Entscheidungsregeln der Prozeßordnungen. Hierbei kann man davon ausgehen, daß das Gesetz nur von Fachleuten gehandhabt wird. Hier können technische Begriffe in beliebiger Anzahl eingeführt werden. Die Begriffe müssen lediglich durch Definitionen mit unspezifischen Begriffen verbunden sein, damit jederzeit eine Kontrolle der entscheidenden Instanzen möglich bleibt.

Im Gegensatz zu den Verhaltensnormen, die sich an den einzelnen Bürger richten, ist die Exaktheit wichtiger als die allgemeine Verständlichkeit. Oberstes Gebot ist, daß es eine „non-liquet-Situation" auf keinen Fall geben darf. Bei jedem Schritt eines juristischen Entscheidungsträgers muß es klar sein, welcher Schritt als nächstes folgt. Theoretisch muß etwa auch gekennzeich-

---

18 vgl. zur Bedeutung der Sprachökonomie im Recht *Hans Herbert Keuth*: Zur Logik der Normen. Diss. Mannheim 1969.

net sein, wann ein Entscheidungsträger in Aktion tritt und wann er seine Tätigkeit zu beenden hat (vgl. z.B. § 260 StPO: „Die Hauptverhandlung schließt mit der . . . Verkündung des Urteils.")

Bevor die endgültige Formulierung eines Gesetzes erstellt wird, sollten alle denkbaren Situationen festgehalten werden und geprüft werden, ob die vorgesehene Regelung für alle Fälle eine Entscheidung ermöglicht. Zur Überprüfung der Verständlichkeit der verwendeten Begriffe könnten Tests mit dem Adressatenkreis der Programme, also den Verwaltungsbeamten, durchgeführt werden.

6. Automationsgerechte Gesetzgebung

Die Forderungen, die bisher erhoben wurden, müssen nun unter dem Gesichtspunkt weiter ergänzt werden, daß der Vollzug der Gesetze auf Elektronische Datenverarbeitungsanlagen übertragen werden soll. Diese zusätzlichen Anforderungen an die Formulierung der Gesetzestexte sind in dem Postulat nach einer „automationsgerechten Gesetzgebung" enthalten[19]. Darunter fällt allerdings mehr als die sprachliche Formulierungsproblematik, dazu gehören etwa noch technische oder organisatorische Vorkehrungen wie z.B. die Kompatibilität von Datenträgern oder die Integrationsfreundlichkeit von Aufgabenzuweisungen. Von diesen – inhaltlich orientierten – Problemen soll hier abgesehen werden.

Unter den Anforderungen, die an die Formulierung der Gesetze unter dem Gesichtspunkt der automationsgerechten Gesetzgebung gestellt werden, befinden sich solche, die nicht erst durch den Einsatz von Automaten, sondern schon längst auch unter wissenschaftstheoretischem Gesichtspunkt aktuell waren; dazu gehört etwa die Forderung nach einer Widerspruchslosigkeit der Normen oder der eindeutigen Zuordenbarkeit der Aussageverknüpfungen. Auf diese Forderungen wurde bereits oben eingegangen.

Es bleibt die Gruppe von Forderungen, die spezifische Resultante der Arbeit mit Computern sind. Da der Computer bei jedem Einsatz die Aufgaben eines juristischen Entscheidungsträgers übernimmt und nicht selbst Adressat von Verhaltensnormen sein kann, geht es hierbei zunächst um die Formulierung der Entscheidungsprogramme. Alle Einzelforderungen, die sich dabei ergeben, lassen sich darin zusammenfassen, daß der Computer in der Lage sein muß, die Programme, soweit sie überhaupt simulierbar sind, zu „verstehen". Oder anders: sie müssen in eine Programmiersprache übersetzbar sein.

---

19 vgl. zur Entwicklung des Begriffs „automationsgerechte Gesetzgebung": *Ulrich Klug/ Herbert Fiedler:* Die Berücksichtigung der automatisierten Gesetzesausführung in der Gesetzgebung. In: Deutsche Rentenversicherung 1964. S. 269–276. *Horst Schmitt:* Automationsgerechte Gesetzgebung. In: Der Betrieb 1967, S. 2081–2085. *Malte von Berg:* Automationsgerechte Rechts- und Verwaltungsvorschriften. Köln 1968.

Dies allein genügt allerdings noch nicht. Hinzu kommt, daß die Übersetzung in eine Programmsprache sowie der daran anschließende Verarbeitungsprozeß auch ökonomisch bewältigbar sein muß. Diese Forderung wird in vielen Fällen, zumindest angesichts des heutigen Stands der Technik, noch auf die Forderung nach einer Vereinfachung von Verfahrensvorschriften hinauslaufen, eine Forderung, die auch bei einem „human realisierten" Verfahren nicht von Schaden sein dürfte.

An dieser Stelle ist auch der Vorschlag von Bergs[20] zu nennen, Verfahrensvorschriften gleich so abzufassen, daß sie unmittelbar in ein Flußdiagramm übertragen werden können, bzw. ein solches Flußdiagramm dem Gesetz gleich bei der Verkündigung mitzugeben. Dies hätte den Vorteil, daß gleichzeitig bestimmte technische Normierungen mit eingebracht werden können[20a]

Rechtliche Entscheidungen sind häufig Beurteilungen von Sachverhalten; dies bedeutet meist, daß der rechtliche Entscheider eine Situation so zu beurteilen hat, wie sie der Bürger selbst auch hätte beurteilen müssen bzw. wie er sie beurteilt hat. Das hat zur Folge, daß ein Automat, will er diese Aufgabe übernehmen, ebenfalls die Verhaltensvorschriften „verstehen" muß, die sich an den Bürger selbst richten. So muß z.B. die Untersuchung durchgeführt werden, ob sich ein Bürger verbotswidrig verhalten hat oder ob die Voraussetzung für die Geltung eines bestimmten Gebotes oder Verbotes vorgelegen hat. Das bedeutet aber, daß für diesen Fall die Forderungen der automationsgerechten Gesetzgebung, die an sich nur für die Entscheidungsprogramme gelten, auch auf die Verhaltensnormen übertragen werden müssen.

Dadurch ergeben sich für die Abfassung der Verhaltensnormen weitreichende Konsequenzen. Im Normalfall, wenn Menschen, als Betroffene oder bei der Entscheidung über das Verhalten anderer, mit dem Gesetz konfrontiert werden, können unscharfe Begriffe oder Begriffe, die bestimmte Wertungen implizieren, verwendet werden. Ein Automat ist aber weder zur „Reduktion von Unschärfe" noch zu einer Wertung in der Lage. Dies führt dazu, daß Normen, über die ein Computer zu entscheiden hat, vollständig „konditional" formuliert sein müssen, denn „nur diese konditionale Verknüpfung von gegebenem Tatbestand und zu fällender Entscheidung entspricht im grundsätzlichen den realtechnischen Gegebenheiten, die uns heute durch die Automation zur Verfügung stehen"[21]. Konsequenz daraus ist Grundsatz Nr. 4.1

20 a.a.O. S. 37 ff.

20a Vgl. dazu *Carl-Eugen Eberle/Hansjürgen Garstka:* Soll das Verwaltungsverfahren durch einen bundesweiten PAP determiniert werden? Im Erscheinen.

21 *Schmitt* a.a.O. S. 2084

für das automationsgerechte Abfassen von Vorschriften der Bayerischen Staatsregierung: „Ermessensklauseln, unbestimmte Rechtsbegriffe, wertausfüllungsbedürftige Begriffe und Generalklauseln sind automationshemmend; sie sind daher in Vorschriften, die maschinell vollzogen werden, tunlichst zu vermeiden."

Es ist offensichtlich, daß dadurch Konflikte mit den Interessen der Bürger entstehen können. Bis zu einem bestimmten Umfang können diese Konflikte dadurch vermieden werden, daß nach außen hin ein Begriff der „Umgangssprache" verwendet wird, nach innen hin für den Computer zusätzliche Entscheidungsregeln[22] angegeben werden. Dies entspräche auch dem tatsächlichen Vorgehen der Verwaltung, die nach außen hin zwar nach Rechtsnormen entscheidet, dabei aber zur Interpretation der jeweils vorkommenden Begriffe interne Verwaltungsvorschriften zu Hilfe nimmt.

7. Formalisierung, Logifizierung, Axiomatisierung

Im, aber auch ohne Zusammenhang mit der Rechtsautomation wird gegenwärtig diskutiert, ob eine „Formalisierung" der Rechtssprache erreicht werden kann, und ob sie überhaupt anzustreben ist. Formalisierung bedeutet dabei, je nachdem wie eng man den Begriff faßt, die Darstellung der Gesetze mit Hilfe logischer Symbole [23] oder – weiter – mit Hilfe der Methoden der Logik, der Mathematik, der Kybernetik und der Informatik[24].

Auf den Wert einer Formalisierung zur Aufdeckung logischer Widersprüchlichkeiten wurde oben bereits hingewiesen. Wenn man – mit Steinmüller – die Übersetzung einzelner Rechtssätze in eine Programmiersprache oder die Darstellung von Entscheidungsprogrammen mit Hilfe von Flußdiagrammen als Formalisierung auffaßt, dann ist eine solche Formalisierung für die Übertragung von Entscheidungsaufgaben auf Computer unerläßlich. Allgemein die Forderung zu erheben, daß ganze Gesetze oder gar die ganze Rechtsordnung formalisiert werden müsse, geht allerdings zu weit, da sie den Sinn solcher Unternehmungen aus dem Auge verliert und von bestimmten Grenzen ab nur noch Spielerei ist.

Ähnliches gilt für die Axiomatisierung des Rechts. Eine Axiomatisierung, d.h. Ordnung der einzelnen Rechtssätze in ein Ableitungssystem unter Hervorhebung der ihrerseits nicht abgeleiteten Rechtssätze kann im Stadium der Geset-

---

22 *Adalbert Podlech:* Logische Anforderungen kybernetischer Systeme an ihre Anwendung auf Rechtssätze. In: Betriebsberater 1968, S. 106–111

23 vgl. *Heinz Wagner/Karl Haag:* Die moderne Logik in der Rechtswissenschaft. Bad Homburg etc. 1970. S. 15 f.

24 vgl. *Wilhelm Steinmüller* u.a.: *EDV und Recht. Einführung in die Rechtsinformatik. Berlin 1970. S. 8.*

zesplanung von bestimmtem heuristischen Interesse sein, für eine Automatisierung einzelner Entscheidungsprozesse ist sie nicht notwendig.

Auf die rechts**theoretische** Bedeutung von Axiomatisierungsversuchen hat allerdings von Savigny zu Recht hingewiesen[25]. Ihr Wert liegt in dem wissenschaftlichen Interesse begründet, jedes System von Aussagen, das eine bestimmte Geschlossenheit aufweist, in eine systematische Ordnung zu bringen. Axiomatisierungsversuche haben aber darüber hinaus zwei weniger für die Praxis der Gesetzesplanung als für die Rechtswissenschaft sehr heilsame Folgen: die Juristen werden mit den Rationalitätsstandards der Wissenschaftstheorie konfrontiert und sie erhalten die Möglichkeit, theoretische Aussagen über das Recht auf ihre Bewährung hin zu überprüfen[26]

25 vgl. *Eike von Savigny:* Zur Rolle der deduktiv-axiomatischen Methode in der Rechtswissenschaft. In: Rechtstheorie. Beiträge zur Grundlagendiskussion (hg. von *Werner Maihofer* und *Günther Jahr*). Frankfurt 1971. S. 313–349.

26 vgl. *von Savigny* a.a.O. S. 348 f.

Automatisierte und rationale Strafzumessung

von **Winfried Hassemer**

Zusammenfassung

Lehre und Praxis der Strafzumessung erscheinen als besonders geeignet, Beiträge der Rechtsinformatik als hilfreiche Instrumente rationaler Rechtswissenschaft zu demonstrieren. Die Strafzumessung ist, neben der tatbestandlichen Einordnung des Täterverhaltens, der wichtigste Teil des strafrichterlichen Urteils, wird aber mit Entscheidungskriterien betrieben, die ambivalent und zu einem großen Teil nicht transparent sind; Strafzumessungsentscheidungen sind deshalb derzeit kaum nachprüfbar. Abhilfe kann nur erhofft werden, wenn die möglichen Elemente der Strafzumessungsentscheidung in Entscheidungsmodellen geordnet und dem Strafrichter zur Verfügung gestellt werden. Dokumentation des richterrechtlichen Materials und seine Verarbeitung in einem Dialog-Verfahren bieten sich hier an. Zugleich werden die Grenzen einer automatisierten Strafzumessung, die „rational" bleibt, gezogen und die Gefahren scheinrationaler Entscheidung gezeigt.

Abstract

Theory and practice of sentencing appear to be particularly appropriate to demonstrate the utility of legal information science („Rechtsinformatik") as an instrument of rational administration of the law. The sentence, besides the application of the criminal statute to the facts, is the most important part of the judgment of a criminal court. However, sentences are being issued under ambivalent and, for the most part, subjective criteria and hence are hardly subject to objective control. A change may only be brought about if the possible elements of a criminal sentence are arranged in the form of decision models and put at the disposal of criminal courts. A documentation of case material and its processing in a dialog system suggests itself. But there are limits to such automated sentencing and there exists the danger of pseudo-rational decisions.

Deskriptoren

Dialogverfahren
Dokumentation, juristische –
Entscheidungsrationalität
Rechtswissenschaft, rationale –
Scheinrationalität
Strafzumessung, automatisierte –
Strafzumessung, rationale –
Strafzumessung, Überprüfbarkeit der –

Übersicht

I. Bestimmtheit und Vorhersehbarkeit der Strafzumessungsentscheidung

1. Der Zustand der Strafzumessungslehre

An der Strafzumessung entscheiden sich heute Rechtsstaatlichkeit und gesellschaftliche Bedeutung staatlichen Strafens mit großer Dringlichkeit. Die Strafrechtsdogmatik mag noch so subtile und praktikable Unterscheidungskriterien für die Abgrenzung von Täterschaft und Teilnahme, Diebstahl und Betrug, Versuch und Vollendung entwickeln: Werden sie bei der Zumessung der Strafe wieder eingeebnet – etwa mit der Begründung, der Angeklagte habe nur einen Anspruch auf die Einhaltung des (in der Regel sehr weiten[1]) Strafrahmens[2] –, so haben sie nur in zwei Fällen eine mehr als theoretische Wirkung: Bei der Bestimmung der Grenze zwischen strafbarem und nichtstrafbarem Verhalten und bei der Verurteilung aufgrund eines Tatbestandes mit absoluter Strafandrohung, etwa lebenslanger Freiheitsstrafe[3]. Beidesmal schließt sich der tatbestandlichen Einordnung des Täterverhaltens eine Strafzumessung nicht an, entweder weil freizusprechen ist oder weil das Gesetz durch Androhung der absoluten Strafe eine richterliche Strafzumessung ausschließt.

Die Bedeutung dieser Fälle für die Bestimmtheit und Vorhersehbarkeit strafrechtlicher Reaktionen darf nicht unterschätzt werden. Insbesondere durch die Grenzbestimmung der Strafbarkeit menschlichen Handelns leistet die Dogmatik einen wichtigen und notwendigen Beitrag zu einem rechtsstaatlichen Strafrecht (Art. 103 II GG, § 2 I StGB). Denn hier wird über das Ob strafrechtlicher Reaktion entschieden, hier hat sich das Strafrecht als „Magna

1 Dazu *Baumann*, Strafrecht. Allgemeiner Teil, 5. Aufl., 1968, S. 688.

2 Vgl. etwa *BVerfGE* 4, 7; *BGHSt* 7, 89.

3 Zur Bedeutung der Strafzumessung auch *Eb. Schmidt*, MDR 1956, 768.

Charta" des Verdächtigten zu bewähren, als Garant der Freiheit von staatlicher Bevormundung. Das Ob strafrechtlicher Reaktionen markiert ja die Grenze zwischen dem „Bürger" und dem „Kriminellen"[4].

Für ein aufklärerisch-liberales Rechtsdenken war hier der kritische Punkt der rechtsstaatlichen Begrenzung staatlichen Strafens erreicht. Die Problematik der Strafzumessung (und des Strafvollzugs) wurde, im Gegensatz zur Tatbestandsfassung und Tatbestandsdogmatik, nicht unter Wert-, sondern unter Zweckaspekten gesehen[5]. War die Schuld des Rechtsbrechers erst einmal rechtsstaatlich einwandfrei festgestellt, so durften bei Beantwortung der Frage, was mit ihm zu geschehen habe, grobere Maßkriterien Anwendung finden.

Eine Änderung dieser Sichtweise bahnte sich an, als der Täter mehr in den Mittelpunkt des strafrechtlichen Interesses trat. Franz v.Liszt und Durkheim, Kriminologie und insbesondere Kriminalsoziologie waren die Wegbereiter eines Denkens, das den Verbrecher nicht mehr als „den anderen" abqualifizierte, sondern sein Handeln in gesellschaftliche Aktionsmodelle einzuordnen versuchte[6] und vor allem die Aufmerksamkeit darauf lenkte, daß der Rechtsbrecher einen Anspruch darauf hat, in seinen Rechtsgütern Freiheit und Vermögen nicht über Gebühr beeinträchtigt zu werden. Dies bedeutete die Forderung nach einer Verschärfung der Richtigkeitsbedingungen des Strafurteils, das sich jetzt auch an Kriterien der Strafzumessung messen lassen sollte. Im Zuge dieser Entwicklung verlangt etwa der 1950 neu gefaßte § 267 III 1 StPO zwingend, daß die Urteilsgründe die tragenden Strafzumessungserwägungen anführen[7]. Auch die Wissenschaft sieht die Strafzumessung zunehmend unter den rechtsstaatlichen Anforderungen an Bestimmtheit und Vorhersehbarkeit des Urteils[8]. Aufgeschreckt durch Berichte über eklatante Unterschiede in der Strafzumessung, vor allem bei Verkehrsdelikten, scheint sich nun auch die Öffentlichkeit für diese Problematik stärker zu interessieren als bisher.

Dieses Interesse an einer Verwissenschaftlichung, an einer Transparenz der Strafzumessungsentscheidung trifft auf eine Urteilspraxis, die sich bisher als weitgehend immun erwiesen hat gegenüber Versuchen einer Strukturierung

---

4 Vgl. auch *Bruns*, Strafzumessungsrecht. Allgemeiner Teil, 1967, S. 18.

5 Siehe etwa die Darstellung der *Feuerbach*schen Straf- und Strafzumessungstheorie bei *Eb. Schmidt*, Einführung in die Geschichte der deutschen Strafrechtspflege, 3. Aufl., 1965, S. 238 ff., 246.

6 Siehe etwa *Kaiser*, Kriminologie. Eine Einführung in die Grundlagen, 1971, S. 22 f.; auch *Lange*, Das Rätsel Kriminalität. Was wissen wir vom Verbrechen? Wege und Irrwege der Kriminologie, 1970, S. 22 f., 50 f., 262 f., 299 u.ö.

7 Hierzu *Bruns*, Strafzumessungsrecht, S. 189 ff.

8 Vgl. etwa *Baumann*, ZStW 70 (1958), 239 ff.

oder Entscheidungsplanung. Über den desolaten Zustand der Strafzumessungslehre braucht man angesichts der zahlreichen übereinstimmenden Klagen aus Wissenschaft und Praxis kaum Worte zu verlieren[9]. Der Gesetzgeber hat zu Strafzumessungsumständen und -erwägungen bisher entweder geschwiegen oder, wie in dem erst kürzlich eingefügten § 13 n.F. StGB, lediglich allgemeine Grundsätze formuliert (von besonderer Bedeutung ist dabei, daß er die zu würdigenden Umstände – etwa Beweggründe, Ziele oder Gesinnung des Täters, dessen Vorleben etc. – nicht in eine strukturierte Ordnung bringt, sondern sie beziehungslos und exemplarisch aufzählt); damit ist nicht mehr gewonnen als eine gesetzliche Sanktionierung der allgemeinsten Argumentstellen, welche die Rechtsprechung bislang entwickelt hatte.

Das Schweigen des Gesetzgebers zu den Grundsätzen der Strafzumessung hatte zur Folge, daß sich ein strukturiertes Richterrecht nicht bilden konnte, das eine Ordnung in die Vielfalt der teilweise widersprüchlichen Argumente gebracht hätte: Es gab keine Norm, mit der sich die Rechtsprechung hätte konkret auseinandersetzen können, es gab keine Gesetzesbegriffe, an die sich eine kontinuierliche – und etwa durch Kommentare, Lehrbücher oder Entscheidungssammlungen tradierbare – Auslegung hätte anschließen können. Diese Kalamität wurde noch verstärkt durch die allgemeine Übung, vor allem die Ausführungen der Strafurteile zum Sachverhalt und zur tatbestandlichen Einordnung des Täterverhaltens in den juristischen Publikationsorganen abzudrucken, in der Regel aber nicht die Strafzumessungserwägungen des Gerichts. Eine wissenschaftliche Strafzumessungslehre steht deshalb zuerst einmal vor der Aufgabe, die Argumente und Argumentstellen, welche die Rechtsprechung angesammelt hat, aufzufinden und sie in eine durchsichtige Ordnung zu bringen. Erst danach kann man daran denken, die Argumente auf grundlegende Prinzipien (etwa die verfolgten Strafziele) zurückzuführen und diese Prinzipien sowie ihren Zusammenhang mit Strafzumessungserwägungen einer kritischen Analyse zu unterziehen.

Ein zweiter wichtiger Grund für den ungenügenden Entwicklungsstand der Strafzumessungslehre liegt in der Ausbildung der Strafrichter. Was in vielen Strafurteilen ungleich wichtiger ist als die tatbestandliche Qualifizierung des Täterverhaltens, lernt der Student nicht und der Referendar nur unsystematisch und nebenbei, nämlich nach den Kategorien und Aspekten, unter denen sein Ausbilder selber Strafzumessung betreibt. Eine Besserung dieser Situation würde nicht nur erfordern, daß der junge Strafjurist über eine Struktur der Strafzumessungserwägungen, ein mögliches Hierarchiemodell der Argumente orientiert wird; soll seine spätere Strafzumessungspraxis wissenschaftlichen Ansprüchen genügen, müßte er auch die Handlungsmechanismen durch-

9 Vgl. dazu *Bruns*, Strafzumessungsrecht, S. 7 ff. („Die Rückständigkeit der Strafzumessungslehre"), mit weiteren Nachweisen.

schauen lernen, denen der strafzumessende Richter unterliegt: Vorverständnis, Einstellungs- und Sozialisationsbedingungen, unreflektierte Strafziel- und Strafwirkungsvorstellungen.

2. Ansätze zu einer Strafzumessungsdogmatik

Angesichts des Interesses an einer möglichst durchsichtigen und nachprüfbaren Strafzumessung und angesichts des unbefriedigenden Zustands einer Strafzumessungslehre verwundert es nicht, wenn sich die Bemühungen um eine Verwissenschaftlichung dieser Praxis in jüngster Zeit deutlich intensiviert haben. Einigkeit besteht im Ziel: die Strafzumessungsentscheidung von Irrationalismen und verdeckten Entscheidungsgründen zu reinigen, ein Modell der Strafzumessung zu entwickeln, das den Entscheidungsargumenten eine Systemposition zuweist und ihre jeweilige Verwendung damit in höherem Maße als bisher überprüfbar macht. Die Überprüfbarkeit der Entscheidung ist ja nicht nur für das Rechtsmittelgericht bedeutsam, sondern viel grundlegender schon für die Glaubwürdigkeit der Strafjustiz in der Öffentlichkeit.

Die Mittel, dieses Ziel zu erreichen, sind jeweils verschieden. So hat es Hans-Jürgen Bruns 1967 in seinem Allgemeinen Teil eines Strafzumessungsrechts unternommen, die unaufgearbeitete Praxis der Strafzumessung zu sichten, die Strafzumessungserwägungen zu systematisieren, sie auf Grundprinzipien zurückzuführen und sie von da her kritisch zu würdigen. Damit war eine Dogmatik der Strafzumessung vorbereitet[10].

Unter dem insofern etwas irreführenden Titel „Ideologie und Fakten in der Rechtsprechung. Eine soziologische Untersuchung über das Urteil im Strafprozeß"[11] unternehmen auch Karl-Dieter Opp und Rüdiger Peuckert eine kritische Analyse der Strafzumessungsentscheidung. Ihr Material sind knapp 300 Stellungnahmen bayerischer Strafrichter zu Strafhöhe und Strafbegründung in vorgegebenen Fällen. Mit Methoden der empirischen Sozialwissenschaften haben die Autoren den Zusammenhang der Strafzumessungsentscheidung mit Strafzielen, autoritärer Einstellung oder religiöser Haltung des Strafrichters untersucht. Damit sind spezifizierte Hinweise auf Vorverständnis des Urteilenden und unreflektierte Entscheidungsmechanismen bereitgestellt, die – nach Vor-

---

10 An Grundlagenliteratur nach 1945 sind insbesondere zu nennen: *Dreher*, Über die gerechte Strafe, 1947; *Spendel*, Zur Lehre vom Strafmaß, 1954; *Jagusch*, Die Praxis der Strafzumessung, 1956 (Sonderdruck aus dem Leipziger Kommentar); *Warda*, Dogmatische Grundlagen des richterlichen Ermessens im Strafrecht, 1962. Vgl. ansonsten den Überblick zur Strafzumessungsliteratur bei *Bruns*, Strafzumessungsrecht, S. 89 ff.

11 Erschienen 1971, teilweise vorveröffentlicht.

arbeiten der Rechtstheorie zur Bedingtheit richterlichen Urteilens[12] – Grundlage einer konkreten Analyse der Entscheidungssituation bei der Feststellung der zumessungsrelevanten Faktoren und ihrer Würdigung sein können.

Daß die in diesen beiden Arbeiten exemplarisch repräsentierten Ansätze notwendige Vorbedingungen zur Begründung einer strukturierten dogmatischen Strafzumessungslehre und einer verbesserten Strafzumessungspraxis realisieren, dürfte außer Zweifel sein – wobei dahinsteht, wieviele und welche Schritte in der angegebenen Richtung noch getan werden müssen.

II. Beiträge der Rechtsinformatik

Nicht so eindeutig ist auf den ersten Blick das Urteil über den Wert einer Hilfestellung für Strafzumessungslehre und -praxis, wenn es um Beiträge der „Rechtsinformatik"[13] geht. Zuerst einmal wird unter diesem Wort sehr Verschiedenes begriffen; zum zweiten muß man sich, soweit es um die Verwendung formaler Methoden in der Strafzumessungsentscheidung geht, mit einem hier weit verbreiteten Vorurteil auseinandersetzen, wonach vorzüglich auf diesem Gebiet der Strafrechtspflege ein nicht weiter aufschlüsselbares und der Nachprüfung deshalb entzogenes richterliches Ermessen seinen Platz habe.

Zwei mögliche Beiträge dessen, was man heute unter dem Begriff „Rechtsinformatik" zusammenfaßt, zu einer verbesserten Strafzumessung sind sichtbar: der eine ist die automatisierte Dokumentation juristischer Texte mithilfe von Computern, der andere besteht in der Bereitstellung und Ausarbeitung entscheidungstheoretischer Modelle bzw. programmierter Entscheidungshilfen.

1. Automatisierte Strafzumessungsdokumentation

Ein Vorteil automatisierter Dokumentation liegt nach dem, was gerade über den Stand der Strafzumessungslehre gesagt wurde, auf der Hand. Können Strafurteile in großer Zahl gespeichert und die gespeicherten Daten schnell und gezielt wieder abgerufen werden, so wird dadurch die Sammlung der von der Rechtsprechung verwendeten Strafzumessungsargumentationen wesentlich erleichtert. Dies aber nur unter zwei Voraussetzungen: Zum einen müssen, anders als herkömmlich, die Urteilsgründe zur Strafzumessung ebenso vollständig eingegeben werden wie die zur tatbestandlichen Qualifizierung des Täterverhaltens. Zum andern wird der Sachverhalt, der bei der bisherigen Form der Dokumentation von Strafurteilen in Zeitschriften und Entschei-

---

12 Grundlegend jetzt *Esser*, Vorverständnis und Methodenwahl in der Rechtsfindung. Rationalitätsgarantien der richterlichen Entscheidungspraxis, 1970.

13 Zu diesem Begriff: *Steinmüller* u.a.: EDV und Recht. Einführung in die Rechtsinformatik, 1970, S. 5 und ff., 30 f.

dungssammlungen nur eine untergeordnete Rolle spielt (er wird – bei dem bisherigen Informationsinteresse durchaus sinnvoll – „zurechtgeschnitten" bis auf ein Konstrukt, das die empirische Basis für die juristisch qualifizierenden Ausführungen des Urteils abgeben kann), stärker berücksichtigt werden müssen. Dies deshalb, weil die Strafzumessung Tat- und Tätermerkmale individualisierend verarbeiten muß[14]. Die Feststellungen zu Ausführung und Folgen der Tat sowie zur Täterpersönlichkeit sind wesentliche Basis jeder Strafzumessungsargumentation. Deshalb muß dringend vor Plänen gewarnt werden, Strafurteile nur in der bisher üblichen Kurzform, oder gar noch weiter schematisiert, aufzunehmen. Die Monopolstellung für den Informationsfluß im juristischen Bereich, die eine zentrale Datenbank bald einnehmen dürfte, würde die Strafzumessungslehre im Vergleich zur Tatbestandsdogmatik dann noch weiter benachteiligen, wenn sie Strafzumessungsargumentationen und deren Basis im Sachverhalt im wesentlichen eleminiert.

Da man davon ausgehen muß, daß eine zentrale juristische Datenbank nicht nur die Informationen, sondern mit ihnen auch das wissenschaftliche Interesse der Praxis – und teilweise wohl auch der Lehre – ungleich wirksamer steuern wird als die heute etablierten fachlichen Publikations- und Informationsmedien, ist das Problem der Strafzumessungsdokumentation dringend. Hinweise auf Kosten und Speicherkapazität dürfen nicht dazu führen, daß dieser Bereich weiter vernachlässigt und damit auf seinem vorwissenschaftlichen Entwicklungsstadium praktisch eingefroren wird, während sich andere Bereiche der Rechtspflege und -wissenschaft mithilfe der automatisierten Dokumentation weiter spezifizierend ausbilden.

a) Suchstrategien und Deskriptoren

Trotz einer relativ schlecht ausgebauten Strafzumessungslehre dürften die Probleme einer Strafzumessungsdokumentation nicht schwieriger lösbar sein als die der juristischen Textdokumentation überhaupt. Diese Probleme liegen vorzugsweise bei der Informationswiedergewinnung, also bei der Frage, mit welchen Mitteln die eingegebenen Texte so verarbeitet und strukturiert werden können, daß sie schnell und vollständig abrufbar sind.

Da die Strafzumessungslehre nicht wie eine dogmatische Tatbestandslehre nach Paragraphen, Absätzen, Sätzen und Wörtern systematisiert ist, kann der Richter hier allerdings nicht so gezielt abfragen[15], wie ihm das etwa bei einer Suche nach Literaturstellen unter § 50 II n.F. StGB („persönliche Merkmale", „strafbegründend") möglich wäre. Was unter § 823 I BGB als

---

14 Vgl. *Henkel,* in: Festschrift für Heinrich Lange, 1970, S. 185 f., mit Hinweis auf *Engisch* und *Würtenberger.*

15 Siehe dazu *Haft,* Elektronische Datenverarbeitung im Recht. Ein Überblick, 1970, S. 112.

„sonstiges Recht" oder unter § 823 II BGB als „Schutzgesetz" qualifiziert und so dokumentiert worden ist, kann unter dem vom Gesetz selbst bereitgestellten Aspekt eingegeben und auch wieder abgerufen werden. In der Strafzumessungslehre existiert ein solches System nicht. Hier kommt es darauf an, nicht Daten zu genau bestimmbaren Gesetzesteilen, sondern zu Problemen und Problemteilen aufzufinden.

Es muß allerdings darauf hingewiesen werden, daß die Dokumentation von Daten zur Tatbestandsdogmatik im Regelfall nicht so problemlos möglich ist, wie dies gerade im Grundsatz geschildert wurde. Weder lassen sich alle eingegebenen Daten den vorhandenen Gesetzen und Gesetzesbegriffen so eindeutig zuordnen, noch kann man sich bei der zu erwartenden Menge zu speichernder Texte – gar wenn auch die Rechtsprechung der Untergerichte mit aufgenommen und eine „Rückwärtsdokumentation" bereits früher veröffentlichter Texte realisiert wird – allein auf derart grobe Spezialisierungen stützen, wie sie das Gesetz zur Verfügung stellt. Auch für die Dokumentation juristischer Texte ohne Strafzumessungserwägungen wird sich das Problem der Informationswiedergewinnung nur dann lösen lassen, wenn brauchbare Texterkennungskriterien entwickelt werden können. Die Tatsache, daß Daten aus dem Bereich der Strafzumessung nicht nach der Systematik eines vorhandenen Gesetzes dokumentiert werden können, bedeutet also keine zusätzliche Komplizierung des Dokumentationsproblems.

Gleichgültig, welche Dokumentationsverfahren[16] gewählt werden: Der Komplex der Strafzumessung eignet sich nicht schlechter, wahrscheinlich sogar besser, als andere Bereiche der Rechtswissenschaft und -praxis zur Textspeicherung. Für statistisch orientierte Verfahren[17] spielt der Entwicklungsstand der Strafzumessungsdogmatik deshalb keine Rolle, weil sämtliche Texte maschinell ausgewertet werden müssen; hier könnte eine strukturierte Dogmatik sowieso keine Hilfe leisten. Der Thesaurus wird anhand der gespeicherten Texte – und nicht nach gesetzlichen oder dogmatischen Ordnungskriterien – vom Rechner nach formalen Häufigkeits- und Verknüpfungsgesichtspunkten erstellt.

Nur scheinbar anders stellt sich das Problem bei den Verfahren, die einen umfangreicheren Einsatz menschlicher Fachkenntnis vorsehen, also nicht auf formalen, sondern sachorientierten Strukturmethoden basieren. Hier können ein Gesetz und eine leistungsfähige Dogmatik auf den ersten Blick freilich wertvolle Dienste leisten, weil sie eine Vorstrukturierung des Stoffs zur Verfügung stellen. Aber nur auf den ersten Blick. Denn für den Aufbau von

16 Vgl. den Überblick bei *Haft*, Elektronische Datenverarbeitung im Recht, S. 121 ff.; *Steinmüller*, EDV und Recht, S. 45 ff.

17 *Haft*, aaO S. 151 ff., 157 ff., stellt Versuche der George Washington University und der American Bar Foundation vor.

Spezifizierungs- und Suchstrategien innerhalb der Textdokumentation kommt es weniger auf dogmatische und gesetzliche Hierarchiemodelle an als auf die Problemorientierung des Suchverfahrens. Beides ist nicht dasselbe. Der Jurist, insbesondere wenn er von einem Fall her fragt, geht nicht von einer ihm schon bekannten Begriffshierarchie aus, sondern sucht ähnliche Fälle, deren Entscheidung er abfragen kann. Deshalb gehen die Suchverfahren auch darauf aus, das juristische Problemlösungsverhalten zu erforschen und ihm möglichst weit entgegenzukommen, und nicht, eine (gesetzliche oder dogmatische) Systematik nachzukonstruieren[18].

Suchstrategien sind nicht system-, sondern problemorientiert, gleichgültig, ob sie – soweit sie nicht auf statistischer Basis konzipiert sind – mit Deskriptoren oder mit Problemverknüpfungen bzw. -zusammenhängen arbeiten. Ihre Grundlage sind weniger Wortsysteme, Worthierarchien als Wortfelder. Deskriptoren und problembeschreibende Wörter gibt es in der Strafzumessungslehre in großer Zahl (was fehlt, ist ein Hierarchiemodell dieser Begriffe, eine Theorie, die ihnen ihren Standort zuweist und Konflikte entscheidet, Antinomien löst). Man braucht nur einen Kommentar zu Rate zu ziehen, der die Strafzumessungsrechtsprechung der obersten Gerichte annähernd repräsentiert (soweit sie veröffentlicht ist), um eine Fülle leistungsfähiger Deskriptoren aufzufinden[19].

Unter die programmatischen Gruppierungen, die § 13 II n.F. StGB aus der Strafzumessungsrechtsprechung destilliert hat (Beweggründe und Ziele des Täters; Gesinnung und bei der Tat aufgewendeter Wille; Maß der Pflichtwidrigkeit; Art der Ausführung; verschuldete Auswirkungen der Tat; Vorleben des Täters; persönliche und wirtschaftliche Verhältnisse; Verhalten des Täters nach der Tat, besonders sein Bemühen um Wiedergutmachung des Schadens) lassen sich zahlreiche abgrenzbare Falltypen einordnen, die wiederum spezifizierbar sind. Das Problem, das sich dem Richter dann stellt: nämlich die Typen nach ihrer Schwere zu bewerten und sie im Für und Wider gegeneinander abzuwägen (hier liegt die Crux der Strafzumessungslehre), gehört nicht mehr zum Bereich der automatisierten Dokumentation juristischer Texte. Die Dokumentation kann eine Lösung dieses Problems nur dadurch vorbereiten und erleichtern, daß sie das relevante Bewertungsmaterial möglichst vollständig zur Verfügung stellt. Daraus, daß dieses Problem noch weitgehend ungelöst ist, ergibt sich jedenfalls keine Komplizierung für das Vorhaben einer Strafzumessungsdokumentation.

---

18 Vgl. *Steinmüller,* EDV und Recht, S. 47, insbesondere zum Issue-Verfahren; *Kerkau,* Automatische Datenverarbeitung (ADV). Kybernetik in Rechtswissenschaft und Praxis, 1970, S. 26 ff.

19 Etwa *Dreher,* StGB, 32. Aufl., 1970, § 13 Anm. 5 ff.; *Jagusch*, in: Leipziger Kommentar, 8. Aufl., 1957, vor § 13 Anm. B III ff.; *Schönke-Schröder,* StGB, 16. Aufl., 1972, § 13 Rdnrn. 7 ff., 14 ff. Auch das Lehrbuch von *Maurach,* Deutsches Strafrecht. Allgemeiner Teil, 4. Aufl., 1971, S. 844 ff.

b) Falltyp „Verhalten des Täters nach der Tat" als Beispiel

Um die Eignung der Strafzumessungslehre für eine automatisierte Dokumentation darzutun, soll der Falltyp „Verhalten des Täters nach der Tat" herausgegriffen werden. Dabei ist sofort darauf aufmerksam zu machen, daß Strafzumessungslehre und -praxis diesen vom Gesetz exemplarisch genannten Typ bereits erweitert haben (auf „Umstände" nach der Tat, welche die Strafzumessung beeinflussen, mit dem Täterverhalten aber nichts zu tun haben). Folgende Untertypen haben Rechtsprechung und Lehre herausgearbeitet, die hier ohne systematische Ordnung und ohne Anspruch auf Vollständigkeit vorgestellt werden[20].

Längerer Zeitablauf seit der Tat (+)
Längerer Zeitablauf seit der Tat, wenn die Tat wegen Behinderung der Rechtspflege nicht verfolgt werden konnte (o)
Verzeihung durch den Verletzten oder dessen Angehörige (+)
Ernsthafte, nachhaltige und praktisch betätigte Reue (+)
Abbitte gegenüber dem Verletzten oder dessen Angehörigen (+)
Widerruf einer Beleidigung (+)
Ersatz von Sachschaden (+)
Verhinderung einer Wiedergutmachung des Schadens (–)
Selbstanzeige des Täters (+)
Aufdeckung oder Verhinderung eines geplanten Delikts durch den reuigen Mitwisser (+)
Freiwillige Kastration nach einem Sexualdelikt (+)
Unterlassen eines solchen Eingriffs (o)
Reuelosigkeit beim Überzeugungstäter (o)
Geständnis (?)
Geständnis aus Schuldeinsicht, Wahrhaftigkeit (+)
Geständnis aus Prozeßtaktik (–, o)
Geständnis, um anderes Delikt zu vertuschen (–)
Geständnis, um die Rechtsfeindschaft des Gestehenden zu unterstreichen (–)
„Hartnäckiges" Leugnen (o, –)
Leugnen aus Uneinsichtigkeit (o)
Leugnen aus Uneinsichtigkeit, wenn sich aus diesem Prozeßverhalten die Ge-

20 Dabei bedeuten (+): „spricht zugunsten des Täters"; (–): „spricht zuungunsten des Täters"; (?): „ist ambivalent"; (o): „Ist unerheblich".

Zu beachten ist weiterhin, daß es sich hier um *Steigerungsbegriffe* handelt (vgl. *Baumann*, Strafrecht. Allgemeiner Teil, S. 681 f.). So wirken Zeitablauf seit der Tat und Wiedergutmachung der Tatfolgen durch den Täter nicht nur dem Grundsatz nach strafmildernd, sondern sie wirken umso nachhaltiger, je mehr Zeit verstrichen ist bzw. je größer der Anteil der ausgeglichenen Tatfolgen im Verhältnis zu den nicht ausgeglichenen, aber ausgleichbaren ist – und vice versa bei strafschärfenden Umständen.

fahr künftiger Rechtsbrüche schließen läßt (–)
Zeugenbeeinflussung (–)
Falsche Belastung Unschuldiger (–)
Begehen weiterer Delikte ähnlicher Art nach der Tat (o, –)

Auf einer solchen problemorientierten Vorstrukturierung könnte eine Suchstrategie aufgebaut werden, sowohl mit Deskriptoren als auch mit Problemanalogien oder mit der Methode des Falltypenvergleichs[21]. Freilich sind dazu noch umfangreiche Vorarbeiten vonnöten. Worauf es ankommt, ist, daß – trotz aller Vorbehalte – eine Strafzumessungsdokumentation nicht komplizierter sein dürfte als die Dokumentation von Texten aus anderen Bereichen des Rechts und daß die Strafzumessung unverzichtbarer Bestandteil einer Dokumentation juristischer Daten ist, wenn die Einrichtung zentraler juristischer Datenbanken nicht eine Zementierung und gar Verschlimmerung des Verhältnisses zwischen wissenschaftlicher Tatbestandsdogmatik und vorwissenschaftlicher Strafzumessung bedeuten soll[22].

c) Verbesserung der Strafzumessungsargumentation

Ein letzter Gesichtspunkt zugunsten einer Strafzumessungsdokumentation sei noch kurz angedeutet. Er betrifft die Argumentationsstruktur bei der Strafzumessung. Im Gegensatz zu den Urteilsgründen zur tatbestandlichen Qualifizierung des Täterverhaltens beschränken sich die Strafzumessungserwägungen meist auf eine einfache und nichtssagende „Einerseits-andererseits-Formel", etwa nach dem Muster: „Dem Angeklagten war zwar zugutezuhalten, daß . . . Hingegen war jedoch strafschärfend zu berücksichtigen, daß . . . Demnach erscheint eine Strafe von . . . als notwendig, aber auch ausreichend, um . . .". Solche Sätze informieren lediglich darüber, daß das Gericht entweder Strafzumessungserwägungen nicht angestellt hat oder sie nicht mitteilen will. Solchen Urteilsgründen fehlt nämlich die Mitteilung darüber, wie das Gericht die Umstände zugunsten und die zuungunsten des Angeklagten – die es mitteilt – bewertet hat, wie der Prozeß des „Gegeneinander-Abwägens"[23] verlaufen ist und warum angesichts dieser Abwägung gerade dieser Strafausspruch gefällt wurde. **Daß** Umstände vorhanden waren, die entweder für oder gegen den Angeklagten sprechen, reicht als Urteilsbegründung nicht aus. Daran ändert auch nichts der – übrigens oft auch weggelassene – lapidare Hinweis auf die verfolgten Strafziele im „Um"-Satz der obigen Formel, da er nicht in eine Beziehung zu den genannten Strafzumessungsumständen ge-

21 Dazu *Haft* und *Müller-Krumbhaar*, Juristische Arbeitsblätter 1970, 566 ff.

22 Vgl. auch die Kritik von *Zielinski* an den Plänen für eine juristische Bundesdatenbank, JZ 1971, 409 ff.

23 § 13 II 1 n.F. StGB schreibt vor, daß das Gericht die Umstände, die für und gegen den Täter sprechen, gegeneinander abzuwägen hat.

bracht wird und infolgedessen nicht darüber informiert, **in welcher Weise** das verfolgte Strafziel auf eine allfällige richterliche Wertung dieser Umstände eingewirkt haben könnte.

Die geschilderte Argumentationsweise ist sicherlich teilweise darin begründet, daß das Gericht aufgrund unseres Revisionsrechts[24] wohl bei der tatbestandlichen Qualifizierung des Täterverhaltens, kaum aber bei der Strafzumessung gewärtig sein muß, daß das Urteil wegen materiell-rechtlicher Fehler kassiert wird. Strafzumessungserwägungen sind in der Regel schon dann revisionssicher, wenn sie schlüssig, d.h. widerspruchsfrei sind. Die Chance der Schlüssigkeit in diesem Verständnis ist umso höher, je weniger sich das Gericht auf konkrete Argumentation einläßt, sich also auf plakative Sätze beschränkt.

Zum andern dürfte die Güte der Strafzumessungsargumentation auch von der herrschenden Rechtstheorie negativ beeinflußt sein, die in der Strafzumessung die Domäne des strafrichterlichen Ermessens sieht, das unter einer grossen Zahl von Entscheidungsmöglichkeiten die richtige herausfinden muß, ohne diese Wahl nun bis ins letzte begründen zu können[25]. Diese Theorie ist eine Funktion des Entwicklungsstandes der Strafzumessungslehre: Je weniger Richtigkeitskriterien Gesetz und Wissenschaft der richterlichen Entscheidung zur Verfügung stellen können, desto eher muß diese Entscheidung auf nicht weiter verifizierbaren Ermessensgründen beruhen. Die Theorie vom Ermessensbereich des Gerichts – sie beschreibt die Entscheidungssituation des Richters angesichts des Standes der Strafzumessungslehre sicherlich richtig – hat aber noch eine weitere, argumentationspsychologische Konsequenz: Der zur Ermessensentscheidung aufgeforderte Richter wird – noch dazu, wenn ihn die Theorie mit besonderem Nachdruck auf die Beachtung der „Umstände des Einzelfalls" verweist – weniger geneigt sein, die tradierte Strafzumessungsrechtsprechung zur Kenntnis zu nehmen und für seinen Fall aufzuarbeiten, als wenn ihn die Theorie zur „Subsumtion" (d.h. zur Unterordnung des Falls unter den Gesetzeswortlaut, unter Beachtung der Auslegungstradition der Rechtsprechung) auffordert. Er wird sich dann vielmehr auf den „Einzelfall" beschränken, die bereits vorstrukturierten Zumessungs-Falltypen beiseite lassen und so dürftig argumentieren, wie dies gerade modellhaft geschildert wurde.

Hier kann eine Strafzumessungsdokumentation wirksam abhelfen. Werden dem Richter relativ vollständig Zumessungs-Falltypen dokumentiert, die dem von ihm zu entscheidenden Fall ähnlich sind, so wird er gezwungen sein, zu diesen Falltypen argumentativ Stellung zu nehmen und seine Entscheidung von ihnen abzusetzen. Die Berufung auf die „besonderen Um-

---

24 Dazu ausführlich *Bruns*, Strafzumessungsrecht, S. 559 ff.

25 Vgl. etwa *Schönke-Schröder*, StGB, § 13 Rdnr. 9; *Bruns*, Strafzumessungsrecht, S. 64 ff. mit weiteren Nachweisen.

stände des Einzelfalls" verschlägt nur so lange als Argumentationsersatz, als nicht Kriterien vorliegen, an denen diese „besonderen Umstände" gemessen und bewertet werden müssen. Angesichts der vielfältigen (wenn auch untereinander systematisch unaufgearbeiteten) Deskriptoren und Falltypen der Strafzumessung ist die heutige Strafzumessungsargumentation die Folge mangelnder Information des zumessenden Richters. Es darf erwartet werden, daß diese Argumentation konkreter und sachhaltiger wird, wenn man den Richter gezielt mit den Ergebnissen der Strafzumessungsrechtsprechung (und -lehre) konfrontiert.

Automatisierte Strafzumessungsdokumentation wird zuerst einmal nicht mehr leisten, als vorhandene Daten schneller, sicherer und vollständiger als bisher zur Verfügung zu stellen. Das ist in der aktuellen Situation der Strafzumessung bereits sehr viel. Dokumentation „entdeckt" zwar nicht, sondern beschränkt sich unmittelbar auf die Vermittlung dessen, was eigentlich schon hätte bekannt sein können, wahrscheinlich aber nicht bekannt ist. Ihre mittelbaren Wirkungen gehen darüber jedoch weit hinaus. Wie auch auf anderen Gebieten, in denen automatisch dokumentiert wird[26], kann dieser Beitrag der Rechtsinformatik hier zu „Entdeckungen" anregen, ja er ist wohl gar notwendige Bedingung solcher Verwissenschaftlichung der Strafzumessung.

Strafzumessungsdokumentation kann wohl die Strafzumessungslehre unterstützen und anregen, dem Richter eine konkrete Zumessungsargumentation ermöglichen und sein Urteil dann auch an den Kriterien konkreter Argumentation messen lassen, einen unmittelbaren Einfluß auf die Entscheidung hat sie jedoch nicht; sie bleibt „Anreger". Teilgebiete der Rechtsinformatik sind darüber hinaus möglicherweise imstande, die Strafzumessungsentscheidung unmittelbar zu beeinflussen oder sie gar teilweise durch formalisierte Operationen zu ersetzen.

2. Strafzumessung mit formalisierten Entscheidungsmodellen

a) Ziele und Restriktionen im Strafsystem

Als Weg zu einer „rationalen" Strafzumessung hat Karl Haag die Anwendung von Entscheidungsmodellen der Operations Research vorgeschlagen[27]. Diese in der Unternehmensforschung entwickelte Entscheidungstheorie bietet sich ihm für die Strafzumessung deshalb an, weil es hier wie dort um Optimierungsprobleme vorgegebener Systemziele im Rahmen vorgegebener Systemrestriktionen geht. So soll nach diesem Erklärungsmodell die Strafzumessung im sozialen System Strafrichter – Straffälliger – Strafvollzug – so-

26 Siehe *Haft*, Elektronische Datenverarbeitung im Recht, S. 107 f.

27 *Haag*, Rationale Strafzumessung. Ein entscheidungstheoretisches Modell der strafrichterlichen Entscheidung, 1970.

ziale Umwelt (Gesellschaft) Systemlenkungsmaßnahmen, nämlich Strafen, einleiten, mit deren Hilfe ein bestimmter sozialer Zustand verwirklicht werden soll. Die Bedingungen dieses Zustands sind durch die Strafziele (etwa Vergeltung, Sühne, Besserung des Verurteilten, Abschreckung potentieller Täter, Genugtuung des Verletzten, Ausgleich des erschütterten Rechtsvertrauens der Allgemeinheit, Vermeidung einer übermäßigen Belastung des Täters, Vermeidung sozialen Drittschadens, Vermeidung von Verfahrens- und Vollstreckungskosten) definiert[28].

Die Strafziele – und hier entsteht das Optimierungsproblem – sind partiell antinomisch, da sie verschiedene Lenkungsmaßnahmen fordern können: Eine tatschuldvergeltende Strafe kann nach Art und Höhe verschieden sein von der Strafreaktion, die eine Besserung des Verurteilten erreichen will, und zwar deshalb, weil beide erstrebten Zustände verschieden definiert sind (Tatschuldausgleich – Anpassung des Delinquenten an rechtliche Verhaltensnormen) und die Bedingungen ihrer Verwirklichung nicht übereinstimmen (etwa relativ milde Übelszufügung zur Tatvergeltung – relativ langfristige Einwirkung auf den Täter im Strafvollzug, um ihn zu bessern). Dieses Antinomieproblem kann man nun entweder so lösen, daß man die Gewichtung der Strafziele mißt, sie also in ein Hierarchiemodell überführt und sie gemäß der Rangskala ihres Gewichts verfolgt[29]. Der zweite Weg zur Lösung dieses Problems verzichtet auf eine generelle Gewichtung der Strafziele, etwa deshalb, weil das Gewicht eines Strafziels nicht abstrakt bestimmbar ist, sondern von den Bedingungen der jeweiligen Strafsituation abhängt (Tat- und Tätertyp, kriminalpolitische Situation etc.). Dann entsteht das Problem, nach welchem Modell die Strafziele optimal verfolgt werden können. Ein solches Modell ist wesentlich komplizierter als eine generelle Gewichtung der Strafziele. Es muß die Frage lösen, wie Strafziele so uneingeschränkt wie möglich verfolgt werden können und wie zugleich andere Strafziele so wenig wie möglich tangiert werden. Nach einem solchen Modell verfahren – allerdings ohne methodische Theoriebildung – alle die Strafzumessungsentscheidungen, die sich der herrschenden sogenannten „Vereinigungstheorie" bedienen, wonach grundsätzlich sämtliche Strafziele gemeinsam zu berücksichtigen sind[30].

Das Optimierungsproblem bei der Strafzumessung entsteht nicht nur auf der Ebene der Strafziele, sondern zwingend auch durch die Aufgabe des Strafgesetzes „Magna Charta des Verbrechers" zu sein. Die Verfolgung der Straf-

---

28 Vgl. *Haag*, Rationale Strafzumessung, S. 19 ff.

29 So *Haag*, Rationale Strafzumessung, S. 33 f., 194 f.

30 Siehe *Baumann*, Strafrecht. Allgemeiner Teil, S. 11 ff.; *Roxin*, JuS 1966, 387; *Schmidhäuser*, Strafrecht. Allgemeiner Teil, 1970, Rdnr. 3/13.

ziele wird eingeschränkt durch rechtsstaatliche Garantien des Gesetzes[31], etwa die gesetzlichen Strafrahmen und die Tatschuld als Strafobergrenze[32]. Danach muß ein Optimierungsmodell der Strafzumessung die Maßnahmen, die dem strafzumessenden Richter zur Auswahl stehen, so bestimmen, daß „damit unter Einhaltung der Restriktionen die bei der Strafzumessung anzustrebenden Ziele optimal erreicht werden"[33].

Sicherlich eignet sich das Modell der Operations Research aus den genannten Gründen besonders gut als Muster einer Theorie der Strafzumessung. Es ist jedoch denkbar, auch andere Bereiche der formalisierenden Entscheidungstheorie, wie etwa Spieltheorie oder Regelungstheorie[34], als Strukturmodelle der Strafzumessungsentscheidung heranzuziehen und gegebenenfalls auszubauen. Die Frage, die sich im hier gegebenen Rahmen stellt, ist die nach den möglichen Wirkungen der Einführung formalisierender Methoden auf Strafzumessungslehre und -praxis.

b) Strukturierung der Strafzumessungsentscheidung

Modelle mathematischer Programmierung können die Strafzumessung in zweierlei Richtung positiv beeinflussen. Sie geben zum einen Aufschluß über die Struktur der Strafzumessungserwägungen. Beschreiben sie die Entscheidungswirklichkeit richtig, so nennen sie nicht nur die Umstände, die zu würdigen sind, sondern sie enthalten auch Bestimmungen zur Methode ihrer Gewichtung und zu den Alternativen ihrer Verknüpfung. Das stellt eine wesentliche Hilfe zur Verwissenschaftlichung der Strafzumessung dar, da gerade dies bislang fehlt. Selbst wenn, was zu erwarten ist, Strukturierungsprobleme damit nicht gelöst, sondern genannt und angeschnitten werden, so ist die Verständigung der Strafzumessungslehre über Struktur- und Hierarchiemodelle der Strafzumessungsumstände und den formalen Ablauf des Entscheidungsverfahrens doch unerläßlich.

Ein zweiter positiver Einfluß ist noch wichtiger. Bei dem Versuch, die Strafzumessungsentscheidung adäquat zu formalisieren, stellt sich heraus, daß insbesondere die empirische Basis solcher Entscheidungen noch äußerst lückenhaft ist. So beruhen Voraussagen des zumessenden Gerichts etwa über die abschreckende Wirkung der Strafe gegenüber der Allgemeinheit oder den bessernden Effekt gegenüber dem Täter in der Regel auf unbewiesenen und gro-

31 Vgl. *Haag,* Rationale Strafzumessung, S. 47 f.

32 Ebenda S. 34 ff.

33 Ebenda S. 53.

34 Überblick bei *Steinmüller,* EDV und Recht, S. 14 ff.

ben Schätzungen. Sie sind aber zugleich tragender Bestandteil des Urteils (etwa weil solche Voraussagen die Forderung nach einer bestimmten Strafe begründen, die das jeweils verfolgte Strafziel erreichen soll)[35]. Zum andern kann gezeigt werden, wo die individuelle Schätzung des Zumessenden, die derzeit nicht mehr weiter differenziert werden kann, beginnt und objektive Zurechenbarkeiten enden[36]. Damit sind wichtige Erkenntnisse zur Struktur der Strafzumessungsentscheidung gewonnen, die weitere Forschungsprogramme anregen und begründen, die auch den Bereich des „Irrationalen" rational begrenzen und beschreiben können.

c) Rationale und nicht-rationale Strafzumessung

Es fragt sich jedoch, ob die Anwendung solcher Modelle die Strafzumessung „rational" machen kann. Eine Entscheidung, die wissenschaftlichen Anforderungen voll genügt, wäre ermöglicht, wenn sämtliche relevanten Strafzumessungsumstände und -erwägungen aufgedeckt und vollständig beschrieben werden könnten. Ob dies auf diesem Wege erreichbar ist, erscheint fraglich.

Ein erstes Bedenken wird durch die Skepsis der Strafzumessungspraxis gegenüber Bemühungen nahegelegt, welche die Strafzumessung durch Verschärfung der Begründungsanforderungen gegenüber dem Richter verbessern wollen. Diese Skepsis ist deshalb von Bedeutung, weil sie sich auf die Erfahrungen aus praktischer Entscheidung berufen kann. So sagt etwa der BGH[37] zum Begründungszwang (§ 267 III 1 StPO) bei der Gesamtstrafenbildung, dieser Zwang könne nur im Rahmen der Begründungsmöglichkeiten bestehen. Mangels besonderer Umstände dürfe die Richtigkeit der Strafzumessung angenommen werden. Die Ausübung des pflichtgemäßen richterlichen Ermessens bei der Gesamtstrafenbildung sei nur bei besonderem Anlaß näher zu begründen. „Ein solcher Anlaß besteht im allgemeinen nur, wenn die Gesamtstrafe der oberen oder unteren Grenze des Zulässigen nahekommt, ohne daß der Grund dafür schon aus der Art der Taten, der Person des Verurteilten oder aus den Gründen für die Einzelstrafen oder für die Verhängung einer sichernden Maßregel ohnedies hervorgeht. Weitere Anforderungen an die gesonderte Begründung der Gesamtstrafe sind nicht zu stellen, zumal da das Ansinnen an den Strafrichter, innerhalb eines weitgespannten Strafrahmens überzeugend darzulegen, warum die Gesamtstrafe gerade diese und nicht eine andere Dauer hat, unerfüllbar ist und weitere allgemeine Grundsätze, von den erwähnten abgesehen, dafür kaum aufgestellt werden können. Dies würde auf eine ungesetzliche Einengung des tatrichterlichen Ermessens hinauslaufen und die berechtigten Bemühungen um eine sachgemäße und erschöp-

35 Siehe etwa *Haag*, Rationale Strafzumessung, S. 133 ff., 217.

36 Siehe etwa *Haag*, ebenda, S. 87 ff., zur Skalierung bei der Tatschuldbestimmung.

37 *BGHSt* 8, 210 f.

fende Begründung der Strafzumessung dort, wo sie wirklich verlangt werden muß, nur behindern und entwerten."

Sicherlich gehört die Gesamtstrafenbildung nach § 74 StGB zu den Strafzumessungsentscheidungen, die besonders hohe Anforderungen an das Gericht stellen. Denn hier muß doppelt zugemessen werden: zum einen bezüglich der Einzelstrafen, die selbständige Strafentscheidungen erfordern[38], sodann bezüglich der Gesamtstrafe, die nicht durch schlichte Addition der Einzelstrafen errechnet werden kann. Hält man sich aber vor Augen, daß den Verurteilten in der Regel nur das Ergebnis der gesamten Strafzumessung, die Gesamtstrafe, unmittelbar interessiert, so bestürzen die zitierten Urteilsgründe in zweierlei Richtung:

Zum einen gibt der Senat offen zu, daß der weite Bereich, innerhalb dessen die zulässige Gesamtstrafe bestimmt werden muß, vom Gericht nicht argumentativ abgedeckt werden kann. Er ist, gemessen an den zur Verfügung stehenden Argumentationen, einfach zu groß. Freilich sind damit nicht nur die Argumentationen, sondern auch die richterlichen Erwägungen und Reflexionen gemeint. Könnte sich das zumessende Gericht tatsächlich ein begründetes Urteil über seine Entscheidung innerhalb des Gesamtstrafrahmens bilden, so wäre kein Grund ersichtlich, warum es diese Erwägungen nicht auch ins Urteil schreiben könnte. Es geht also eigentlich darum, daß dem Gericht nichts einfällt, was seine Strafzumessungsentscheidung nicht nur anderen (etwa dem Angeklagten), sondern auch dem Gericht selber konkret plausibel machen könnte. Demnach bleibt ihm nichts anderes übrig, als sich insoweit von dem Begründungszwang des § 267 III 1 StPO selber zu dispensieren.

Verheerend ist zum andern die Konsequenz, die der **BGH** aus dieser Entscheidungssituation zieht. Er konstruiert einen Gegensatz zwischen der Begründung einer Ermessensentscheidung und der Möglichkeit einer solchen Entscheidung, um die Rationalität dieses Entscheidungsverfahrens zu retten: Je mehr Zwang zur Begründung, desto weniger Möglichkeiten zur Ausübung richterlichen Ermessens. Ermessen heißt unbegründete, gar unbegründbare Entscheidung. Das mag für einen letzten Rest nicht mehr evidierbarer Determinanten der Entscheidungssituation stimmen[39]; es zum Prinzip der Strafzumessung als Ermessensausübung zu erheben, heißt, die Kommunikation zwischen Richter und Angeklagten (und Gesellschaft) zu unterbrechen und ein argument- und sprachloses Kismet ins Recht zu setzen.

Die Urteilsgründe des **BGH** schockieren nicht etwa deshalb, weil sie falsch, sondern weil sie die Strafzumessungspraxis, ehrlicher als dies sonst geschieht,

---

38 Vgl. *BGHSt* 13, 146 ff.

39 Ausführlicher *Hassemer*, Tatbestand und Typus. Untersuchungen zur strafrechtlichen Hermeneutik, 1968, S. 127 ff., 147.

zutreffend beschreiben. Sie zeigen exakt den Punkt auf, an dem der Versuch beginnen muß, die Strafzumessung rationaler zu machen: die Sprachlosigkeit des Zumessungsrichters.

Eine erste Barriere auf diesem Weg scheint mir ein falsches Verständnis des Begriffs „rational" zu sein. Untersuchungen zur Strafzumessung verwenden dieses Wort fleißig, ohne im einzelnen abzuklären, was sie damit meinen; Klarheit gewinnt der Leser erst dann, wenn er verstanden hat, welchen Zustand der Strafzumessung der Autor für befriedigend hält. Und doch kann man sich gerade hier auf ein ursprüngliches Einverständnis nicht verlassen. Denn „rationale" Strafzumessung scheint so etwas wie „wissenschaftlich optimale" Strafzumessung zu sein – und darüber müßte zuerst einmal eine Diskussion zustandekommen. Auch hier kann keine Theorie rationalen Handelns entwickelt werden. Soweit es um rationale und nicht-rationale Strafzumessung geht, sind jedoch Richtungsbestimmungen möglich.

Wenn man sich dem Problem einer rationalen Strafzumessung von der negativen Seite her nähert, also die Bedingungen nicht-rationaler Zumessung aufzudecken versucht, so fällt auf, daß es hier zuerst einmal nicht um irrationale, sondern um scheinrationale Strafzumessung geht. Inwieweit Strafzumessung irrational ist, läßt sich erst dann sinnvoll untersuchen, wenn dieser Typ strafrechtlicher Entscheidung der scheinrationalen Instrumente entkleidet ist, mit deren Hilfe die Richtigkeit der Entscheidung dargetan werden soll. Scheinrational ist die Entscheidung jedenfalls immer dann, wenn sie zu Unrecht behauptet, ihre tragenden Gründe seien nach den zur Zeit geltenden Gesetzen der jeweiligen Wissenschaften geprüft und bestätigt. In diesem Fall wird diesen Gründen, durch die Behauptung wissenschaftlicher Gültigkeit, ein Beachtungsappell vindiziert, der ihnen nicht – oder nicht in diesem Maße – zukommt. Sie geben sich wissenschaftlich bestätigt, ohne dies – in diesem Maße – zu sein.

Für Scheinrationalität in diesem Verständnis bietet das Feld der Strafzumessung zahlreiche Beispiele. Das beginnt bei den Strafzielen, wenn etwa behauptet wird, in der derzeitigen kriminalpolitischen Situation (z.B. Zunahme der Straßenverkehrsdelikte oder der Rockerdelinquenz) müsse die Strafe in erster Linie den Anforderungen einer Abschreckung potentieller Täter genügen; oder bei diesem Täter sei eine Besserung nicht mehr zu erwarten, deshalb müsse das Strafziel etwa der Vergeltung im Vordergrund stehen. Diese Gründe mögen zutreffen, vom wissenschaftlichen Standpunkt aus aber nur zufälligerweise. Denn die in ihnen enthaltenen Behauptungen (Beurteilung der kriminalpolitischen Situation, Möglichkeit einer Änderung durch Abschreckungsstrafe; Besserungsunfähigkeit des Angeklagten) rechtfertigen sich nach einem Meßverfahren, das im Verhältnis zu heutigen Meßmethoden unzureichend ist: der schlichten Schätzung.

Das setzt sich fort bei den Behauptungen, welche zur Schuldmessung verwendet werden, zur Rückfallprognose oder zur Motivation des Täters[40]. So wird eine bestimmte Rückfallwahrscheinlichkeit aus Vorstrafen wegen bestimmter Delikte des Täters geschätzt, Schuldmessung wird etwa aufgrund einer auffälligen Gleichgültigkeit des Täters angesichts seiner Tat vorgenommen. Bei ambivalenten Strafzumessungsfaktoren (soll z.B. die Tatsache, daß dem Hauptkassierer besonderes Vertrauen entgegengebracht wurde und er dieses Vertrauen mißbraucht hat, strafschärfend berücksichtigt werden, oder soll diese Tatsache zu seinen Gunsten sprechen, weil er in dieser seiner Vertrauensstellung einer besonderen Versuchung ausgesetzt war, Geld zu unterschlagen und Urkunden zu fälschen?) wird in der Regel nur die eine Alternative diskutiert (diejenige, welche die Zumessungsentscheidung trägt), um ein Argumentations-Patt zu vermeiden.

Damit sind wir schon im Bereich irrationaler Strafzumessung. Wer Alternativen verschweigt, welche die Grundlagen seines Entscheidungsergebnisses erschüttern könnten, täuscht durch die Verkürzung der Problematik eine Gültigkeit vor, die diese Entscheidung nicht hat; er liefert eine scheinrationale Begründung. Wer die Ergebnis- oder Begründungsalternative erst gar nicht erkennt, entscheidet irrational, nämlich nur auf einem Teil der notwendigen Entscheidungsbasis.

Diese (negative) Bestimmung der Rationalität von Entscheidungen widerspricht einem Verständnis, welches das Prädikat „rational" nach formalen und apriorischen Kriterien zuteilen will: rational ist alles, was vollständig und eindeutig sagbar ist, oder gar: rational ist eine Entscheidung dann, wenn sie exakt prognostizierbar ist. Demgegenüber wird hier Rationalität von den Sprach- und Richtigkeitsbedingungen des jeweiligen Entscheidungsgebiets her verstanden und vom jeweiligen Problemlösungsverhalten abgeleitet. Rational ist die Entscheidung dann, wenn sie Ergebnis- und Begründungsalternativen vollständig abwägt, den Bestätigungsgrad ihrer Hypothesen erkennt und nennt, sich der von den Wissenschaften angebotenen Erkenntnismittel bedient. Nicht am Ergebnis der Entscheidung, sondern am Entscheidungsverfahren wird Rationalität gemessen[41].

Soweit „rationale Strafzumessung" in Frage steht, ist ein Streit darüber, welchem Rationalitätsbegriff der Vorzug zu geben sei, schon durch die aktuel-

40 Ein differenziertes Modell solcher „pragmatischer Richtertheorien" liegt den Befragungen von *Opp* und *Peuckert* zugrunde (Ideologie und Fakten in der Rechtsprechung, S. 98 ff.). Sie nennen: Rückfälligkeitstheorien, Schuldtheorien, Strafwirkungstheorien (Straf-Adäquanztheorien).

41 Das berührt sich mit dem sogenannten „sozialen Rationalitätsbegriff" der modernen Entscheidungstheorie. Vgl. etwa *Gäfgen*, Theorie der wirtschaftlichen Entscheidung, 2. Aufl., 1968, S. 31; *Kirsch*, Entscheidungsprozesse. I: Verhaltenswissenschaftliche Ansätze der Entscheidungstheorie, 1970, S. 63 ff. Siehe auch *Hassemer*, Tatbestand und Typus, S. 135 ff., zur Vollständigkeit der Reflexion und Argumentation.

len Bedingungen dieses Rechtsgebiets vorentschieden. Fordert man nämlich Prognostizierbarkeit des Entscheidungsergebnisses oder auch nur vollständige und eindeutige Aufzählung sämtlicher Entscheidungsfaktoren, so ist rationale Strafzumessung eine Quadratur des Zirkels. Diese Forderung ist für die Strafzumessung auf Dauer unerfüllbar. Sie wendet sich an einen Strafzumessungsrichter, den es nicht gibt. Juristische Hermeneutik und empirische Entscheidungsforschung zeigen, daß nicht die situationsabstrakte Bejahung von Strafzielen und Strafzumessungsrestriktionen, sondern vielmehr Vorverständnis und Einstellung die entscheidungserheblichen Faktoren sind.

d) Generalisierung und Individualisierung in der Strafzumessung

Nun ist mit dem Hinweis auf die Diskrepanz zwischen einem hochdifferenzierten Entscheidungsmodell und dem tatsächlichen Zustand der Strafzumessungslehre und -praxis noch kein entscheidender Einwand gegen die Verwendung solcher Modelle begründet. Die vorschnelle Ablehnung formaler Methoden mit dem Verweis auf das strafrichterliche Ermessen und die jeweils verschiedenen Bedingungen des Einzelfalls wird dem Problem nicht gerecht; denn die Voraussage, daß Strafzumessung niemals in programmierte Teilschritte formal auflösbar sein wird, dürfte nur schwer zu belegen sein.

Ebenso abstrakt ist aber auch die Empfehlung, die Strafzumessung mit formalen Modellen auszuführen, damit einer Vorstellung von formaler Rationalität Genüge getan wird, welche die derzeitigen Reflexions- und Argumentations- und Entscheidungsbedingungen dieses Rechtsgebiets beiseite läßt. Ob Beiträge der Rechtsinformatik eine Verbesserung der Strafzumessung hindern oder fördern, kann sinnvoll nur vor dem Hintergrund der derzeitigen Entscheidungsbedingungen beurteilt werden. Und vor diesem Hintergrund ist die Verwendung formaler Entscheidungsmethoden skeptisch zu beurteilen. Sie dürfte scheinrationale Strafzumessungsargumentationen eher begünstigen als ausschließen.

Wird die Forderung von Lehre und Praxis, Strafzumessung dürfe nicht generalisierend, sondern individualisierend, nach den konkreten Bedingungen des jeweiligen Falls, betrieben werden[42], auf ihren entscheidungstheoretisch richtigen Kern reduziert[43], so spricht sie das Argument aus, das hier im Mittelpunkt stehen muß: Nicht von einer Generalisierung der Entscheidungsabläufe bei der Strafzumessung, sondern von ihrer Individualisierung, ihrer Anreicherung mit fallbezogener Argumentation ist eine Verwissenschaftlichung der Strafzumessung zu erwarten.

---

42 Vgl. etwa *Jescheck*, Lehrbuch des Strafrechts. Allgemeiner Teil, 1969, S. 558 f.; *Maurach*, Deutsches Strafrecht, Allgemeiner Teil, S. 842 f.

43 Also nicht dahin mißverstanden, individualisierende Strafzumessungsentscheidung sei unbegründete oder gar unbegründbare Ermessensausübung – siehe die Kritik oben II 2 c. zu *BGHSt* 8, 210 f.

Unter den Typen rechtlicher Entscheidungen ist die Strafzumessung dadurch charakterisiert, daß sie ein in der Regel mit höchster Exaktheit, nämlich numerisch, formuliertes Entscheidungsergebnis auf eine Entscheidungsbasis begründen muß, die denkbar unexakt bestimmbar ist. Dem Strafausspruch „2 Jahre 6 Monate Freiheitsstrafe" gehen etwa voraus: Die Feststellung, Auswahl und Gewichtung der Faktoren, die für die Bemessung der Schuld relevant sind; der Faktoren, die eine Beurteilung der Täterpersönlichkeit (und gar noch eine Prognose künftigen Täterverhaltens) ermöglichen; der Faktoren, welche die Wirkung einer bestimmten Sanktion auf die Allgemeinheit voraussagen lassen; eine Abklärung und Systematisierung antinomischer Strafziele, bezogen auf den konkreten Fall; eine Gesamtreflexion all dieser Argumentstellen, ihre Überführung in ein strukturiertes Modell und dessen Übersetzung in ein numerisches System – wobei zu beachten ist, daß dieses System, trotz seiner mathematischen Struktur, äußerst komplizierte Anwendungsprobleme aufgibt, und zwar unter dem Gesichtspunkt der Belastungsfunktion[44]: Ist eine Verdoppelung der Freiheitsstrafenzeit generell – oder gar noch: für diesen individuellen Verurteilten – gleich einer Verdoppelung des Strafübels, oder ist die Funktion zwischen Strafzeit und Strafübel nicht vielmehr mit einem komplizierten Funktionsmodell – welchem und aufgrund welcher empirischer Daten – zu bestimmen? Es kommt hinzu, daß dieser Entscheidungsablauf nur Positionen hat, die wiederum lediglich als Wahrscheinlichkeitsaussagen formulierbar sind – nicht nur, was die verschiedenen Strafwirkungsprognosen betrifft, sondern auch bezüglich der Tatschuldmessung –, und daß der Wahrscheinlichkeitsgrad nicht numerisch, sondern nur nach grober Schätzung festgelegt werden kann.

Versucht man, diesen – hier nur ganz oberflächlich beschriebenen – Komplex in programmierte Einzelschritte zu zerlegen und diese Einzelschritte zu einem formalen Strukturmodell zu ordnen, so wird man zwar einen Entscheidungsablauf exakt beschreiben können, die inhaltlich entscheidungserheblichen Faktoren und Erwägungen werden sich aber in diesem Strukturmodell umso wirksamer verbergen können, man wird – mehr noch als bisher – verdeckte Entscheidungsgründe und damit scheinrationale Strafzumessungsentscheidungen provozieren. Wie der Zumessungsrichter die in seinem Fall relevanten Strafziele ordnet und gewichtet, aus welchen Faktoren er auf eine wie schwere Schuld schließt, wie er Strafempfänglichkeit und -empfindlichkeit des Täters[45] beurteilt, davon hängt in der Sache das Strafmaß ab. Diese Faktoren können aber in einem Entscheidungsmodell nur als Variable auftreten: der zumessende Richter hat sie selber zu bestimmen. Weder für die Strafzumessungstheorie noch für die von der Strafzumessung Betroffenen ist aber von Bedeutung, **daß** der Richter auswählt, wertet und

44 Vgl. *Haag*, Rationale Strafzumessung, S. 62 ff.

45 Dazu *Henkel*, in: Festschrift für Heinrich Lange, passim.

gewichtet, sondern **wie** er das tut und **warum**. Zu einer rationalen Strafzumessung reicht die Anweisung nicht aus, daß die Tatschuld etwa aus Sachverständigenschätzung errechnet wird; eine nicht nur scheinrationale Strafzumessungsargumentation muß ausführen, wie diese Schätzung zustandekommt, worauf sie sich begründet und wo die Grenzen des Arguments liegen. Auch eine generelle Gewichtung der verfolgten Strafziele reicht nicht aus; es muß gezeigt werden, warum diese Gewichtung im konkreten Fall sachgemäß ist.

Sicherlich werden diese Ziele, die Strafzumessungsargumentation konkreter und fallbezogener zu machen, durch Verwendung formaler Entscheidungsmodelle nicht direkt verstellt; sicherlich verhindert keine Entscheidungstheorie eine richterliche Argumentation bei der Einsetzung der Variablen. Aber sie wird die oben[46] beschriebene Tendenz der Richter verstärken, sich auf generalisierende Formeln zurückzuziehen und auf eine Rechtfertigung des Entscheidungsergebnisses durch Mitteilung seiner Gründe zu verzichten.

Differenziert man mit der modernen Entscheidungstheorie[47] in Routineverhalten (Ablaufen gelernter Reaktionen, Auswählen nach Vorurteilen und eingespielten Formulierungsketten) und Problemlösungsverhalten (Auswählen nach Alternativenpräferenzen in Entscheidungssituationen, für die der Entscheidende keine „passende" Reaktion besitzt), so kann das hier gemeinte Dilemma etwa so beschrieben werden: Der Strafzumessungsrichter entscheidet allermeist nach Routine, d.h. nach eingespielten Argumentationsmechanismen. Er kapituliert damit vor der Komplexität des Strafzumessungssachverhalts, er weigert sich (theoretisch mit der Berufung auf das richterliche Ermessen), seine Faktorenauswahl, seine Faktorenbewertung, seine Zielgewichtung und seine Prognosen exakt zu beschreiben. Vielmehr greift er – ohne wiederum diese Wahl zu begründen – Einzelzüge heraus und ordnet sie, zumeist ohne alternative Begründung, zu einer haltbaren Argumentationskette. Dies wird ihm dadurch erleichtert, daß ihn der Revisionsrichter in aller Regel nicht material – d.h. nach dem Zusammenstimmen der Strafzumessungsargumentation mit dem zu entscheidenden Fall –, sondern formal überprüft – d.h. nach dem Zusammenstimmen der Strafzumessungsargumentation mit sich selber, der inneren Schlüssigkeit.

Routineverhalten ist in dem Sinne generalisierendes Verhalten, als es die konkreten Entscheidungsalternativen übersieht oder vernachlässigt. Dadurch werden Strafzumessungssachverhalte „eingeebnet", über einen generellen Leisten geschlagen, sie werden argumentativ nicht ausgeschöpft. Individualisierung in diesem Verständnis würde bedeuten, daß die Hilfsmittel einer Strafzumessungsentscheidung, die bereits vorliegen – Topoikatalog relevanter Faktoren, Prognoseverfahren, pragmatische Untertheorien –, auf den zu entscheiden-

46 Unter II 1 c.

47 Siehe *Kirsch*, Entscheidungsprozesse I, S. 65 f., 75, mit weiteren Hinweisen.

den Fall vollständig angewendet werden. Erst dann könnte von Problemlösungsverhalten und rationaler Strafzumessung gesprochen werden[48].

e) Dialogverfahren in der Strafzumessung

Hier darf Abhilfe nicht von einer generalisierenden Theorie erwartet werden. Notwendig ist eine Entscheidungsanleitung, die den Strafrichter zu einer intensiven Erforschung des Strafzumessungssachverhalts und einer vollständigen Beachtung der relevanten Zumessungsargumente auffordert. Dazu bietet sich ein Verfahren an, das eine Mittelstellung zwischen Dokumentations- und Subsumtionsprogramm einnimmt: das Dialogverfahren. Auf die zentrale Bedeutung einer automatisierten Strafzumessungsdokumentation wurde schon oben hingewiesen[49]. Die Dokumentation von Strafzumessungsdaten soll gewährleisten, daß der Strafrichter das Strafzumessungswissen so vollständig wie möglich zur Verfügung hat. Erst dann nämlich wird eine individualisierende Entscheidung angeregt, werden Alternativen bewußt, Besonderheiten des jeweiligen Strafzumessungssachverhalts deutlich. Erst dann darf erwartet werden, daß auch die Strafzumessungsrevision nicht mehr nur auf eine Schlüssigkeitsprüfung angewiesen sein wird, sondern – aufgrund eines umfangreichen Argumentationskatalogs, einer differenzierten Strafzumessungsdogmatik – auch imstande ist, Strafzumessungsgründe ebenso wie die andern Teile des Strafurteils material zu würdigen.

Mit der Dokumentation des Strafzumessungswissens ist es freilich nicht getan. Brauchbare Suchstrategien[50] können dem Richter zwar die Informationswiedergewinnung erleichtern. Es bedarf aber noch einer direkten Umsetzung dieses Wissens in die Entscheidungssituation des Richters, damit die Daten nicht nur abrufbar gespeichert sind, sondern auch mit Sicherheit in der Entscheidung Beachtung finden. Der Richter muß mit den Daten unmittelbar konfrontiert werden.

Dies ist dann zu erreichen, wenn man die möglichen Abläufe von Strafzumessungsentscheidungen programmiert, also die Entscheidungsschritte in einem

48 Sicherlich wird es auch in einer rationalen Strafzumessungsentscheidung, wie in jeder Entscheidung, weiterhin Routineverhalten geben müssen, nämlich da, wo der zu entscheidende Fall nicht symptomatisch, wo er generalisierbar ist. Keine Strafzumessungsentscheidung kann auf diese „Reduktion von Komplexität" *(Luhmann)* verzichten. Hier kommt es jedoch darauf an, mit der Individualisierung erst einmal zu beginnen und die Strafzumessungsentscheidung nicht in toto zu generalisieren – und sie damit in toto vom Fall abzutrennen. Erst wenn, wie das von der Tatbestandsdogmatik und den Urteilsgründen zur tatbestandlichen Einordnung des Täterverhaltens wohl bekannt ist, dieses Relief von Individualisierbarem und Generalisierbarem hergestellt ist, treten die Entscheidungsteile in den Blick, die Routineverhalten des Entscheidenden erlauben oder fordern.

49 Unter II 1.

50 Siehe oben II 1a.

Programmablaufplan (Flußdiagramm) darstellt. Insoweit ist das Verfahren einem formalen Entscheidungsmodell gleich. Die Aufstellung des Programmablaufplans, die Strukturierung des Entscheidungsablaufs, ist jedoch nur Vorbedingung dafür, das eigentliche Charakteristikum des Dialogverfahrens zu realisieren: die Vermittlung des Strafzumessungswissens am richtigen Platz im Entscheidungsverlauf[51].

Der Computer verfügt über ein System von Fragen, die ihm in einer geordneten Folge eingegeben sind und die der Benutzer etwa auf einem Bildschirm in natürlicher Sprache ablesen kann. Die Ordnung der Fragen richtet sich nach dem Problemlösungsverhalten des Benutzers, also danach, in welcher Reihenfolge die juristische Prüfung von Sachverhalten unter Tatbeständen und/oder Richterrecht erfolgt. Das Fortschreiten des Computers zu weiteren Fragen im eingegebenen System oder zur Ausgabe eines Datums ist von der Antwort des Benutzers auf die vom Computer gestellten Fragen abhängig. So kann etwa im System der Eigentumsdelikte des StGB auf die Frage des Computers „Hatte der Täter Gewahrsam an der Sache? " die Antwort „Nein" erfolgen. Der Computer wird dann nicht mehr im Untersystem der §§ 242 f., sondern in dem der §§ 246, 350 f. StGB weiterfragen und nach Durchprüfen sämtlicher Voraussetzungen, je nach den Antworten des Benutzers, entweder „Straflos" oder etwa „§ 246 I, 2. Alternative (Veruntreuung)" ausgeben. Nach diesem System des Computer-Benutzer-Dialogs läßt sich in sogenannten „Subroutines" – und hier wird es für den juristischen Praktiker erst interessant, weil über das juristische Alltagswissen hinausgefragt werden kann – Spezialwissen abfragen, das im Computer gespeichert ist, im obigen Beispiel etwa das Unterprogramm „Gewahrsam" mit den zahlreichen dogmatischen Spezifizierungen und Falltypen, die dieser Begriff mittlerweile erfahren hat.

Zwei Aspekte sind bei diesem Entscheidungsverfahren von zentraler Bedeutung. Zum einen kann – durch sachgerechte Programmierung der Anlage – gewährleistet werden, daß dem fragenden Benutzer mit einer hohen Wahrscheinlichkeit sämtliche relevanten Alternativen seiner Entscheidung vorgeführt werden, daß er – gemessen am aktuellen Stand von Gesetzgebung und Dogmatik – nichts übersieht. Das ist nach dem bisher Gesagten für die Strafzumessung von entscheidender Wichtigkeit. Eine Anlage, welche das derzeitige Strafzumessungswissen enthält, kann den Benutzer zu sämtlichen relevanten Alternativen führen und ihm sämtliche Fragen zur Beantwortung vorlegen, die in den Fall einschlagen, den er zu entscheiden hat.

Zum andern enthält der Computer nicht nur ein juristisch adäquates System von weiterführenden Fragen, sondern auch von Daten. Diese Daten werden

51 Zum Dialogverfahren vgl. insbesondere *Suhr u.a.:* Computer als juristischer Gesprächspartner. Ein Arbeitspapier zu programmierten dialogischen Denkhilfen für die Jurisprudenz, 1970, S. 1 ff. und passim.

bei der Strafzumessung vorzugsweise in Hinweisen auf Rechtsprechung und Literatur bestehen, denen der Benutzer nachgehen muß.

Voraussetzung eines solchen entscheidungsunterstützenden Verfahrens ist freilich, daß das Strafzumessungswissen systemgerecht aufbereitet und formuliert werden kann. Auch hier zeigt sich, wie schon bei der automatisierten Strafzumessungsdokumentation, zuerst als Nachteil, daß die Strafzumessung weder gesetzlich noch dogmatisch strukturiert ist. Ein Fragensystem setzt eine solche Strukturierung voraus. Es setzt vor allem voraus, daß Fragen auf verschiedenen Ebenen der Generalisierung formuliert werden können (Unterprogramme).

Eine Strukturierung dieser Art ist zwar noch nicht erfolgt, sie ist aber möglich. Neben den großen Gruppen von Strafzumessungsfaktoren (objektive, psychische Faktoren der Tat, Faktoren außerhalb der Tat etc.) lassen sich Unter- und Unter-Untersysteme usw. formulieren. So etwa bei Faktoren ausserhalb der Tat → Vorstrafen → einschlägige Vorstrafen mit Verfolgungshindernissen → einschlägige verjährte oder amnestierte Vorstrafen, mit zahlreichen systematisierbaren Seitenwegen. Insofern dürften die Hindernisse beim Dialogverfahren nicht anders zu beurteilen sein als die bei der automatisierten Strafzumessungsdokumentation. Diese beiden Beiträge der Rechtsinformatik könnten beim aktuellen Stand der Strafzumessung wesentliche Impulse für rationale Entscheidung geben.

Möglichkeiten ADV-gestützter Gesetzesplanung, dargestellt am Beispiel des Wohngeldgesetzes

von **Malte von Berg, Helmut Maria Glogger, Gerhard Lohann, Ulrich Steinwedel**

Zusammenfassung

In der Erkenntnis der Notwendigkeit einer multidisziplinären Behandlung des gestellten Themas haben die Verfasser gleichwohl den Versuch unternommen, in einer Gruppenarbeit von Juristen im Rahmen der Rechtsinformatik-Veranstaltungen von Professor Steinmüller an der Universität Regensburg einige Aspekte der juristischen Informatik für die Gesetzesplanung zu skizzieren. Demzufolge versteht sich dieser Beitrag als ein Ansatz, die Rolle des Juristen als „Spezialisten für normative Regelungen" bei der Planung von Gesetzen zu beschreiben.

Wissenschaftlich begründete und praktisch brauchbare Verbesserungsvorschläge für die Planung der hier exemplarisch gewählten Wohngeldgesetzgebung setzen eine Zusammenarbeit von Juristen, Politologen, Finanzwissenschaftlern, Soziologen, ADV-Spezialisten und Sachgebietskennern voraus. Gegenstand der Untersuchung sind jedoch nicht konkrete Verbesserungsvorschläge, sondern die von juristischer Seite notwendigen Voraussetzungen dazu, die sich hinsichtlich der Anforderungen an einen für diese Aufgabe befähigten Juristen wie folgt umschreiben lassen:

a) Spezialisierung auf Rechtsetzungswissenschaft und Rechtsinformatik sowie

b) Generalisierung in Richtung der für die Gesetzesplanung wesentlichen außerrechtlichen Disziplinen mit dem Ziel eines die Zusammenarbeit aller Beteiligten erst ermöglichenden Grundlagenwissens.

Nach einer Ablehnung des technokratischen Planungsansatzes wird das für eine Rechtsetzungswissenschaft notwendige Zusammenspiel von wertenden und formalen Methoden angesprochen.

In dem speziellen Teil der Untersuchungen wird anhand des Wohngeldgesetzes der Versuch unternommen, den rechtsinformatorischen Aspekt der Gesetzesplanung zu verdeutlichen. Die einzelnen Stationen des Normentwurfsprozesses von der Feststellung und Konkretisierung der zu regelnden Materie über eine Behandlung der alternativen Lösungsmöglichkeiten nebst Entscheidungshilfen bis zum Gesetzgebungsverfahren unterliegen der Prüfung, inwieweit automatisierte Verfahren zu einer rationalen Gesetzesplanung beitragen können.

Abstract

Recognizing the necessity of an inter-departmental treatment of the subject, the authors of this article, nevertheless, attempted to outline some aspects of legal information science („Rechtsinformatik") as applied to purposes of legislative planning, which result was worked out by a team of lawyers in the framework of Professor Steinmüller's lectures on legal information science at the University of Regensburg. Therefore, the article understands itself as a start to describe the lawyer's role as "a specialist for regulations by way of norms" within the process of legislative planning.

In order to provide scholarly analysed and practically acceptable suggestions for improvement of the planning of the German legislation concerning rent sub sidies, which was chosen as an example, a cooperation of lawyers, political scientists, economists, sociologists, specialists of automated data processing, as well as experts in the particular subject area is required. The article does not deal with concrete suggestions for improvements, but rather examines the qualitities which must be asked from a lawyer who shall be enabled to undertake a solution, namely: a) special training in the areas of legislative processes and legal information science, and b) general knowledge with respect to the relevant non-legal fields in order to achieve the cooperation of all persons involved.

After rejecting a technocratic planning approach the article turns to the interplay of value-assessing and procedural methods which is a basic principle of legal science. The special part of the analysis attempts to clarify the aspect which the science of legal information adds to legislative planning on the basis of the mentioned example, the statute providing for rent subsidies. The article examines the individual phases of the process of drafting the rules, of the assessment and concrete comprehension of the subject to be covered, of the treatment of alternative proposals for a solution, including decision guides, and the legislative procedures, all in the light of the question, to what degree may automated procedures contribute to rational legislative planning.

Deskriptoren:

Alternativplanung
Frühwarnsysteme
Informationssysteme (Regierungs- Verwaltungs- Parlamentarische)
Interdisziplinäre Zusammenarbeit bei der Gesetzesplanung
Koordination der Gesetzesplanung
Nutzen-Kosten Analyse
Parlamentsreform
Partizipation
Planspiel
Planungsmethoden (formale- wertende-)
Rechtsetzungswissenschaft
Sozialdaten
Technokratie
Wohngeldgesetz

Übersicht

I. Gesetzesplanung und Rechtsinformatik

Die schon realisierten und in Zukunft zu erwartenden Anwendungen der ADV in Regierung, Verwaltung, Gesetzgebung und Justiz haben zu einer Fülle von Problemen und offenen Fragen geführt, die von der neuen Disziplin der Rechtsinformatik behandelt werden[1]. Die Entwicklung des Einsatzes der Datenverarbeitung von einem Mittel der Verwaltungsvereinfachung zum Führungsinstrument schlägt sich auch in den Planungen zu Regierungs-, Verwaltungs- und parlamentarischen Informationssystemen nieder. Damit erhält die Frage nach den Bedingungen rationaler Gesetzesplanung neue Impulse, die gerade den Juristen interessieren sollten.

1. Planungstheoretische Prämissen

Die Notwendigkeit umfassender und detaillierter Planungen im Staat der Industriegesellschaft wird heute nicht mehr bestritten. Gerade für die Gesetzesplanung genügt es jedoch nicht, allein von dieser Feststellung auszugehen, um sich dann auf die Fragen möglichst effektiver Planungsmethoden zu beschränken. Die hinter dem einstimmigen Ruf nach verstärkter staatlicher Planung bezogenen Positionen zu Grund und Ziel dieser propagierten Entwicklung sind ebenso verschieden, wie ihre jeweils zu erwartenden Auswirkungen auf die Gestaltung der Planung selbst. Mit der These, daß politische Entscheidung schrittweise durch eine aus Sachzwängen folgende Planung ersetzt wird und der entgegengesetzten Annahme, daß gerade die Fortschritte der Planung den Aktionsraum politischer Entscheidung ständig vergrößern, sind schlagwortartig die grundsätzlich verschiedenen Ausgangspunkte zweier Planungstheorien genannt.

Die Linien des technokratischen Ansatzes lassen sich wie folgt ausziehen:

– Legitimation des Staates aus einer naturrechtlichen Ordnung oder aus anderen Begründungen zum Staatswesen wird ersetzt durch die Herrschaft technischer Rationalität[2].

---

1 zur Definition der juristischen – bzw. Rechtsinformatik vgl. einerseits Fiedler, JUS 1971, 228 ff und andrerseits Steinmüller u.a., EDV und Recht,Einführung in die Rechtsinformatik, Berlin 1970, S. 30

2 vgl. Schelsky, Der Mensch in der wissenschaftlichen Zivilisation, Köln 1961, S.25,29

- Der Staatsmann wird durch den Technokraten abgelöst, der nicht mehr politische Herrschaft im herkömmlichen Sinne ausübt, sondern lediglich für eine optimale Verwaltung von Sachen sorgt.
- Die Frage der Volkssouveränität reduziert sich auf das Problem, entweder über die Eigengesetzlichkeiten der technischen Entwicklung weitestmöglich Konsens zu erreichen oder auftretenden Widerspruch zu unterdrücken.

Dem technokratischen Ansatz steht eine Auffassung gegenüber, die von einer durch Planung ermöglichten Erweiterung des gesellschaftlichen Aktionsraumes ausgeht:
- Die Wahl zwischen politisch unterschiedlichen Gestaltungsmöglichkeiten der Zukunft wird dadurch ermöglicht, daß die verschiedenen Voraussetzungen und Folgen der Alternativen durch Planung aufzeigbar sind.
- Die Wählbarkeit der Zukunft widerspricht jeder einfachen Ableitbarkeit aus Trends oder aus anthropologischen und gesellschaftspolitischen Grundannahmen; soweit diese und andere Prämissen aus dem status quo nachweisbar sind, können sie entweder gewählt oder als einschränkende Bedingungen für andere Wahlakte kalkuliert und fortschreitend variiert werden[3].
- Die Frage der Volkssouveränität stellt sich unverkürzt; zur Lösung der dem erweiterten gesellschaftspolitischen Aktionsraum entsprechend erhöhten Legitimationsbedarf entwickeln sich neben den traditionellen Lösungen erste Modellvorstellungen einer partizipatorischen Demokratie[4].

Der letztgenannte Planungsansatz soll den weiteren Ausführungen zugrunde gelegt werden. Über die Möglichkeit hinaus, eine offengelegte Prämisse durch die aus ihr zu entwickelnden Ergebnisse plausibel zu machen, ist eine nähere Begründung der getroffenen Entscheidung bzw. eine Widerlegung des technokratischen Planungsansatzes in dem vorliegenden Zusammenhang nicht zu leisten.

2. Die Rolle des Juristen bei der Gesetzesplanung

Daß der Jurist als „Spezialist für normative Regelungen im Sozialsystemen" von Berufs wegen nicht nur für die Anwendung von Rechtsnormen zuständig ist, sondern auch eine zentrale Rolle bei dem Entwurf dieser Normen spielt, bedarf einer näheren Begründung ebensowenig, wie die Erkenntnis, daß staatliche Planung zu einem wesentlichen Teil Gesetzesplanung bedeutet. Eine nähere Beschreibung dieser Rolle des Juristen unter den Aspekten der Gesetzesplanung widerspricht jedoch der herkömmlichen Vorstellung

3 s. Klages, Planungspolitik, Stuttgart 1971, S. 111

4 dazu s. insbes. Naschold, Organisation und Demokratie, 2.Aufl., Stuttgart 1971

des Normenentwurfs, der sich typisch als Referentenentwurf in Abhängigkeit von politischen Vorgaben unter Benutzung rechtstechnischen Gebrauchswissens[5] und – je nach Gesetz – spezieller Sachgebietskenntnisse darstellt.

Dieser Befund der juristischen Beteiligung am Normenentwurf auf der Ebene der Formulierungshilfe für die Politik und einer Gesetzgebungstechnik auf dem Niveau einer gewiß notwendigen, aber nicht ausreichenden praktischen Kunstlehre beruht auf der einseitigen Option der Rechtswissenschaft auf die Rechtsanwendung. Gerade das dringende Bedürfnis nach vermehrter Gesetzesplanung setzt von der Seite der Jurisprudenz den Ausbau einer bislang nur in Rudimenten bestehenden Rechtsetzungswissenschaft[6] voraus.

Gesetzesplanung zielt auf ein Abgehen von einer nur wertenden Vorgehensweise in Richtung zunehmender Ergänzung des Normensetzungsprozesses durch strukturbildende Methoden und Verfahren. Im Rahmen des gestellten Themas soll Gesetzesplanung hier in dem engeren Sinn einer Betonung formaler Methoden und automatisierbarer Verfahren verstanden werden. Die Verengung der Perspektive rechtfertigt sich aus der praktischen Bedeutung der Datenverarbeitung für die moderne Gesetzesplanung und dem theoretischen Aspekt der auf die Datenverarbeitung bezogenen Rechtsinformatik als Strukturtheorie juristischer Information und Entscheidung[7].

Damit ist ein an Bedeutung ständig zunehmendes allgemeines Thema einer Rechtsetzungswissenschaft angesprochen: das Problem des Zusammenwirkens wertender und formaler Methoden. Der Weg von der Entwicklung einer allgemeinen Konzeption zur Umsetzung einer bestimmten Materie in einen Normenentwurf über die Stationen

- Feststellung einer zu regelnden Materie
- Konkretisierung der zu erreichenden Ziele
- Aufstellung zielorientierter Alternativen
- Offenlegung der Voraussetzungen und Nebenfolgen der Alternativen
- Entscheidung für eine bestimmte Alternative oder für eine Mischlösung
- Formulierung des Normenentwurfs.

bedingt ein ständiges Wechselspiel zwischen wertenden und formalen Methoden auf allen Stufen. Der Wertung fällt dabei die Funktion zu, eine weitgehend unstrukturierte Materie stufenweise durch Setzung zunehmend konkre-

5 vgl. den Stil des Handbuchs der Gesetzgebungstechnik von H.W.Müller, Köln 1965

6 zur Begründung der Forderung nach einer Rechtsetzungswissenschaft vgl. Maihofer, Realistische Jurisprudenz, in: Rechtstheorie, Beiträge zur Grundlagendiskussion (Hrsg. Jahr und Maihofer) Frankfurt 1971, S. 427 ff; Wiltkämper, Die Rechtswissenschaft angesichts sozialwissenschaftlicher Beratung der Politik, JZ 1968, S. 449 ff mit weiteren Nachweisen

7 s. Fiedler a.a.O. S. 229 f.

ter Prämissen in den Normenentwurf zu überführen, während der Einsatz formaler Methoden auf allen Stufen durch Aufzeigung des sozialen Ist-Zustandes und der Folgen eines geplanten Soll-Zustandes einen wesentlichen Beitrag zu einer rationalen Prämissenwahl leistet.

Der Rationalitätszuwachs durch die Benutzung formaler Methoden darf jedoch nicht zu dem Fehlschluß führen, dadurch werde der Bereich der Wertung zurückgedrängt und schließlich ersetzt – vergleichbar dem spieltheoretischen Nullsummenmodell, das dem Bodengewinn einer Partei zwingend einen entsprechenden Verlust der gegnerischen Position zuordnet. Der vermehrte Einsatz formaler Methoden erweitert vielmehr den Möglichkeitsraum des Planbaren und führt aus diesem Grund gleichzeitig zu einem erhöhten Bedarf an wertenden Konzeptionen dessen, was in Zukunft Recht werden soll. Ein derartiges Modell folgt aus der Ablehnung des technokratischen Planungsansatzes und stellt an eine Rechtsetzungswissenschaft die aktuelle Forderung, sowohl die wertenden als auch die formalen Methoden für eine rationale Gesetzesplanung auszubauen und anzuwenden.

Die leitende Funktion der Konzeptionsfindung mit Hilfe wertender Methoden erweist sich dabei u.a. in den Aufgaben:

- Allgemeine Tendenzen der Rechtsetzung offenzulegen,[8]
- den Formenreichtum gesetzgeberischer Lösungen zu systematisieren,
- Kriterien zu einer zukunftsorientierten Beurteilung dieser Tendenzen und Lösungen zu entwickeln,
- Einsatz und Auswahl formaler Methoden zu steuern,
- Ergebnisse aus der Anwendung formaler Methoden auszulegen.

Demgegenüber zielt der Einsatz formaler Methoden hinsichtlich automatisierbarer Verfahren auf die Aufgaben:

- Speicherung und Auswertung von Sozialdaten zur Beschreibung des Ist-Zustandes,
- Berechnung der Voraussetzungen und Folgen einer Rechtsänderung,
- Weiterentwicklung der Rechtsetzungstechnik.

Rechtsetzungswissenschaft ist jedoch nicht alleinige Domäne der Juristen; schon ein Überblick über die Praxis ministerieller Gesetzentwürfe öffnet den Blick für den Umfang empirischer Erhebungen, politischer Beratung und finanztechnischer Analysen, der heute notwendig geworden ist. Eine echte Hilfe für diese Praxis bietet eine Rechtsetzungswissenschaft nur dann, wenn erkannt wird, daß mit den auf diesem Gebiet wesentlichen Disziplinen, wie z.B. Politologie, Soziologie und Finanzwissenschaft eine Vernetzung angestrebt werden muß. Die Vertretung der Aspekte ADV-gestützter Gesetzesplanung würde bei einer solchen multidisziplinären Zusammenarbeit der neuen Disziplin der Rechtsinformatik obliegen.

---

8 dazu näher Maihofer a.a.O. S. 453

II. Das Beispiel des Wohngeldgesetzes

Die Wahl des Wohngeldgesetzes als Beispiel für die Möglichkeiten ADV-gestützter Gesetzesplanung beruht weder auf einem nennenswerten Einsatz der ADV in diesem Fall, noch auf der Absicht, für die gewählte Materie konkrete Verbesserungsvorschläge zu machen. Entscheidend war vielmehr die Eignung des Wohngeldgesetzes, an einem exemplarischen, aber verallgemeinerungsfähigen Fall die grundsätzlichen Möglichkeiten ADV-gestützter Gesetzesplanung aufzuzeigen.

Die Untersuchung bezieht sich auf die Materialien zum Gesetz über Wohnbeihilfen vom 29. Juli 1963 (nachstehend 1. Wohngeldgesetz genannt) nebst Änderungsgesetz vom 23. März 1965 und auf die drei Wohngeldberichte der Bundesregierung[9]; das 2. Wohngeldgesetz vom 14. Dezember 1970 wird nicht behandelt.

1. Feststellung und Konkretisierung einer zu regelnden Materie

Bevor ein Normenentwurfsprozeß überhaupt in Gang kommen kann, muß die Neuschaffung oder Änderung von Recht „zum Thema" werden. Hier liegt die Aufgabe einer funktionierenden öffentlichen Meinung, die über die Abfolge und Intensivierung von Themen die Grenzen des politisch Möglichen und Notwendigen vorstrukturiert. Luhmann[10], der den damit zusammenhängenden Fragen näher nachgeht, vergleicht die Entstehung, die Entwicklung und Erledigung von politischen Themen mit einer Art Lebensgeschichte, die viele Variationen offenhält und doch nach typischen Phasen geordnet ist.

Die Mitwirkung der beteiligten Personen, Gruppen und Institutionen richtet sich direkt oder indirekt (über eine Selbstverstärkung der öffentlichen Meinung) an die Adressaten Regierung, Verwaltung und Parlament. An der Feststellung einer rechtlich zu regelnden Materie wie z.B. der Wohngesetzgebung kann es eine Reihe von Beteiligten geben:

Bürger:	Petitionen aller Art Demonstrationen (z.B. die Besetzung leerstehender Häuser) Bürgergemeinschaften (z.B. Schutzgemeinschaften gegen Sanierungsmaßnahmen
Interessengruppen:	Mieterbünde Haus- und Grundbesitzervereine Maklervereinigungen

---

9 1. Wohngeldbericht vom 27. Juni 1966, BT-Drucks. V 796
2. Wohngeldbericht vom 12. Dez. 1967, BT-Drucks. V 2399
3. Wohngeldbericht vom 5. Febr. 1970, BT-Drucks. VI 378

10 Politische Planung, Aufsätze zur Soziologie von Politik und Verwaltung, Opladen 1971, S. 17 ff

	Gewerkschaften Arbeitgeberverbände (Bauwirtschaft) Kirchen
Massenmedien:	Presse, Rundfunk und Fernsehen mit Berichten und Kommentaren zum Wohnungsmarkt
Wissenschaft:	Wissenschaftliche Beratung der Politik zum Wohnungsrecht.

Eine der wesentlichen Funktionen der öffentlichen Meinung besteht im Erkennen und Anprangern von Mißständen. Damit können zwar die zuständigen Stellen zur Ausarbeitung von Lösungen gezwungen werden, die Regelung selbst kommt dann meistens mit schwer erträglichen Verzögerungen und immer erst, nachdem das Kind in den Brunnen gefallen ist. Dieser ständige „time lag" läßt sich besonders an allen sozialpolitischen Daueraufgaben vom Umweltschutz bis zum Wohnungsproblem nachweisen.

Hier bietet sich eine Hilfe durch automatisierbare Verfahren an: Der Aufbau von Frühwarnsystemen. Die Vorläufer derartiger Frühwarnsysteme sind die Berechnungen von Sozialindikatoren wie z.B. der Mietindices. Die zeitaufwendigen manuellen Verfahren zur Erhebung und Auswertung der dazu benötigten Sozialdaten haben jedoch nur geringe Chancen im Wettlauf mit der Zeit. Noch schwerer wiegt die begrenzte Aussagekraft der aus den genannten Gründen nicht in der erforderlichen Tiefe und Detailliertheit zu erstellenden Indices.

Beispiel: Gesetzgeberisches Ziel des 1. Wohngeldgesetzes war die Vermeidung sozialer Härten für die nach dem Index des statistischen Wohnungsfehlbestandes zu sog. weißen Kreisen erklärten Gebiete[11]. Gemäß Art. II § 3 c Abs. 2 Abbaugesetz berechnet sich der Index des Wohnungsfehlbestandes aus der Differenz der Zahl der Wohnparteien und der Zahl der vorhandenen Normalwohnungen. Grundlage des Wohnungsbestandes ist die amtliche Statistik über die Bautätigkeit, die um die jährlichen Zugänge fortgeschrieben wird, während sich die Zahl der Wohnparteien aus der amtlich fortgeschriebenen Einwohnerzahl durch Übertragung des Verhältnisses der Wohnparteien zur Einwohnerzahl aus der Wohnungsstatistik und unter Abzug von 50 % (in den Großstädten 60 %) der Ein-Personen-Haushalte errechnet. Dieser Index, dem neben seiner sozialen Abbildungsfunktion bei einem 3 %igen Fehlbestand derartig entscheidende Rechtsfolgen zugeordnet sind, vernachlässigt eine Reihe wichtiger Gesichtspunkte[12] und berücksichtigt vor allem nicht die wohnungsmarktpolitisch entscheidende Frage nach den Bedürfnissen der Be-

---

11 vgl. die Begründung des Gesetzentwurfs in BT-Drucks. IV 971 vom 13. Februar 1963

12 zu den vielen Mängeln s. Verhandlungen des deutschen Bundestages, 4. Wahlperiode, 63. Sitzung vom 8. März 1963, S. 2915

völkerung hinsichtlich der Größe, Qualität und Lage der Wohnungen in Verbindung mit den Mieten, Lasten und Einkommen.

Ein derartiger Datenbestand ist mit herkömmlichen Mitteln weder zu erstellen und zu aktualisieren noch auszuwerten. Allein der Aufbau von Datenbanken, die diese Informationen in ständig aktualisierter und im Sinne eines Informationssystems verknüpfbarer Form enthalten, könnte derartige Forderungen erfüllen. Schon eine sehr grobe Aufzählung der dazu notwendigen Voraussetzungen zeigt die unüberwindbar scheinenden Schwierigkeiten solcher Vorhaben. Dennoch besteht ein berechtigtes Bedürfnis im Sinne einer zukunftsorientierten Gesetzesplanung, zunächst die Ziele des organisatorisch Wünschbaren zu setzen, um dann schrittweise die Realisierung in einer abgesicherten Richtung anzustreben, wobei regelmäßig längere Zeiträume bis zur Schaffung der wirtschaftlichen und anderen Voraussetzungen zur Erreichung der jeweils nächsten Stufe verstreichen können.

Wenn in den folgenden Untersuchungen ein Informationssystem vorausgesetzt wird, das die für die Wohngesetzgebung notwendigen Informationen enthält, so geschieht das mit der Absicht, die damit für die Gesetzesplanung eröffneten Möglichkeiten aufzuzeigen.

Speziell für die Problematik der Frühwarnsysteme wird ein Informationssystem den Möglichkeitsraum, unerwünschte Entwicklungen auf dem Wohnungsmarkt frühzeitig zu erkennen, in doppelter Weise erheblich erweitern. Zum einen ermöglicht die Fülle und die Aktualität der gespeicherten Sozialdaten die Erstellung von mehrdimensional verknüpften Indikatoren, mit einer im Vergleich zu den herkömmlichen Indices weitaus höheren Aussagekraft.

Beispiel: Die statistische Formel zum Wohnungsfehlbestand könnte u.a. erweitert werden durch Berücksichtigung des Einkommens im Wege eines abstrakt festgestellten zumutbaren Mietanteils und durch die Möglichkeit, den Fehlbestand auf einzelne Gemeinden und Stadtteile aufzugliedern.

Zum anderen erlaubt die verfügbare Datenbasis die Erstellung von Programmen, die eine Mehrzahl von Sozialindikatoren für die verschiedensten Zwecke zum Ergebnis haben.

Beispiele: Index für regionales Wohngefälle; Kontrollprogramme zur Überwachung des Mißbrauchs von Sozialwohnungen, des Mietwuchers, der Bodenspekulation usw.

In ähnlicher Weise kann ein Informationssystem die Gesetzesplanung unterstützen, wenn es um die Frage geht, den Grund und den Umfang eines änderungsbedürftigen Mißstandes zu erkennen.

Beispiel: Die aufgrund von § 45 Wohngeldgesetz zu führende Statistik, die quasi als „Abfallprodukt" der automatisierten Wohngeldberechnung erstellt werden kann, hat u.a. zur Aufdeckung der folgenden regelungsbedürftigen Materie geführt[13]:

Ein großer Teil der Wohngeldempfänger bei Ein- bis Drei-Personen-Haushalten lebt in Wohnungen, die den in § 13 Abs. 3 Wohngeldgesetz festgelegten benötigten Wohnraum überschreiten, während sich für die großen Haushalte mit fünf und mehr Personen das umgekehrte Bild ergibt. Eine nähere Untersuchung über Grund und Umfang dieses Mißstandes zur Vorbereitung gesetzlicher Abhilfemaßnahmen wäre wiederum darauf angewiesen, diese Daten zu ergänzen und mit anderen Sozialdaten in Beziehung zu setzen.

2. Alternative Lösungsmöglichkeiten und Entscheidungshilfen

Das erklärte Ziel des Wohngeldgesetzes, beim Übergang von der Wohnungszwangwirtschaft zum freien Wohnungsmarkt auftretende soziale Härten auszugleichen, beruht auf einer Wertung, die hier nicht näher zu begründen ist, da es im folgenden nur darauf ankommen soll, die Möglichkeiten ADV-unterstützter Entscheidungshilfen für alternative Lösungen zu verdeutlichen.

a) Die Lösung des Wohngeldgesetzes

Die Beurteilung eines Gesetzes, das ein bestimmtes nicht in Frage gestelltes Ziel erreichen soll, erfolgt an den Voraussetzungen – insbesondere den aufzuwendenden Kosten – und dem Grad der tatsächlichen Erreichung des Ziels einschließlich etwaiger Nebenfolgen.

Die Schätzungen zu den Zuschußaufwendungen in den drei Wohngeldberichten beruhen auf verschiedenen Berechnungsmethoden und zeigen Abweichungen von der tatsächlich eingetretenen Entwicklung von über 100 %. Eine in hohem Maße wünschenswerte exaktere finanzielle Vorausplanung ließe sich durch ADV-unterstützte Planspiele im Entwurfsstadium des Gesetzes erreichen. Auch auf diesem Gebiet bestehen erst geringe Erfahrungen[14]. Trotz erheblicher Schwierigkeiten und Kosten bei der Organisation derartiger Simulationen dürfte sich die Arbeit an methodischen Verbesserungen und ein häufiger Einsatz lohnen, wenn man bedenkt, daß die Alternative, die darin besteht, die reale Anwendung des Gesetzes als Planspiel zu mißbrauchen, in der Regel zu sehr viel kostenaufwendigeren Gesetzesänderungen führt.

Auch die in den Wohngeldberichten der Regierung offen zugegebenen unüblichen hohen Verwaltungskosten, die 1968 im Verhältnis zum ausgezahlten Wohngeld rund 10 % betrugen und länderweise zwischen ca. 7 % und 14 % schwankten[15], wären ein geeignetes Feld für ein Planspiel gewesen.

---

13 vgl. dazu den 2. Wohngeldbericht, S. 19

14 s. z.B.: Die Mehrwertsteuer, Ergebnisse eines Planspiels, 4. Aufl. 1967

15 vgl. 3. Wohngeldbericht S. 28

Zur Erreichung des mit dem Wohngeldgesetz erstrebten sozialen Ziels wurde ein kompliziertes System von Ansprüchen und Schranken normiert[16]. Eine Prüfung der Zielgenauigkeit dieses Systems durch verschiedene auf Sozialdaten gestützte Prognosen wäre mit Hilfe der Datenverarbeitung möglich. Die ex post-Kontrolle durch die Wohngeldstatistik scheint dem Wohngeldgesetz die Zielgenauigkeit trotz der planerisch nicht abgesicherten Lösung zu bestätigen, wenn die Zahl der Haushalte, die Wohngeld in Anspruch nehmen, mit weniger als 3 %, der Anteil der Rentner und Pensionäre mit 56 %, der Arbeiter mit 25 % und die durchschnittliche Verringerung der Mietbelastung und des Einkommens für Wohngeldempfänger von 23,8 % auf 16,2 % ausgewiesen wird[17]. Ob damit die Zielgenauigkeit wirklich nachgewiesen ist, erscheint fraglich angesichts der Erhebungen des deutschen Mieterbundes, der die Zahl der anspruchsberechtigten Haushalte auf ein Drittel der 21 Millionen Haushalte schätzt. Sollte diese Schätzung zutreffen, wäre es möglich, daß sich das Wohngeld gegen den erklärten Willen des Gesetzgebers zu einem weit gestreuten generellen Zuschuß entwickelt, der dann überdies zu einer nicht gewollten allgemeinen Erhöhung des Mietpreisniveaus führen könnte. Für die letztgenannte Konsequenz spricht die im 1. Wohngeldbericht (S. 6) erwähnte dysfunktionale Folge, daß ein Teil der Vermieter unter Berufung auf die Wohngeldfähigkeit der Miete eine Mietpreiserhöhung vornahm.

Die Andeutung der komplexen Problematik dürfte deutlich gemacht haben, daß zielgenaue Gesetzentwürfe auf dem Sektor staatlicher Ein- und Ausgabepolitik mit manuellen Verfahren kaum zu erreichen sind. Mit einem leistungsfähigen Informationssystem, das heute noch als Utopie erscheinen mag, wäre es nicht nur möglich, ein Gesetz in Art des Wohngeldgesetzes auf Zielgenauigkeit zu bringen, sondern auch ohne Datenermittlung durchzuführen. Vorausgesetzt wird bei einem derartigen Verfahren, daß alle tatbestandsrelevanten Daten der Bürger gespeichert sind. Damit entfiele sowohl die Aufgabe des Sachbearbeiters mit Ausnahme der Ermessensentscheidungen in Härtefällen als auch die Antragstellung des Bürgers, die sich auf eine einfache Annahme- oder Ablehnungserklärung reduziert – eine Lösung, die allein schon angesichts der hohen Verwaltungskosten und der Kompliziertheit der Antragstellung, die viele Bürger von vornherein auf eine Geltendmachung ihrer Ansprüche verzichten läßt, und auch angesichts der langen Wartezeiten (Volksmund: Wohngeld=Wartegeld) anstrebenswert erscheint.

Das Beispiel zeigt deutlich eine Tendenz auf, die aus dem Integrationscharakter der Datenverarbeitung folgt und hier dazu führen könnte, Rechtsetzung und Gesetzesausführung in ein übergreifendes System einzubringen.

16 vgl. die Begründung des 1. Wohngeldgesetzes in BT-Drucks. IV 971 vom 13. Februar 1963, S. 13

17 s. 3. Wohngeldbericht S. 15–17

18 vgl. den Bericht der Sozialenquête-Kommission, Sonderdruck zu BT-Drucks. V 961, S. 78 u. 229 ff sowie Anlagenband S, 159 ff

An dieser Stelle soll einschränkend betont werden, daß bei der Verallgemeinerung des Wohngeldbeispiels die Automatisierbarkeit dieses Gesetzes in Rechnung zu stellen ist (andererseits kann hinsichtlich der Bedeutung und Anzahl automatisierbarer Gesetze eine zunehmende Tendenz festgestellt werden).

b) Das Modell der Sozialenquête-Kommission

Ausgehend von dem hohen Anteil der Wohngeldempfänger, die durch Rentner und Pensionäre gestellt werden, schlägt die Kommission folgende Alternative zur Wohngeldlösung vor:

a) Anhebung der Kleinrenten oder Lösung im Rahmen der Altenhilfe

b) Abschreibungsmöglichkeit bestimmter Mietanteile bei Familienhaushalten mit mehreren Kindern als Sonderausgabe

c) Einführung einer neben dem Kindergeld zu zahlenden Sozialhilfe für die Restfälle.

Der Vorschlag zielt bewußt auf eine erhebliche Senkung der Verwaltungskosten durch den Ausbau bestehender anstelle der Organisation neuer Verwaltungszweige. In welcher Höhe die Kostenersparnis eintritt und inwieweit diese Lösung von dem „Individualprinzip" des Wohngeldgesetzes abweicht, wie im 2. Wohngeldbericht (S. 10) behauptet wird, ließe sich durch Prognoseverfahren ermitteln.

Unter Ausnutzung der durch die Wohngeldstatistik besonders günstigen Datensituation könnten z.B. die Ergebnisse der Wohngeldlösung als Zielvorstellung festgelegt werden, die durch eine bestimmte Kombination der Lösungsmöglichkeiten des Sozialenquête-Vorschlag möglichst optimal erreicht werden soll. Die Berücksichtigung einer möglichen Kritik an dem Individualprinzip der Wohngeldlösung ließe sich durch eine entsprechende Änderung der in die Berechnung eingehenden Parameter berücksichtigen; in diesem Fall wären die Simulationsläufe zur Konkretisierung des Sozialenquête-Vorschlags auf diese geänderte Zielvorstellung auszurichten.

c) Alternativen und Koordinierung

Bei einer derart umfangreichen Materie wie dem Wohnrecht besteht immer die Gefahr, daß bei bestimmten partiellen Regelungen, wie sie zum Beispiel mit dem Wohngeldgesetz bezweckt sind, der Gesamtzusammenhang aller auf das Wohnrecht bezogenen, bestehenden, geplanten oder planbaren Regelungsmöglichkeiten vernachlässigt wird. Es handelt sich hier um das traditionsreiche Problem der Koordinierung – sei es zwischen den Resssorts oder zwischen Bund, Ländern und Kommunalbereich, das sowohl im Hinblick auf Widerspruchsfreiheit und Abstimmung als auch in Bezug auf eine möglichst vollständige Alternativenauswahl bei der Planung einzelner Gesetze zu lösen ist.

Das allgemeine Anliegen des Wohnrechts besteht in der Sicherung menschenwürdigen Wohnens gerade auch für die finanziell schwach gestellten Bevölkerungsteile. Neben der Wohngeldlösung und dem Vorschlag der Sozialenquête-Kommission gibt es noch eine Reihe weiterer Möglichkeiten wie zum Beispiel:

– **Eigentumsumschichtung, Vermögensbildung**

  Bei der Vermögensumverteilung handelt es sich um einen Prozeß, der auf Jahrzehnte zu planen ist und sich deshalb für eine kurzfristige Lösung des Wohnproblems nicht eignet. Zieht man jedoch jeder Art von Sozialhilfe, Subventionierung und staatlichen Eingriffen auf dem Wohnungsmarkt eine dauerhafte Regelung vor, so stellt sich in diesem Zusammenhang das schwierige Problem, das Auslaufen der kurzfristigen Lösungen mit dem langfristigen Prozeß der Vermögensumverteilung abzustimmen; ein Planungsproblem, das schon wegen der Vielzahl der notwendigen Daten und Auswertungen effektiv nur mit Hilfe der ADV zu bewältigen ist.

– **Staatliche Förderung privater Bautätigkeit**

  Ohne auf die allgemeinen Voraussetzungen und Folgen dieser sog. objektbezogenen Förderungsart einzugehen, sei lediglich auf das noch umstrittene Problem des Verhältnisses dieser Alternative zur subjektbezogenen Förderung, wie es zum Beispiel das Wohngeld vorsieht, hingewiesen. Vertreten wird einerseits der Ausbau der subjektbezogenen Förderung unter weitgehender Ablösung der Objektförderung[19]. Andererseits wird behauptet, beide Förderungsarten ständen in dem Verhältnis einer sinnvollen Ergänzung[20]. Der Gedanke liegt nahe, daß der Einsatz automatisierter Verfahren auch zu dieser Streitfrage wesentliche Entscheidungshilfen beitragen könnte.

– **Staatliche Bautätigkeit und Wohnungszwangswirtschaft**

  Die Wirksamkeit der direkten staatlichen Eingriffe über eigene Bautätigkeit, Mieterschutz, Mietpreisbindung bis hin zur Wohnungszwangsbewirtschaftung steht außer Frage. Die Lösung widerspricht jedoch der Überführung des Wohnungswesens in die freie Marktwirtschaft, die beispielsweise dem Wohngeldgesetz als erklärtes Ziel zugrundeliegt.

Mit dem Gesetz über Maßnahmen zur Verbesserung des Mietrechts und zur Begrenzung des Mietanstiegs ist seit neuestem wieder eine gegenläufige Entwicklung eingeleitet worden. Dieser Kurswechsel wirft die Frage auf, inwieweit eine gründliche Auswertung der relevanten Sozialdaten zu einer lang-

---

19 s. Gutachten der Finanzierungskommission der Gesellschaft für Wohnungs- und Siedlungswesen e.V., 1966

20 vgl. 2. Wohngeldbericht S. 12 f und 3. Wohngeldbericht S. 13 f mit weiteren Nachweisen

fristigen und flexiblen Gesetzesplanung führen kann, die in geringerem Masse durch unsystematische Aushilfen gekennzeichnet ist. Damit sind keine Konzeptionen gemeint, die sich durch die besondere Konsequenz auszeichnen, mit der ein isolierter Ansatz durchgeführt wird. Es geht im Gegenteil in den meisten Fällen darum, die besonderen partiellen Stärken der verschiedenen Lösungsmöglichkeiten – soweit das widerspruchslos möglich ist – in ein übergeordnetes System einzubringen und so zu einer flexiblen Mischlösung zu gelangen.

Diese Fragestellung leitet über zu dem Problem der koordinierenden Gesetzesplanung, die hier unter Beschränkung auf die Ressortkoordinierung kurz erwähnt werden soll. Das zur Zeit im Aufbau begriffene integrierte Aufgabenplanungs- und Koordinationssystem des Kanzleramtes[21] ist speziell auf die Bedürfnisse der Bundesregierung zugeschnitten und zielt auf eine möglichst frühzeitige Erkennung der einer Abstimmung noch zugänglichen Projekte der einzelnen Ministerien über ADV-Verfahren unter Verwendung standardisierter Datenblätter, aus denen Informationen über Kosten, Termine, politischen Rang u.a. hervorgehen. Das ausgebaute System wird sich vor allem an der Aufgabe zu bewähren haben, die heute allgemein praktizierte Übung der negativen Koordination abzulösen, die sich im Gegensatz zu der positiven, zukunftsorientierten Koordination allein auf die Absicherung von Ressortinteressen beschränkt. Die dazu notwendigen Voraussetzungen wie z.B. die Stärkung des Kabinettsprinzips gegenüber dem Ressortprinzip, die Motivierung der Planenden zur Koordination und Verbesserung des Planungsinstrumentariums werden nicht leicht zu schaffen sein.

3. Entscheidungsfindung

Im Idealfall stehen für das Stadium der Entscheidungsfindung die wesentlichen alternativen und gemischten Lösungen zusammen mit den offengelegten jeweiligen Voraussetzungen und Folgen zur Verfügung, was nicht bedeutet, daß es jetzt nur noch um den Einsatz wertender Methoden geht.

Eine Entscheidung über verschiedene Lösungsmöglichkeiten erfolgt durch bestimmte Wertungskriterien. Die skizzierten Alternativen zum Wohnungsproblem, die alle unter der Zielvorstellung der Sicherung menschenwürdigen Wohnens gerade für die finanziell schwächeren Bevölkerungskreise stehen, könnten z.B. an folgenden Kriterien gemessen werden:

Vergleich des Transfereffektes:

Die Subventionierung der Zielgruppe kann in unterschiedlicher Weise entweder ihr allein (Vermögensverteilung) oder gleichzeitig auch anderen (in-

---

21 zum folgenden vgl. Jochimsen, Zum Aufbau und Ausbau eines integrierten Aufgabenplanungs- und Koordinationssystems der Bundesregierung in: J.H.Kayser (Hrsg) Planung VI, Baden-Baden 1971

direkte Subventionierung der Vermieter beim Wohngeld und direkte Subventionierung der Unternehmer bei der Bauförderung) zugute kommen, ebenso wie die Finanzierung der Subvention entweder gesamtgesellschaftlich oder durch besondere Heranziehung einzelner (Mietpreisbindung) erfolgen kann.

Bürgerfreundlichkeit

Zwischen der Regelung durch Rentenerhöhung, die dem Rentner die Anmietung angemessenen Wohnraums ermöglicht, und dem Zwang, einen Subventionsantrag zu stellen, bestehen Unterschiede, die – überspitzt formuliert – dem Bürger im ersten Fall das Gefühl vermitteln, die Leistung verdient zu haben, während er im zweiten Fall in der Art der Sozialfürsorge behandelt wird.

Die Bürgerfreundlichkeit mißt sich auch an der Schnelligkeit der Hilfe und an dem Grad, inwieweit an dem Grundsatz der freien Wohnungswahl festgehalten wird. Entscheidungshilfen für diese besondere Art von Wertungsfragen sind denkbar in Richtung einer Erhebung und Auswertung von subjektiven Sozialdaten wie z.B. der Stellungnahmen der Bevölkerung.

Berücksichtigung der Zeitdimension

Ein wesentliches Kriterium für die Bewertung verschiedener Gesetzentwürfe liegt in der mehr oder weniger gut gelungenen Anpassung auf die in Zukunft zu erwartenden Änderungen im Sozialbereich. Beispielsweise wären für Regelungen auf dem Wohnungssektor alle denkbaren und voraussehbaren Veränderungen des Wohnungsmarktes systematisch zu erfassen und abzuschätzen; an Hand dieses Katalogs ließe sich dann prüfen, in welchem Maße die verschiedenen Lösungen an zukünftige Entwicklungen anpassungsfähig sind.

Die Reihe der genannten Bewertungskriterien ist nicht nur um die selbstverständlichen Maßstäbe der Zielgenauigkeit und Verwaltungskostenhöhe zu ergänzen, sondern prinzipiell beliebig vermehrbar. Das Problem der Auswahl der Kriterien, ihre unterschiedliche Operationalisierbarkeit und die Frage ihrer Gewichtung lassen erkennen, wie schwierig sich der Einsatz formaler Methoden zur Unterstützung der endgültigen Entscheidung zwischen den Alternativen – z.B. durch Nutzen-Kosten Analysen[22] gestaltet. Die Eignung für begrenztere vorabklärende Fragestellungen ist jedoch nicht zu bestreiten. Zum Beispiel ließe sich eine sinnvolle Nutzen-Kosten Analyse für den Vergleich der Wohngeldlösung mit dem Sozialenquête-Vorschlag vornehmen auf

---

22 eine gute Einführung in den derzeitigen Forschungsstand gibt Recktenwald (Hrsg.) in dem Aufsatzband: Nutzen-Kosten-Analyse, Grundlage staatlicher Entscheidung und Planung, Tübingen 1971

der Basis einer gemeinsamen operationalisierten Zielvorstellung (s.o. II 2 b) und mit dem Ziel, die unterschiedlichen Verwaltungskosten zu berechnen.

Gem. § 6 Haushaltsgrundsätzegesetz sind „für geeignete Maßnahmen von erheblicher finanzieller Bedeutung Nutzen-Kostenuntersuchungen anzustellen." Die Dehnbarkeit der Vorschrift entspricht der heute noch begrenzten praktischen Anwendbarkeit der Methode. Ein zielgerichteter Ausbau dieses Planungsinstrumentes wird zu einer erheblichen Verbreiterung des Anwendungsbereichs führen, wobei wiederum auch für diese formale Methode der Satz gilt, daß dadurch der politische Entscheidungsspielraum nicht verengt, sondern erweitert wird.

Diese Prämisse soll noch einmal aufgegriffen und am Beispiel der Wohngeldlösung verdeutlicht werden. Die idealtypischen Stationen einer ständig fortschreitenden Strukturierung des Gesetzes die ihrerseits eine zunehmende Intensivierung des Einsatzes formaler Methoden voraussetzt, könnte in einer groben Skizze wie folgt beschrieben werden:

a) Die Bestimmung über Grund und Höhe des Wohngeldes unterliegt dem freien Ermessen der Verwaltung.

   Bei dieser nur theoretisch interessanten Lösung wird der Verwaltung die politische Entscheidung über die Verteilung überlassen.

b) Festlegung eines Wohngeldanspruches mit mehr oder weniger generalklauselartigen Wendungen wie z.B.: Wohngeld wird in der Höhe gewährt, die zur Befriedigung berechtigter Wohnbedürfnisse ohne ungebührliche Drosselung anderer Ansprüche notwendig ist.

   Die Lösung erweitert den politischen Spielraum des Gesetzentwurfs durch die Möglichkeit, eine grobe Vorstrukturierung der Verteilung vorzunehmen. Die Ausübung des entsprechend eingeschränkten Entscheidungsspielraums der Exekutive bei der Gesetzesausführung unterliegt richterlicher Nachprüfung.

c) Grund und Höhe des Wohngeldes werden algorithmisch bestimmt.

   Die Festsetzung sog. harter Sozialdaten als Tatbestandsmerkmale, die weder auslegungsbedürftig noch auslegungsfähig sind (Größe der Wohnung in qm, definiertes Einkommen, Mietpreis usw.) und die Definition eines formalen Entscheidungsverfahrens führt zu einem vollständig automatisierbaren Gesetz, das der gesetzesausführenden Verwaltung jeden Entscheidungsspielraum nimmt. Die Wahl unter verschiedenen Sozialdaten als Tatbestandsmerkmale und die Auswahl eines bestimmten Entscheidungsverfahrens kennzeichnen den politischen Entscheidungsspielraum, der Lösungen von theoretisch beliebigen Differenzierungsgraden zuläßt. Die Wahlentscheidungen für bestimmte Tatbestandsmerkmale und Entscheidungsverfahren beruhen auf wertenden Methoden. Der prinzipiell mögliche Einsatz formaler Methoden zur Unterstützung bis hin zur Ableitbarkeit von Wahlentscheidungen führt nicht zu einer Verengung politischen Spielraums oder einer Ablösung wertender Methoden, sondern begründet im Gegenteil eine Erweiterung des Politik- und Wertungspotentials. Der Grund dafür ergibt sich aus der Feststellung, daß auch die zu dem eben genannten Zweck eingesetzten formalen Methoden auf Auswahlentscheidungen beruhen und damit das Wertungsproblem nur auf eine höhere Stufe heben.

Anhang
Das Parlamentarische Informationssystem

Einer der Angelpunkte der Parlamentarismus-Kritik ist der Mißstand, daß die von der Regierung gesteuerten und von der Exekutive geplanten Gesetzentwürfe in der Regel im Gesetzgebungsverfahren nicht mehr mit Alternativen konfrontiert werden und nur marginale Änderungen erfahren. Auch die Parlamentsmaterialien zum 1. Wohngeldgesetz können als Beleg für diesen Befund angeführt werden.

Die schon ohne Berücksichtigung der ADV gemachten Reformvorschläge für die Gesetzgebungsarbeit des Bundestags zielen hauptsächlich in 3 Richtungen:

- getrennte Gesetzgebungswege für wichtige und weniger wichtige Gesetze[23]
- verstärkte Transparenz nach innen und außen[24]
- Verstärkung des Parlamentarischen Hilfsdienstes[24].

Die Planungen zu einem Parlamentarischen Informationssystem sollten sich gerade mit diesen Forderungen auseinandersetzen, um zu verhindern, daß ein modernes Instrument auf ein reformbedürftiges Verfahren aufgesetzt wird.

Die vorläufigen Planungen zu einem ADV-Einsatz beschränken sich zunächst auf den Aufbau einer Parlamentsdatenbank, – einer Art „überdimensionalen Inhaltsverzeichnisses"[25] für Gesetzesmaterialien, Parlamentsberichte usw. Die hilfreichen Funktionen, die eine solche Datenbank für die Parlamentverwaltung bis hin zu einer automatischen Edition der Gesetzestexte[26] und einer Rechtsbereinigung hat, decken jedoch nicht die nur von einem Informationssystem zu erfüllenden Forderungen ab, wie sie zum Beispiel an eine ADV-gestützte Kontrolle und Planung von Gesetzentwürfen zu stellen sind.

---

23 vgl. z.B. Ellwein in: Ellwein Görlitz, Parlament und Verwaltung, 1. Teil Gesetzgebung und Kontrolle, Stuttgart 1967, S. 258 ff.

24 vgl. z.B. Schäfer, Der Bundestag, Köln 1967, S. 298 ff

25 s. Steinmüller, JR 1971, S. 7

26 vgl. Fiedler a.a.O. S. 69

Die Heidelberger Studiengruppe für Systemforschung[27], die im Auftrag des Bundestages an dem erwähnten Dokumentationssystem für Parlamentsmaterialien arbeitet, versteht diese Datenbank als Basis eines bislang nur umrißhaft konzipierten Parlamentarischen Informationssystems; als weitere Subsysteme sind zum Beispiel eine Dokumentation von Entscheidungsgrundlagen vorgesehen, die vor allem Informationen für Alternativ-Lösungen nebst Konsequenzen erbringen soll, sowie ein Subsystem, das für den Datenaustausch mit anderen Informationssystemen und für die Speicherung von Sozialdaten konzipiert ist.

Eine Reihe von Fragen, die für den Aufbau eines Parlamentarischen Informationssystems wesentlich sind, stehen noch offen und bedürfen einer eingehenden Untersuchung. Speziell für die Problematik der Gesetzesplanung geht es um grundsätzliche Klärung folgender Positionen:

a) Mit einem Informationssystem soll das Parlament in die Lage versetzt werden, die Regierungsentwürfe effektiv zu kontrollieren durch Aufbau eines gleichwertigen Instrumentariums zur Gesetzesplanung (Schaffung einer Konkurrenzbürokratie).

b) Das Informationssystem soll in erster Linie die Opposition in ihren Bemühungen unterstützen, bestimmte wenn auch nur marginale Verbesserungen im Sinne ihrer Vorstellungen in der Ausschußarbeit zu erreichen.

c) Der Einsatz des Parlamentarischen Informationssystems soll bei der Gesetzesplanung nicht zu einer –aussichtslosen – Konkurrenz zu den Regierungs- und Verwaltungsinformationssystemen führen; im Hinblick auf die Aufgaben und Möglichkeiten des Parlaments ist es nur sinnvoll, eine Informationshilfe für Alternativkonzeptionen zu geben. Anstelle detaillierter ausformulierter Gegenentwürfe muß es genügen, mit gezielten Auswertungen von Sozialdaten den Regierungsentwurf zu kritisieren bzw. die eigene Konzeption zu bestätigen.

In Abhängigkeit der jeweiligen Entscheidung für eine dieser Grundpositionen zur Gesetzesplanung wird das Parlamentarische Informationssystem hinsichtlich der Art und des Umfanges der zu speichernden Daten, der anzuwendenden Verfahren und der Regelung des Zugriffs auf andere Datenbanken verschieden konzipiert werden müssen.

---

27 s. K.H. Meyer Uhlenried, Systemanalyse und Entwurf eines integrierten automatisierbaren Informations- und Dokumentationssystems – dargestellt am Projekt „Entwicklung eines Dokumentationssystems für Parlamentsmaterialien" im Auftrag des Deutschen Bundestags, Studiengruppe für Systemforschung e.V., Bericht Nr. 97, München 1970

Grunddaten der Verwaltung und ihre Organisation in Datenbanken

von **Jochen Schneider**

Zusammenfassung

Bei der Verwaltungsautomation ist die Einrichtung von integrierten Datenbanken der Schritt von der isolierten zur integrierten Datenverarbeitung. Die Grunddaten sind die wichtigsten zu integrierenden Elemente, die sich auch wegen des notwendigen Austausches für die Organisation in Datenbanken anbieten, da sie von mehreren Stellen, bzw. für verschiedene Aufgaben, benötigt werden.

Die Organisation innerhalb der Datenbank wird bestimmt durch die Faktoren, die die organisatorische Einordnung der Datenbank in die Organisation der Verwaltung beeinflussen.

Bei der Errichtung der Datenbanken ist der Einbau in ein umfassendes Informationssystem zu berücksichtigen. Die hierbei entscheidenden Prinzipien werden in ihren Verhältnis zueinander dargestellt. Dabei wird versucht, eine Terminologie, die sich mit den neueren Veröffentlichungen deckt, zu verwenden.

Abstract

With the automation of the public administration the establishment of integrated data banks is a step from an isolated towards an integrated data processing. The basic data are the most important elements to be integrated. Since exchanges of data will become necessary and since they are needed by several users or for different purposes it suggests itself to organize these elements within data banks.

The organisation to be applied within a data bank is determined by the factors which determine the organisational position of the data bank itself. Upon the establishment of data banks the integration into a comprehensive information system must be taken into account. The article presents the principles which are determinative for this position in their mutual relationship, using a terminology which is in accordance with recent publications.

Deskriptoren

Automation
Automationsgerechtigkeit
Datenaustausch
Datenbank
Datenbank, formatierte
Datenbank, nicht formatierte
Datenbanksystem
Dokumentation
Einzugsbereich
formatierte Datenbank
Grunddaten
Informationssystem

Informationswiedergewinnung
Integration
Integration, datentechnisch
Integration, organisatorisch
Integration, funktionell
Integration, institutionell
Integration, intern
Integration, extern
Interdependenz
Kommunikation
Kommunikationssystem
Nachricht
Methodenbank
Personenkennzeichen
Systemtheorie
Verwaltungsvollzug
Verwaltungsvollzug, Automatisierung des
Universalität
Zentralisation

Übersicht

Überblick

1.1 Verwaltungsautomation

Nachdem der Einsatz der EDV sich zunächst auf Militär und Wirtschaft erstreckte, beginnt nun auch die Verwaltung immer mehr, sich der EDV zu bedienen. Indem sich das Selbstverständnis der Verwaltung nicht nur hin zu einer immer stärker werdenden Betonung der Leistungsverwaltung[1] wandelt, sondern sich auch die Verwaltung immer mehr als ein großes datenverarbeitendes System versteht[2], sind die Wege geebnet, die Verwaltung zu einem der großen Anwendungsgebiete der EDV werden zu lassen.

---

1 *HZD* (Hr.), Hessen 80. Großer Hessenplan, Wiesbaden 1970. S.4

2 *Genscher*, in: betrifft:PK. Öffentlichkeitsarbeit des BMI, Nr. 7, S. 2

Von der Vielfalt der zu bewältigenden Aufgaben her, bei der Vielzahl der Verwaltungsstellen und dem Umfang des zu bearbeitenden Datenmaterials vollzieht sich der Aufbau der EDV-Organisation zwangsläufig in kleinen Schritten.

Heute hat die Anwendung der EDV einen Umfang angenommen, der eine Koordinierung der einzelnen Anwendungsfälle zwingend notwendig erscheinen läßt, wenn nicht die Effektivität der EDV leiden soll. Außerdem ist eine Koordinierung unumgänglich, wenn – aufbauend auf der Automation der Aufgaben in den einzelnen Regionen – umfassende Informationssysteme errichtet werden sollen[3].

Symptomatisch für die hierzu notwendige organisatorische Neugliederung ist etwa in Bayern die Errichtung eines Landesamtes für Datenverarbeitung[4] und der AKDB[5].

Diese Organisation trägt den neuen technisch-organisatorischen Gegebenheiten der EDV-Anwendung Rechnung, die auch in der Verwaltungsautomation (neben der Wirtschaft) zu finden sind:

> Nach der Übernahme von Massen- und Routineaufgaben in isolierten Bereichen beginnt nun darüber hinaus der Einsatz der EDV zur Gewinnung von Entscheidungs- und Planungshilfen[6].

Diese Entwicklung kann man auch als Übergang von der quantitativen zu der qualitativen Datenverarbeitung sehen, und damit von der isolierten zur integrierten.

Gekennzeichnet wird dieser Trend durch die Schlagworte Informationssystem (MIS, Verwaltungs-IS, Polizei-IS, Krankenhaus-IS, Parlamentarisches IS) und Integration. Beide Begriffe sind von einer ebenso großen Popularität wie Vagheit[7].
Dazu hat nicht zuletzt die langwährende Propagierung von MIS beigetragen. Bisher wurde aber noch kein umfassendes und abgeschlossenes Informationssystem (mit EDV) realisiert[8a].

Eine der Aufgaben der Rechtsinformatik ist es wohl, die Terminologie mitzugestalten. Deshalb faßt sich dieser Beitrag auch auf als ein Versuch einer in sich geschlossenen Terminologie. Denn unter den Begriffen Datenbank und Integration sind zu viele Bedeutungen unterzubringen, als daß noch ein faßbarer Gehalt zu finden ist.

---

3 Hierzu sind Planungen des Bundes und der Länder im Gange.

4 Bayer. EDVG, Art. 3, 4 und 5.

5 Anstalt für kommunale Datenverarbeitung in Bayern (Art. 14 EDVG)

6 so auch Art. 1 Bayer. EDVG

7 *Lutz/Klimesch,* Die Datenbank im Informationssystem, München-Wien 1971, S.15

8[a] *Lutz/Klimesch,* a.a.O. S. 34

1.2 Terminologie und Systematik[8b]

1.2.1 Allgemeines

Mit der Planung von Informationssystemen ist die Verwaltungsautomation in eine neue Phase eingetreten. Waren es bisher die Massen- und Routinearbeiten, die automatisiert werden, will sich jetzt die Verwaltung der EDV auch als Mittel zur Gewinnung von Planungs- und Entscheidungshilfen bedienen.

Der Automatisierungsgrad der einzelnen Ressorts und der Kommunalverwaltung hat inzwischen einen Stand erreicht, der eine Koordinierung in den einzelnen Ländern unerläßlich macht. Datenzentralen bzw. Landesämter für Datenverarbeitung sind die institutionelle Voraussetzung für diese Koordinierung.

Der Aufbau von landesweiten Informationssystemen verlangt aber noch mehr als die bloße Koordinierung der von den einzelnen Anwendern isoliert vorgenommenen Automation. Um zu vollständigem Datenmaterial – als Voraussetzung für einen reibungslosen und wirtschaftlichen Verwaltungsvollzug und für die Gewinnung repräsentativer Entscheidungs- und Planungsinformationen – zu kommen, ist eine Verknüpfbarkeit der an verschiedenen Stellen gespeicherten Daten erforderlich. Die Einführung des Personenkennzeichens 1973 wird für die personenbezogenen Daten ein einheitliches Ordnungs- und Verknüpfungsmerkmal werden.

Automationsbemühungen auf anderen Gebieten, wie z.B. Polizei, Grundbuchwesen, Sozialversicherung werden heute immer schon im Zusammenhang mit der übrigen Automation projektiert bzw. als Subsystem des landesweiten Informationssystems. Eine der wesentlichen Aufgaben eines solchen Informationssystems ist die Speicherung und Bereitstellung der Daten in einer Weise, die Doppelarbeitet vermeidet und eine Vollständigkeit des Datenmaterials gewährleistet.

Im Prinzip befassen sich die verschiedensten Verwaltungsträger immer mit dem gleichen Objekt, dessen Rolle jeweils mit der Funktion der Behörde wechselt: der Mensch als Steuerzahler, Verkehrsteilnehmer, Wähler, Grundstückseigentümer usw. Zwangsläufig werden die Daten des Bürgers an entsprechend vielen Stellen geführt, aktualisiert und ausgewertet.

Mit Hilfe der EDV werden die vielen Karteien bei der Automation so zusammengeführt, daß die Doppelarbeiten entfallen. Der Schlüssel zu dieser Koordinierung und Kooperation der verschiedensten Stellen liegt in einer entspre-

---

8b Es kann nicht Aufgabe eines kurzen Beitrags sein, in die z.T. wenig fruchtbare Diskussion zur Terminologie einzusteigen. Deshalb wird ein Konzept vorgestellt, ohne die entsprechenden Literaturstellen zu nennen.
Soweit die Begriffe im folgenden Text relevant werden, sind sie dort durch Literatur belegt.
Die Darstellung lehnt sich an die Konzeption bei *Walter* an: Walter in: Fischer/Walter Informationssysteme in Wirtschaft und Verwaltung, Berlin/New York 1971

chenden Organisation des Einwohnerwesens, das von der Funktion her geeignet ist, die Einwohnerdaten zu erfassen, zu speichern und anderen Stellen zur Verfügung zu stellen.

Das bedeutet einen Wandel in der Zielsetzung des einst als sicherheitspolizeiliches Instrument konzipierten Meldewesens zu einer fundamentalen Informationsquelle der Verwaltung. Durch die Verknüpfung aller Stellen, die mit personenbezogenen Daten umgehen, wird der erste Schritt von der isolierten, an die Institution des Anwenders gebundenen Automation zur integrierten vollzogen. Wesentliche Voraussetzung hierfür ist die Errichtung von Datenbanken.

1.2.2 Systematische Einordnung der Datenbank

Ähnlich wie der Begriff Informationssystem ist Datenbank kein einheitlich gebrauchter Terminus, weshalb er für die Darstellung in diesem Beitrag erläutert werden muß.

1.2.2.1 Datenbank als Gesamtheit von Daten

Unter Daten werden Angaben über Objekte, Bedingungen o.ä. verstanden, die durch Zeichen in maschinenverständlicher Form dargestellt werden.

Zeichen sind Bestandteile eines Codes, die nach den für die Kommunikation geltenden und verständlichen Regeln zusammengesetzt werden. Nach dem Zeichenvorrat werden die Zeichen in Gruppen unterteilt, z.B. in binäre Zeichen oder Buchstaben. Diese Zeichen werden zur Bildung verständlicher Einheiten nach bestimmten Regeln organisiert, wobei eine hierarchische Kategorisierung getroffen wird. Neben der operationellen oder maschinenbezogenen Organisation gibt es die funktionelle, die für das Verhältnis Anwender – DVA entscheidend ist.

Die logisch gesehen erste Organisationsstufe ist das Datenelement, das die kleinste logische Einheit darstellt. Mehrere Datenelemente können logisch zu einer Datengruppe gehören, wenn sie sich auf dasselbe übergeordnete Merkmal beziehen. Z.B. Adresse, Geburtsdatum und Name sind jeweils Datengruppen. Die nächste Stufe ist der Datensatz, der sich aus logisch zusammengehörigen Datenelementen zusammensetzt, z.B. Datensatz Einwohnerwesen, Steuer, Pkw usw.

Innerhalb des Datensatzes wird den Datenelementen jeweils ein Platz zugewiesen, der Feld genannt wird. Der Begriff, der den Inhalt eines Feldes kennzeichnet (Alter, Beruf, Religionszugehörigkeit, Geschlecht usw.) ist der Aspekt. Unter diesem Aspekt kann das Feld gezielt angesteuert werden, z.B. um geändert, gelöscht oder gelesen zu werden.

Um die Daten bzw. die Datensätze und Elemente nach verschiedenen Kriterien (Suchbegriffen) auswerten zu können, müssen die Datenelemente strukturiert sein.

Datensätze können nach der Art ihrer Struktur in verschiedene Kategorien eingeteilt werden. Die Art der Struktur ist eine entscheidende Größe für die Möglichkeit von Auswertungen.

Datensätze, die logisch und sachlich zusammengehören, werden zu einer Datei unter einem einheitlichen Ordnungsmerkmal zusammengefaßt. Eine Datei enthält die Daten, die zur Erledigung eines in sich geschlossenen Sachgebiets notwendig sind.

Sämtliche Dateien eines Organisationsbereiches (Ressort, Kommune, Region) werden zu einer Datenbank zusammengefaßt, so daß sie die gesamten Daten, die in diesem Organisationsbereich anfallen bzw. benötigt werden, enthält.

Bisher wurde in der Darstellung davon ausgegangen, ohne es ausdrücklich zu sagen, daß im Blickpunkt der Betrachtung formatierte Daten standen. Bei Formatierung werden für Datenelemente und Datensätze Felder, Feldlängen und Aspekte so festgelegt, daß Zuordnungen von Formaten und Merkmalen erfolgen.

Es gibt aber auch die Möglichkeit, mit nicht formatierten Daten zu arbeiten, was meistens als Dokumentation bezeichnet wird. Zwangsläufig sind solche Daten nicht strukturierbar und nicht durch weitere maschinelle Bearbeitung auszuwerten.

Bei nichtformatierten Datenbeständen sind die Datenelemente nicht durch Felder begrenzt und durch Aspekte definiert, sondern Texte, die ohne Schematisierung gespeichert werden.

Da die Beschreibung der Datenelemente durch Formate, Aspekte und deren Reihenfolge (Platz innerhalb des Satzes) Voraussetzung für die weitere Auswertbarkeit ist, lassen nichtformatierte Datenelemente nur die Wiedergewinnung einmal eingegebener Texte zu. Die Auffindung setzt eine Verknüpfung (in entsprechenden Listen) von Text (Dokument) und den Text charakterisierenden Schlagworten voraus. Diese Art von Datenbankgestaltung wird oft als Dokumentation bezeichnet. Ihre Verwendung ist dort angebracht, wo die Struktur der zu speichernden Angaben keine Formatierung erlaubt bzw. wo diese nicht nötig erscheint. Der allgemeine Trend geht wohl in die Richtung, auch bei der Speicherung von Texten eine gewisse Formatierung für die Möglichkeit weiterer Auswertung vorzusehen.

Die beschriebene Kette von Datenelement zur Datenbank stellt die einzelnen Stufen unter dem Aspekt der **Funktion** dar. Eine entsprechende Kette läßt sich **datentechnisch**, also auf die EDVA bezogen, durch die Begriffe Bit, Byte, Wort, Satz (physikalisch) oder Block darstellen, auf die hier aber nicht näher eingegangen werden kann.

1.2.2.2 Die Datenbank als ein Element des Informationssystems

Damit die Datenbestände der Datenbank verwaltet und bereitgestellt werden können, sind Verfahren notwendig, die gewisse Grundfunktionen ermöglichen, wie Eröffnen, Verändern, Zugriff (Lesen) und Reorganisation. Da es sich um Verfahren, also Programme, handelt, werden sie in ihrer Gesamtheit als Datenbanksystem bezeichnet.

Von den Fähigkeiten des Datenbanksystems hängt es ab, ob die Anforderungen an die Bewältigung von Änderungsdienst, schnellem Zugriff und optimaler Organisation erfüllt werden, die je nach Art der Aufgabe verschieden sein können.

Auf einer weiteren Stufe sind die Programme anzusiedeln, die die gezielten Auswertungen der Datenbestände erlauben, die als Benutzerprogramme bezeichnet werden und die die Methodenbank bilden.

Um nun mit dem Benutzer in Kommunikation treten zu können, ist ein Kommunikationsteil (Sprachteil, Kommunikationssprache) notwendig.

Aus dem Zusammenspiel dieser Software-Systemkomponenten ergibt sich die Fähigkeit der Verbindung des Benutzers mit der Maschine bzw. der Datenbank in einer Weise, die einen Kommunikationsprozeß ermöglicht, also den Austausch von Informationen zwischen zwei Partnern.

Ohne hier genau definieren zu wollen, stellt sich dann ein Informationssystem als eine durch EDV gestützte Organisation des Kommunikationsprozesses dar.

Eine Datenbank ist deshalb nicht unerläßliche Voraussetzung für ein Informationssystem.

Die Datenbank stellt eine Möglichkeit dar, die Organisation der Datenbestände, die im Informationssystem enthalten sind, zu gestalten. Da es sich um eine Zwischenspeicherung handelt, nennt man Informationssysteme mit Datenbank gepufferte oder indirekte Systeme. Systeme ohne Datenbank sind z.B. Steuerung von Fertigungsprozessen und Flugbahnen.

2. Gegenstand der Betrachtung

In der Hauptsache sind es zwei große Problemkreise, die im Zusammenhang mit der Verwaltungsautomation diskutiert werden:
die Automationsgerechtigkeit und der Datenschutz.

Die Automationsgerechtigkeit wird als Forderung an die Verwaltungsorganisation[9] und die Normgeber[10] erhoben. Der Datenschutz – aufgefaßt als der Schutz der Privatsphäre (Individualdatenschutz) und des Informationsgleich-

---

9 *HZD* a.a.O. S. 11 (Grundforderung 7)

10 z.B. *v.Berg*, Automationsgerechte Rechts- und Verwaltungsvorschriften, Köln-Berlin 1968 und in Bayern, *Bayerische Staatsregierung*, Vorläufige Grundsätze für das automationsgerechte Abfassen von Vorschriften, in: Bayer. Staatsanzeiger Nr. 36 vom 5.9.1969

gewichts zwischen den 3 Gewalten, zwischen Staats- und Kommunalverwaltung, zwischen Ressorts usw.[11] – nimmt sich der Kehrseite dieser Forderung an und postuliert restriktive Maßnahmen, die eine negative Entwicklung bzw. negative Folgen verhindern sollen.

Kristallisationspunkt beider Problemkreise ist die Integration, äußeres Symptom und zunächst oft Anlaß für die Datenschutzdiskussion ist die Einführung des Personenkennzeichens (PK)[12] ab 1973.

Um eine Integration erreichen zu können, wird die Anpassung der Verwaltungsorganisation und der Normgebung an die Erfordernisse der EDV gefordert[13] und die Einführung des PK als bundeseinheitliches Ordnungs- und Verknüpfungsmerkmal notwendig[14]. Gleichzeitig entsteht durch die Integration möglicherweise die befürchtete Transparenz der Privatsphäre und die neue Qualität der Information, die demjenigen, der über sie verfügt, einen Informationsvorsprung verschafft.

Um erkennen zu können, welche Forderung der Automationsgerechtigkeit zu Recht erhoben wird, und welche Gefahren tatsächlich drohen können, denen der Datenschutz begegnen muß, ist es notwendig, zunächst die Grundlagen der Verwaltungsautomation mit ihren technischen und organisatorischen Bedingungen zu betrachten. Es könnte sich bei näherer Untersuchung herausstellen, daß nur wenig geklärt ist, was nun eigentlich die Anforderungen der EDV an Verwaltung, Gesetzgebung, Bürger usw. sind.

Als Beispiel kann das Phänomen Integration dienen. Ursprünglich im Zusammenhang mit der EDV gebraucht, als Voraussetzung für Informationssysteme propagiert, scheint die Integration „automatisch" auch Verwaltungsorganisationen und den gesamten Staatsaufbau zu betreffen. Abgesehen davon, daß es schwierig ist, Integration für unsere Zwecke exakt zu definieren, wird der Begriff für mehrere verschiedene, aber wohl zusammenhängende Phänomene verwendet[15]. Hier soll unter Integration einmal die datentechnische Strukturierung der Datenbank und zum anderen die entsprechende organisatorische Gestaltung der Aufgabenerledigung verstanden werden.

Zwischen der Art der Informationsverarbeitung bzw. ihren Phasen (Erhebung, Eingabe, Speicherung usw.) und ihren institutionellen Trägern und den An-

---

11 *Simitis,* Chancen und Gefahren der elektronischen Datenverarbeitung. Zum Problem des „Datenschutzes", in: NJW 1971, S. 673 ff.

12 gesetzliche Grundlage ist die Regelung des Meldewesens durch ein Bundesmeldegesetz (im Entwurf Bundestagsdrucksache VI/2654);

13 *HDZ* a.a.O. S. 11

14 *Hertel,* Das bundeseinheitliche Personenkennzeichen, in: ÖVD 1/71 S. 9 ff.

15 s.a. *Grochla* (Hr.) Handwörterbuch der Organisation, Stuttgart 1969, Stichwort Integration, Sp. 767

wendern/Benutzern besteht ein Verhältnis, das Bedingungen des einen Bereichs, dem der Informationsverarbeitung mit EDV, auf den anderen übertragbar macht.

3. Die Grunddaten der Verwaltung

Unter Grunddaten der Verwaltung werden die Daten verstanden, die in Erledigung des routinemäßigen Verwaltungsvollzugs benötigt werden und anfallen.

Grunddaten sind demnach die Daten, die Eigenschaften der Objekte beschreiben, mit denen sich das „Verwaltungshandeln" befaßt.

Grunddaten sind nicht die Daten, die zusätzlich oder gesondert erhoben werden müssen. Grunddaten sind Daten, die von mehreren Verwaltungsstellen bzw. für mehrere Aufgaben benötigt werden[16].

Der Gegensatz dazu sind entweder Daten, die daraus abgeleitet werden, also Folgedaten[17] oder die Daten aus Sondererhebungen[18]. Eine grobe Einteilung der Gesamtheit der Daten der Verwaltung ergibt die Kategorien Sach-, Personen- und Finanzdaten. Eine Unterscheidung nach hoheitlichem oder nicht hoheitlichem Handeln, für das die Daten benötigt werden, wäre wohl nicht ergiebig, da sich zu viele Überschneidungen ergeben würden.

Aus diesem Grund werden Einteilungen in Funktionsgruppen[19] vorgenommen bzw. vorgeschlagen. Entscheidend an dieser Einteilung ist weniger die genaue Differenzierung, die unterschiedlich erfolgen kann, sondern die Tatsache, daß funktional festgelegt wird, was bisher nur institutionell gesehen wurde.

Ob man darin eine Entwicklung hin zu einer sich als Dienstleistung verstehenden Verwaltung sehen kann, oder die konsequente Durchführung der Anforderungen der EDV, kann dahingestellt bleiben. Wichtig ist, daß klassische Grenzen wie Ressort, Gemeindegrenze, staatlich-kommunaler Bereich, wenn nicht überwunden, so doch übersprungen werden.

Ob und in welcher Form das geschieht, hängt nicht zuletzt von der Organisation der Datenverarbeitung ab und somit von der Organisation der Daten-

16 *Meincke,* Integrierte Datenverarbeitung in der öffentl. Verwaltung unter besonderer Berücksichtigung der Kommunalverwaltung, Stuttgart-Berlin-Köln-Mainz 1970, S.49
Siemens AG (Hr.), Bayerisches Informationssystem (BIS). Beiträge zur integrierten Datenverarbeitung in der öffentl. Verwaltung, Heft 1, München 1970, S. 56
Goller/Scheuring/Trageser, Das KI-System. Automatisierte Kommunikation und Information in Politik und Verwaltung, Stuttgart-Berlin-Köln-Mainz 1971, S. 82

17 *Meincke,* a.a.O. S. 49

18 *Goller/Scheuring/Trageser* a.a.O. S. 82

19 *Meincke,* a.a.O. S. 49. KG St. Rundschreiben 1/1970, Funktionskatalog 1969

banken, sowohl von der Gesamtorganisation des Systems, zu dem die Datenbanken gehören, als auch der Organisation der Datenbank selbst.

Der Name „Grunddaten" drückt zwei Eigenschaften dieser Daten aus.

Einmal sind es ursprüngliche Daten, die also nicht durch Verarbeitung bzw. Auswertung entstanden sind, zum anderen sind es Daten, mit denen mehrere Stellen umgehen und/oder die für mehrere verschiedene Aufgaben Verwendung finden, also gemeinsame Daten sind[20]. Bei gemeinsamen Daten bietet sich die Einrichtung von Datenbanken an, um Datenaustausch – anstatt isolierter Speicherung an vielen Stellen und dadurch mehrfach – zu ermöglichen. Zwangsläufig fallen die Grunddaten (v.a. Einwohnerdaten) in der Region, also verstreut an. Das bedeutet, daß es vornehmlich die Kommunen sind, die die Erfassung der Grunddaten betreiben. Für die Organisation der Datenbanken kommt es deshalb darauf an, Standorte so zu verteilen, daß ihre Lage den erforderlichen Datenaustausch erleichtert.

Da ca. 90 % des Datenaustausches „in der Region", also in relativ kleinen Räumen, stattfindet[21], spricht alles für eine dezentrale Systemauslegung: Sowohl Erfassung, wie Datenaustausch finden dezentral statt, also erfolgt auch die für die verschiedenen Stellen und Aufgaben gemeinsame Speicherung dezentral.

Bei dem Umfang der Verwaltungsautomation läge es nahe, auf eine beachtliche Menge von Literatur über dieses Thema zu schließen, etwa wie bei MIS, wo es eine Vielfalt und Vielzahl von Darstellungen, aber noch keine Realisierung (umfassend und abgeschlossen) gibt[22]. Die Ursache liegt möglicherweise in dem Prinzip, „von oben nach unten" zu automatisieren. Die Verwaltung geht derzeit den umgekehrten Weg.

Der Umfang der Literatur über dieses Gebiet ist relativ gering[23]. Ausgehend von der Überlegung, daß viele Daten von vielen Stellen benötigt werden, und viele Daten für verschiedene Zwecke benützt werden können, die im regelmäßigen Verwaltungsvollzug anfallen, wird zuerst dieser automatisiert. Entsprechend den Zielsetzungen des Informationssystems und den Funktionen

---

20 *Goller/Scheuring/Trageser* a.a.O. S. 69 und 72

21 *Angermann/Crusen/Schmidt,* Analyse zum Datenvolumen. Beiträge zur integrierten Datenverarbeitung in der öffentl. Verwaltung, Heft 2, München 1970, (Siemens-Studie).

22 *Lutz/Klimesch* a.a.O. S. 34

23 derzeit wohl hauptsächlich Beiträge in Zeitschriften oder als Broschüren der Landesämter u.ä.
Meincke a.a.O. S. 21
Heitz, Informationssysteme der öffentlichen Hand
in: *Fischer/Walter* (Hr.) Informationssysteme in Wirtschaft und Verwaltung, Berlin-New York 1971, S. 217 ff.

der jeweiligen Benutzer der Verwaltung kann festgestellt werden, welche zusätzlichen Daten notwendig sind (z.B. Textdokumentation auf verschiedenen Gebieten). Es sollen also weitgehend identische Datenbestände, sowohl für den Verwaltungsvollzug, als auch zur Gewinnung von Planungs- und Entscheidungshilfen dienen. Dazu ist der Übergang von der bisherigen Organisation der DV zum Aufbau von Informationssystemen mit Datenbanken, die die Datenbestände verwalten, notwendig.

4. Informationssystem

Informationssysteme können verschiedene Eigenschaften haben. Der Anwender muß bestimmen, welche Eigenschaften für ihn von Bedeutung sind. Danach richten sich die Anforderungen, die an ein Informationssystem gestellt werden[24].

Welche Fähigkeiten das Informationssystem entwickeln kann, hängt u.a. von der Datenorganisation ab, die dem IS zugrunde liegt. Hiermit ist das Verhältnis von IS und Datenbank angesprochen, wenn man die Datenbank als eine Form der Organisation von Daten betrachtet[25].

Ein Informationssystem ist ein nach organisatorischen, technischen oder organischen Prinzipien zusammengefaßtes Ganzes von Informationsbeziehungen zwischen Informationseinheiten[26].

Somit gibt es IS unabhängig von EDV bzw. Automation. Da hier generell von EDV-gestützten IS die Rede ist, liegt es nahe, eine etwas engere Definition zu wählen:

Informationssysteme sind Datenorganisationsformen auf Rechenanlagen, die bestimmte Vorgänge und Abläufe in Kommunikationsprozessen unterstützen. Diese Vorgänge und Abläufe müssen, damit sie überhaupt maschineller Bearbeitung zugänglich sind, formalisierbar und damit automatisierbar sein[27].

Für Grunddaten bietet sich die Zwischenspeicherung wegen dem Charakter als gemeinsame Daten zur Überbrückung der Zeit- und Raumdifferenzen an, also die Errichtung von Datenbanken. Damit kann das Informationssystem als gepuffert klassifiziert werden.

Anders als bei der isolierten Abarbeitung eines Programms, werden bei Einsatz einer Datenbank die laufend benötigten Daten so gespeichert, daß nur einige wenige zusätzliche Angaben für eine Verarbeitung notwendig sind

---

24 *Walter*, Einführung in Datenbanken und Informationssysteme,
in: *Fischer/Walter* (Hr.) a.a.O. S. 97
Lutz/Klimesch a.a.O. S. 20 ff

25 *Walter*, a.a.O. S. 76

26 *Grochla*, a.a.O. Sp. 387

27 *Walter*, a.a.O. S. 90

(Parameter). Ebenso werden die Ergebnisse der Verarbeitung gespeichert und bedarfsweise jederzeit zur Verfügung gestellt. Das entspricht genau den Bedürfnissen der Speicherung gemeinsamer Daten.

Faßt man die Datenbank als Gesamtheit der Daten auf, die die Basis für ein formalisiertes Informationssystem in einem abgeschlossenen Organisationsbereich bildet[28], kommt es für die Organisation der Datenbank auch auf die Bestimmung des Organisationsbereichs an. Dabei lassen sich drei verschiedene Blickwinkel einnehmen: funktionell, regional und institutionell.

Funktionell betrifft die Gestaltung der Aufgabenerledigung, regional die Frage des Einzugsbereichs. Institutionell gesehen geht es um die Organisation der Datenbank im Verhältnis zu den Verwaltungsträgern.

Dabei können drei Organisationsprinzipien festgestellt werden: Zentralisation, Universalität und Integration. Um ein landesweites Informationssystem aufbauen zu können, sind diese Prinzipien so anzuwenden, daß die einzelnen an Region und Anlagengröße gebundenen Informationssysteme miteinander kommunizieren können. Hierzu sind neben der Realisierung der Anforderungen der Kompatibilität (Verträglichkeit) Systemkomponenten erforderlich, die den landesweiten Verbund herstellen. Diese werden auch gelegentlich als Kommunikationssystem bezeichnet[29].

Mit Hilfe der Datenfernverarbeitung und der Datenübertragung können an verschiedenen Orten aufgestellte Datenbanken in einen Verbund gestellt werden, in dem die einzelnen Datenbanken gemeinsam die Gesamtheit der Daten des landesweiten Informationssystems bilden[30].

5. Prinzipien der Systemauslegung der Datenbanken

5.1 Allgemeines

Als Endziel soll ein landesweites, umfassendes und weitgehend abgeschlossenes Informationssystem realisiert sein. Da von „unten nach oben", also beim Verwaltungsvollzug beginnend automatisiert wird, müssen zunächst Automationseinheiten gebildet werden, die im laufenden Aufbau als Bausteine in das

---

28 *Walter,* a.a.O. S. 76

29 *Goller/Scheuring/Trageser,* a.a.O. S. 108 ff.
Hier wird die kommunikative Fähigkeit des Systems besonders betont (und durch besondere Systemkomponenten erhöht.)

30 zur dazu notwendigen soft-ware
Walter, a.a.O. S. 75
Goller/Scheuring/Trageser, a.a.O. S. 170
Bayerisches Informationssystem. Beiträge zur integrierten Datenverarbeitung in der öffentl. Verwaltung, Heft 1, München 1970, (Siemens-Studie), S. 43 ff.

umfassende System eingebaut werden. Dabei sollten bereits zu Beginn die tragenden Prinzipien bzw. Faktoren, die die Entscheidung für die Organisation bilden, berücksichtigt werden.

5.2 Formatierte und nicht formatierte Datenbestände (Strukturierung)

Nach obiger Terminologie stellen sich Dokumentationssysteme als nicht formatierte Datenbanken dar, die ebenso wie die formatierte Datenbank die Basis für ein formalisiertes Informationssystem bilden[31]. Die Frage der Formatierung ist insofern eine wesentliche Vorfrage, als bei nichtformatierten Datenbanken die Daten nur in einem Kontext zu erschließen, zu finden und zu interpretieren sind. Wesentliche bzw. alleinige Aufgabe der Methodenbank ist hierbei die Wiederauffindung mit Hilfe eines Informationswiedergewinnungssystems (information retrival system, IRS).

Vornehmlich handelt es sich um Texte, die sich einer Strukturierung und Schematisierung entziehen (juristische Entscheidungen, Literaturstellen, Verträge u.ä.).

Da eine Auswertung durch das Informationssystem nicht möglich ist, sondern nur die Bereitstellung, scheidet dieser Typ der Datenbank für die Grunddaten der Verwaltung aus. Sie sollen gerade – unter den verschiedensten Aspekten – auswertbar sein. Zwangsläufig werden deshalb immer formatierte Datenbanken entstehen, die also Datenelemente enthalten, die durch Position, Länge und Aspekte definiert werden.

Man könnte die Aspekte, die die Datenelemente beschreiben, auch als Angaben sehen, die die rein syntaktische Darstellung der Werte um die semantische Ebene erweitern.

An dieser Stelle scheint ein Exkurs zur Terminologie angebracht.

5.3 Datum – Information – Nachricht

Anstatt einer Bestandsaufnahme der verschiedenen Definitionen soll hier nur versucht werden, die Begriffe in ein geordnetes Verhältnis zueinander zu bringen. Daten können als rein auf der syntaktischen Ebene angesiedelt betrachtet werden. Nachricht wäre etwa das um die semantische Ebene erweiterte Datum, also der durch den Aspekt eines Feldes näher bezeichnete Inhalt eines Feldes. Die Information würde sich dann als die um die Angabe eines Zieles, eines Zweckes erweiterte Nachricht darstellen[32].

---

31 *Eberle/Garstka/Köth,* Zur Defenition der Begriffe Rechtsinformatik und Rechtsdokumentation, in: Nachrichten für Dokumentation 22 Jg., Nr. 5 (1971), S. 215 mit etwas abweichender Darstellung.

32 s. dazu *Wedekind,* Datenorganisation, Berlin 1970, S. 233

Diese Zielrichtung erhält die Information durch den Bezugsrahmen, das das Auswertungsprogramm bildet, mit Hilfe dessen sie gewonnen wurde.

Die Begriffe dürften u.U. auswechselbar sein[33]. Entscheidend ist, daß sich die Ebenen der Information aus der Wissenschaftstheorie in ihren Ausgestaltungen im Informationssystem wiederfinden lassen.

5.4 Ausrichtung auf das umfassende Informationssystem

Nachdem es sich bei den Datenbanken der Verwaltung um solche mit formatierten Datenbeständen handelt, soweit es um die Organisation der Grunddaten geht, ist eine Beschreibung der einzelnen Felder notwendig, die die Werte enthalten sollen, die die Objekte des Verwaltungshandeln charakterisieren.

Es liegt im Wesen der Grunddaten, daß sie für verschiedene Zwecke bzw. von verschiedenen Stellen benötigt werden. Es erhebt sich deshalb die Frage nach der prinzipiellen Einordnung der Datenbanken in einem flächenbezogenen umfassenden Informationssystem.

Zunächst führt der Aufbau von Datenbanken in der Region zur Bildung von einzelnen, isolierten Informationssystemen, die räumlich, funktional oder institutionell abgegrenzt sind (Aufbauphase). Nach Beendigung dieser Phase kann sich das kommunikative Element des umfassenden Informationssystems so entwickeln, daß die einzelnen Informationssysteme zu Subsystemen werden.

Es ist wohl entscheidend für das Funktionieren des Zusammenspiels dieser Subsysteme, daß – schon während des Aufbaus – die tragenden Prinzipien der Organisation eines solchen Systems optimal realisiert sind.

5.5 Zentralisation

EDV ist dann sinnvoll und wirtschaftlich, wenn die Aufgaben zentralisiert durchgeführt werden: Aufgaben, die bisher an verschiedenen Stellen, von verschiedenen Personen, evtl. arbeitsteilig erledigt wurden, übernimmt nun die DVA zentral, und zwar in mehrfacher Hinsicht: einmal in Bezug auf den Ort der Erledigung (regionaler Bezug), zum anderen bezüglich der Art der durchgeführten Aufgaben (funktionaler Bezug) und den Institutionen, deren Aufgaben automatisiert werden.

Die regionale Zentralisation ist insofern wichtig für die Wirtschaftlichkeit, als von der Größe des Einzugsbereichs die Menge der Daten abhängt, die mit denselben Programmen bearbeitet werden können. Je größer die Zahl gleichartiger Daten ist, umso wirtschaftlicher ist der EDV-Einsatz. Deshalb ist auch bisher die isolierte Datenverarbeitung der Hauptfall der Organisation. Die funk-

---

33 So widersprechen sich die Darstellungen hierzu bei *Wedekind* und *Lutz/Klimesch.*

34 *Goller/Scheuring/Trageser,* a.a.O. S. 76

tionelle Zentralisation entsteht aus der Abhängigkeit, die zwischen dem Aufgabenspektrum und der Effektivität des EDV-Einsatzes besteht.

Zwangsläufig führt die Erledigung gleichartiger und ständig gleichbleibender Aufgaben zu einer besseren Nutzung des teuren Mediums als ein breites Spektrum verschiedener und sich ständig ändernder Aufgaben.

Durch diese Zusammenhänge wird die EDV zu einer zentralen Institution, je größer der Umfang an Daten und das Spektrum an Aufgaben ist.

Es kommt aber darauf an, festzuhalten, auf welchen Organisationsbereich sich diese zentrale Wirkung bezieht, z.B. Gemeinde, Landkreis oder Regierungsbezirk. In dem Bestreben, Daten möglichst am Ort des Entstehens zu erfassen, und dort zur Verfügung zu stellen, wo sie gebraucht werden, liegt ein Zug von Dezentralisation. Das ist dann kein Widerspruch zu der oben festgestellten Zentralisation, wenn sich „zentral" auf regionale und funktionale Einheiten bezieht, die Bestandteil größerer Einheiten sind, aus deren Sicht die Gesamtorganisation dezentral ist, d.h. daß die institutionelle Organisation nur in geringem Maße betroffen wird.

Gelegentlich wurde Zentralisation auch mit Integration synonym verwendet. Tatsächlich besteht ein Zusammenhang, aber keine Identität.

Wie noch zu zeigen ist, setzt Integration das Vorhandensein eines hinreichend vollständigen Datenmaterials voraus, vollständig bezüglich Umfang und Art. Das kann nur erreicht werden, wenn eine Zentralisation als Grundlage gegeben ist. Es gibt wohl einen notwendigen Grad der Zentralisation als Voraussetzung für die Integration[35].

5.6 Universalität

Eng gekoppelt mit dem Begriff Zentralisation ist die Universalität der Datenverarbeitung.

Universell ist eine Datenverarbeitung dann organisiert, wenn innerhalb eines abgrenzbaren (Verwaltungs- oder Einzugs-)Bereichs möglichst die volle Bandbreite der Aufgaben auf einer Anlage abgewickelt wird. Bei gleichbleibender Anlagengröße ergibt sich, daß die Größe des Verwaltungsbereichs der Größe des Einzugsgebietes umgekehrt proportional ist. Wenn Universalität angestrebt wird, muß sich das Einzugsgebiet verringern, so daß die Datenmenge geringer, das Aufgabenspektrum größer wird.

Durch die Begrenztheit der Anlagenkapazität beeinflußt die Universalität die Zentralisation insofern, als mit der Notwendigkeit kleiner Einzugsbereiche (und damit geringerer Datenmengen) je DVA auch der Bereich kleiner wird,

35 s.a.*Meincke*, a.a.O. S. 32 ff und
Goller/Scheuring/Trageser, a.a.O. 78

innerhalb dessen die Zentralisation zustandekommt. Da durch Universalität die Vollständigkeit des Spektrums des Datenmaterials gefördert wird, fördert Universalität die Integration[36].

Da Integration nach Möglichkeit schon beim Aufbau realisiert werden sollte, ist die Universalität von Anfang an zu berücksichtigen.

Da nicht gleichzeitig alle Regionen und alle Aufgaben durch Datenbanken erfaßt werden können, bietet sich das Verfahren der „Zellteilung" an[37].

Dabei werden einige Aufgaben eines größeren Einzugsbereiches übernommen, als für die Anlagengröße bei Übernahme aller Aufgaben möglich. Mit der Übernahme weiterer Aufgaben, wird die Anlage zu klein, so daß eine weitere Anlage in diesem Bereich errichtet wird.

Das Problem dieses Verfahrens liegt darin, daß grundsätzlich sich deckende Einzugsbereiche für kommunale und staatliche Gebietsrechenstellen gewählt werden sollten, was sich aber bei diesem Zellteilungsverfahren während des Aufbaus nicht verwirklichen läßt.

5.7 Integration

5.7.1 Allgemeines

Integration ist einer der Begriffe, die sehr stark gebraucht werden und die offensichtlich so viel Plastizität oder Selbstevidenz[38] besitzen, daß sich bei verschiedenartigem Verständnis jeder etwas darunter vorstellen kann. Abgesehen davon, daß der Begriff in vielen anderen Wissenschaften vorkommt (Mathematik, Staatsrecht, Philosophie, Soziologie, Biologie, Psychologie etc.) wird er im Zusammenhang mit EDV und Automation mit unterschiedlicher Bedeutung verwendet, wobei eine gewisse Grundtendenz generell feststellbar ist.

Mit Integration werden sowohl maschinelle, datentechnische, als auch organisatorische Beziehungen bezeichnet, also zwischen den Elementen eines EDV-Systems, zwischen gespeicherten bzw. zu bearbeitenden Daten und zwischen dem Gesamtkomplex EDV-System und der Organisation, in dem das System betrieben wird[39] bzw. zwischen den Teilen der Organisation, die durch die Automation miteinander verstärkt verbunden und verknüpft werden. Außerdem wird die automatische Abarbeitung eines in sich geschlossenen Ablaufs ohne manuellen Eingriff gelegentlich als Integration bezeichnet.

36 s.a. *Goller/Scheuring/Trageser,* a.a.O. S. 79

37 s.dazu *Goller/Scheuring/Trageser,* a.a.O. S. 124

38 so *Lutz/Klimesch,* a.a.O. S. 9

39 dazu *Grochla,* a.a.O. Sp. 769

5.7.2 Versuch der Eingrenzung

Die öffentliche Verwaltung ist eine gewachsene Organisation. Sie ist in einem langen Prozeß zu starken Verzweigungen, Spezialisierung und Arbeitsteilung gelangt. Die Detailaufgaben sind so kompliziert bzw. komplex, daß die Bearbeitung durch jeweils eigene Verwaltungszweige erfolgen muß. Die sachgerechte und schnelle Bearbeitung von Detailarbeiten fordert hohe Spezialisierung der Verwaltungskräfte bei starker Arbeitsteilung. Mit steigender Zahl und wachsendem Umfang der Aufgaben erreicht die Spezialisierung und damit die Zergliederung einen Grad, der es für Außenstehende wie Interne schwer macht, sich einen Überblick zu verschaffen und die Zusammenhänge der einzelnen Institutionen und Aufgaben zu erkennen.

Versteht man die gesamte Verwaltung als ein großes System, bedeutet diese Unübersichtlichkeit, daß die Bezüge und Abhängigkeiten der einzelnen Elemente nicht berücksichtigt werden können, die zwangsläufig dadurch entstehen, daß es letztlich um dasselbe Objekt, den Bürger, geht. Dasselbe gilt für die Gemeinsamkeiten, die viele Aufgaben haben.

Mit Einsatz der EDV für die Erledigung der Verwaltungsaufgaben hat sich zwangsläufig der Blickwinkel verändert. An die Stelle eines Denkens in Regionen, Verwaltungsgrenzen und Institutionen ist teilweise eine funktionale Betrachtungsweise getreten. Die steigende Wirtschaftlichkeit bei Abwicklung gleichbleibender Aufgaben führte zu Bestrebungen, zusammengehörige Aufgaben zu Funktionsgruppen zusammenzufassen. Dadurch ist es dann auch möglich, die Bezüge zwischen den Aufgaben (wieder) zu berücksichtigen, also den Interdependenzen Rechnung tragen:

Bei Abwicklung einer Aufgabe möglichst alle Bezüge mit anderen Aufgaben, alle Abhängigkeiten und Aspekte zu berücksichtigen. Das geeignete methodische Instrumentarium für die Auffindung und Konkretisierung dieser Bezüge und Abhängigkeiten liefert die Systemtheorie[40]. Mit ihrer Hilfe ist wohl auch eine generell gültige Definition zu leisten.

Integration ist die Verknüpfung von Elementen zum Ganzen eines Systems[41]. Das entspricht auch der allgemeinen Definition „Ausrichtung auf ein Ganzes"[42].

Die Verknüpfung und Ausrichtung der Elemente erzeugen Strukturen und Interdependenzen, so daß Änderungen einer Komponente auch die anderen beeinflussen.

Um erkennen zu können, welche Voraussetzungen und Konsequenzen die Integration hat, ist es notwendig, festzulegen, **welches** System betrachtet

40 *Grochla,* a.a.O. Sp. 769

41 *Grochla,* a.a.O. Sp. 769

42 Brockhaus Enzyklopädie. Stichwort Integration (allg. Def.)

wird. Die Hauptursache für die verschiedenen Auslegungen des Integrationsbegriffes liegt wohl darin, daß diese Festlegung veräumt wird.

Betrachtet man so z.B. die Datenbank als ein System, dessen Elemente die komplexe Umwelt reduziert darstellen und das in Verbindung mit Datenbanksystem, Methodenbank, kommunikativer Fähigkeit und Benutzer einen Kommunikationsprozeß unterstützen soll, wird klar, daß die Strukturen und Interdependenzen der Umwelt in der Datenbank abgebildet werden sollten.

Man spricht dann von strukturierten Datenbanken[43]. Die Strukturierung erfolgt durch Verknüpfung der Datenbestände bzw. durch Verweise[44].

Der Grad der Integration der Datenbestände drückt die nachvollzogene Komplexität aus. Die Strukturierung, also die Datenintegration, ist Voraussetzung für Informationssysteme, die Planungs- und Entscheidungsinformationen („Führungsinformationen") bieten sollen. Die Strukturierung der Daten wird durch Datenbanktechniken realisiert, die entscheidende Bedeutung für die Effektivität des Datenbanksystems haben[45]: Adreßketten, Adreßstrukturen, Datenverdichtung.

Da durch die integrierte Datenbank auch Arbeitsabläufe, organisatorische Strukturen der Verwaltung und funktionelle und institutionelle Gegebenheiten betroffen werden, wirkt sich die an sich EDV-spezifische Integration auf die übrige Organisation aus:

Die einzelnen Stellen werden in ihrer jeweiligen Aufgabenabwicklung stärker organisatorisch verbunden. Koordinierung der Arbeitsabläufe, vereinheitlichte Formulare, Belege, gemeinsame Nutzung der Datenbank und stärkere Kommunikation sind Ausdruck eines integrierten EDV-Systems. Einmal-Erfassen, Einmal-Speichern, Einmal-Programmieren als Notwendigkeit wirtschaftlicher Organisation der Datenintegration führen zu Auswirkungen im organisatorisch institutionellen Gerüst, etwa zu teilweiser Aufhebung der Arbeitsteilung, z.B. durch die Vermeidung von Doppelarbeit.

Es hat sich in praktischen Anwendungsfällen und Untersuchungen ergeben, daß viele Stellen dieselben Daten erfassen, speichern und verarbeiten. Weitgehend befassen sich ja alle Verwaltungsstellen mit denselben Objekten und da-

---

43 *Walter*, a.a.O. S. 77

44 es gibt dabei verschiedene Techniken und Typen,
s. dazu *Walter*, a.a.O. S. 78 ff und *Wedekind*, a.a.O. S. 242 ff

45 s. dazu *Ahrens/Walter*, Datenbanksysteme, Berlin-New York 1971
Walter, a.a.O. S. 79 ff.
Integration aufgefaßt als Grad der Strukturierung der Datenbank ist dann nicht nur organisatorische Zielgröße, sondern Maßstab für die Qualität der Datenbank. Vielleicht läßt sich in diesem Sinne Integration auch als Grad der Berücksichtigung aller Bezüge der verschiedenen Elemente sehen, und damit als ein Korrelat der Interdependenz der Faktoren des Systems, das in der Datenbank abgebildet wird.

mit Daten. Dies trifft zwangsläufig auf die Grunddaten verstärkt zu. Werden die Grunddaten in Datenbanken geführt, genügt die einmalige Erfassung und Speicherung. Bei gleichartiger Aufgabenstellung können verschiedene Stellen dieselben Programme bzw. die Methodenbank gemeinsam benutzen.

Innerhalb homogener Organisationsbereiche, die nicht an Region und Institution gebunden sind, kann so die organisatorische Integration vollzogen werden. Die konsequente Durchführung führt zur Bildung von Funktionsgruppen[46], die relativ homogene Bereiche bilden (Einwohnerwesen, Grundstückswesen usw.), da sie die Verweise, Verknüpfungen und Beziehungen berücksichtigen. Diese Integration ist ein Ziel, das nicht auf Anhieb realisiert werden kann, aber in stufenweisem Aufbau von Anbeginn angesteuert werden sollte.

Diese Integration ist es auch, die die Verwaltungslehre beschäftigt[47].

5.7.3 Arten und Einteilungen der Integration

Es können verschiedene Arten der Integration festgestellt werden:

- interne und externe
- horizontale und vertikale
- direkte und indirekte

  Integration bei den einzelnen Phasen der DV.

Diese verschiedenen Arten treten kombiniert auf.

5.7.3.1 Interne – externe Integration

Die Integration kann auf die Institutionen und ihre zugehörigen Verwaltungsgrenzen bezogen betrachtet werden. Man bezeichnet die Integration dann als intern, wenn sie sich auf den Bereich eines Verwaltungsträgers beschränkt, also alle Aufgaben dieses Verwaltungsträgers unter funktionalen Aspekten koordiniert, die Zusammenhänge berücksichtigt und automatisch bearbeiten läßt[48].

Externe Integration umfaßt mehrere Verwaltungsträger. Logisch vorgeschaltet ist die Ermittlung der gemeinsamen Daten, so daß koordiniert werden kann, welche Stellen erfaßt bzw. welche Daten gemeinsam gespeichert werden.

Für den kommunalen Bereich ist es relativ leicht festzustellen, wann interne und wann externe Integration vorliegt, da die Abgrenzung gegenüber anderen Kommunen und dem Staat leicht möglich und sinnvoll ist.

---

46 s. z.B. KGSt Funktionskatalog 1969
Meincke, a.a.O. S. 47 und 49 ff

47 *Meincke*, a.a.O. S. 31 ff

48 *Goller/Scheuring/Trageser*, a.a.O. S. 69

Schwierig ist es für die staatliche Seite zu ermitteln, ob eine Unterscheidung vorgenommen werden soll und kann. Konsequent wäre eine Bezeichnung der ressortübergreifenden Integration als extern. Bedenken ergeben sich daraus, daß die einzelnen Ressorts erst zusammen eine Einheit ergeben, die sich mit den Kommunen in ihrer Geschlossenheit vergleichen läßt.

Terminologisch dürfte die Bezeichnung der ressortübergreifenden Integration als externe üblich sein. Geht man davon aus, daß der funktionale Aspekt der Gewaltenteilung zu einer Betrachtungsweise führt, die die einzelnen Ressorts als eigene Systeme begreift, läßt sich diese Einteilung auch systemtheoretisch begründen.

5.7.3.2 Vertikale – horizontale Integration

Für die Aufgaben der Kommunalverwaltung sind die Funktionsgruppen Organisationseinheiten, die zunächst für sich automatisiert werden. Innerhalb einer Funktionsgruppe werden alle Aufgaben in ihrer logischen Abfolge unter Berücksichtigung der Verknüpfungen der einzelnen Aufgaben automatisiert, weshalb diese Form der Integration vertikal genannt wird. Bei der horizontalen Integration werden die Beziehungen zwischen den einzelnen Funktionsgruppen berücksichtigt. Während bei der vertikalen noch Mehrfacharbeiten möglich sind, da die Behandlung der Grunddaten nur pro Funktionsgruppe koordiniert und automatisiert wird[49], werden bei der horizontalen Integration die Gemeinsamkeiten so berücksichtigt, daß die Mehrfacharbeiten entfallen.

5.7.3.3 Stufenweiser Aufbau

Durch die Kombination dieser Typen der Integration werden die einzelnen Stufen der Integration bei schrittweisem Aufbau gebildet.

intern – vertikal
intern – horizontal
extern – horizontal und vertikal
(überregionale Verwaltungsintegration)

Die Endstufe ergibt eine „zentrale" Erledigung der automatisierten bzw. automatisierbaren Aufgaben.

Durch den Wegfall der Mehrfacharbeiten und die notwendige Koordinierung wird eine Anpassung der Verwaltungsstruktur an diese Organisation erforderlich.

Hier ist der Anknüpfungspunkt für die Forderung nach automationsgerechter Organisation.

---

49 s. dazu auch *Greve*, Organisation und Automation.
Eine Informationsschrift über Bestrebungen zur kommunalen Verwaltungsautomation in Baden-Württemberg, Stuttgart 1971, S. 24

5.8 Einzugsbereich[50] und Integration

Wenn Integration konsequent durchgeführt werden soll, müssen die Einzugsbereiche der Datenbanken so gewählt werden, daß keine Doppelerfassung und Doppelspeicherung, also keine Mehrfachbearbeitung derselben Daten erfolgt. Es werden deshalb Integrationsebenen bestimmt, wobei nach staatlicher und kommunaler DV getrennt wird. Eine Integrationsebene enthält innerhalb eines geographisch fixierbaren Bereichs, z.B. dem Regierungsbezirk, die funktionellen und institutionellen Faktoren, die an der Integration auf dieser Ebene beteiligt sind.

D.h. z.B. für die Landesebene die Einteilung in Integrationsebenen, die der horizontalen und vertikalen Gliederung des Verwaltungsaufbaus entsprechen. Eine solche Integrationsebene würden etwa die Regierungsbezirke bilden, die weitgehend in sich abgeschlossene Organisationseinheiten darstellen. Die einzelnen Regierungsbezirke werden in sich wieder in – für die einzusetzenden EDV-Systeme optimale – Einzugsbereiche so aufgeteilt, daß sich staatliche und kommunale Einzugsbereiche decken. Da die Einzugsgebiete auf der kommunalen Seite etwa 1/3 der staatlichen aufweisen, sollten mehrere kommunale Einzugsgebiete genau in dem Gebiet liegen, das ein staatlicher Bereich umfaßt. Nur so kann sichergestellt werden, daß der Datenaustausch als Folge der Einfachspeicherung innerhalb genau festlegbarer organisatorischer und regionaler Einheiten erfolgt (deckungsgleiche Außengrenzen).

Die genaue Bestimmung der Größe des Einzugsbereichs hängt nicht allein von der Bevölkerungsdichte, der Streuung der Verwaltungsstellen und der Größe der EDVA ab, sondern auch von den anderen Prinzipien: Zentralisation, Universalität und Integration, womit sich der Kreis der Prinzipien schließt.

6. Integrierte Datenbanken als Voraussetzung für die Gewinnung von Planungs- und Entscheidungshilfen

Der Datenbestand, den die Grunddaten bilden, reicht nicht aus, um Entscheidungs- und vor allem Planungshilfen zu erhalten[51]. Aber sie sind wesentliche Grundlagen für diese Zwecke.

In den Datenbanken werden das Verwaltungsgeschehen und seine Objekte in einem stets aktuellen „Modell" abgebildet (zusammen mit den zugehörigen Programmen). Allerdings sind die Aspekte, unter denen die Organisation in Datenbanken erfolgt, auf den Verwaltungsvollzug ausgerichtet, da es sich bei den Grunddaten um Daten aus der operativen Ebene handelt.

50 dazu im einzelnen *Greve*, Gebietsabgrenzung regionaler Rechenzentren, in: ÖVD 3/71 S. 108 ff (Teil I)

51 s.a. *Heitz*, a.a.O. S. 228

Damit ergeben sich einige Bedenken, ob die Auswertung zu Entscheidungs- und Planungshilfen überhaupt möglich ist und richtig sein kann.

Einmal könnte die Zweckorientierung der Datenorganisation eine Variabilität der Ziele der Auswertung verhindern[52]. Zum anderen werden an die Datenbanken Anforderungen gestellt, die verschiedene Eigenschaften verlangen. Informationssysteme klassifiziert man u.a. nach dem Charakter der enthaltenen Datenbank[53].

Man unterscheidet in operationelle, informationelle und konversationelle Informationssysteme, wobei insgesamt alle 3 Arten für die Verwaltung erforderlich sind: Je nach der Ebene und der Aufgabe des Benutzers variiert die Betonung einer spezifischen Fähigkeit, z.B. konversationell für Planung bzw. obere Ebene der Hierarchie und informationell für Entscheidung (mittlere Ebene der Hierarchie)[54].

Die Datenbanken der öffentlichen Verwaltung müßten demnach alle 3 Eigenschaften aufweisen bzw. unterstützen können.

Voraussetzung dafür ist eine entsprechende Strukturierung der Datenbestände. Während die Auflösung der Einwohnerdaten in isolierbare Merkmale recht gut möglich ist, bereitet z.B. das Grundbuchwesen gewisse Schwierigkeiten, da die Texte der Eintragungen viel eher für nicht-formatierte Verfahren geeignet sind.

Da Personen- und Grundstücksdaten die wichtigsten Daten für ein Informationssystem sind, kommt neben der bereits vorangeschnittenen Automation des Einwohnerwesens den Planungen von Grundstücksdatenbanken besondere Bedeutung zu.

Interessant ist, daß z.B. in Bayern sowohl an eine Integration mit dem Liegenschaftskataster, eine Zusammenarbeit mit Flurbereinigungsbehörden und Notaren und generell den Einbau in ein umfassendes, landweites Informationssystem gedacht wird[55].

Hier wird wohl deutlich, daß es für die Fragen der Integration bzw. der Strukturierung der Datenbestände nicht zuletzt auf die Zielsetzung des übergeordneten Informationssystems ankommt.

Daher wird die Forderung nach „zieloffener" Speicherung erhoben, da die möglichen Ziele der Planung nur zum Teil schon heute bekannt sind. Tech-

---

52 so etwa *Steinmüller* in: JR 71, S. 8

53 *Walter*, a.a.O. S. 97

54 *Walter*, a.a.O. S. 99
Lutz/Klimesch, a.a.O. S. 48

55 dazu *Rattel/Göttlinger/Kobes/Miller*, Rahmen-Soll-Konzept Grundstücksdatenbank, Berlin 1971, S. 113 ff, S. 131 ff, 142 ff.

nisch gesehen heißt das, daß eine Auswertung der Datenbestände nach den verschiedenen Aspekten möglich sein muß.

Für die möglichen Formen der Arten der Anfragen an die Datenbank heißt das, daß das System möglichst aboslut, also mit freier Wählbarkeit und Formulierung der Anfrage arbeiten sollte[56].

7. Technische Realisierung

Eng verbunden mit den organisatorischen Problemen ist die Frage nach der technischen Realisierung.

Während Groß-Computer bzw. große Computer (bis 2000 K) Großplattenspeicher, Teilnehmersysteme und Datenfernverarbeitung dazu beitragen, daß auch komplexe, überregionale Lösungen realisiert werden können, ergibt sich bei der Verwaltung das Problem der Kompatibilität wegen der überregionalen Integration. Abgesehen von der Notwendigkeit der Standardisierung der Datenformate, entsteht bei Verwendung der verschiedenen Fabrikate für die Realisierung der Elemente eines Informationssystems das Problem der Verträglichkeit von hard- und soft-ware.

Beide erscheinen derzeit nicht kompatibel.

Dazu ergeben sich die Lösungsvorschläge, entweder Standardanschlüsse (Schnittstellen) vorzusehen[57], oder nur Anlagen eines Herstellers zu verwenden[58].

Die Schnittstellen müßten im Prinzip nur die an der Kommunikation beteiligten Komponenten verträglich machen, wenn die Datenformate verträglich sind. Da aber für gleiche Problemlösungen verschiedene Programmversionen wegen der Notwendigkeit systemorientierter Lösungen erforderlich sind, ist es wohl mit der Schnittstellenbildung nicht getan.

Aus markttechnischen und aus Unabhängigkeitsgründen ist es andererseits nicht erstrebenswert, nur Fabrikate eines Herstellers einzusetzen[59].

Es dürfte deshalb notwendig sein, gleichzeitig mit der Planung der umfassenden Systeme, die Anforderungen an hard- und soft-ware so zu präzisieren, daß eine Ausrichtung seitens der Hersteller erfolgt. Der zentralisierende Zug, der sich durch die Bildung von Datenzentralen, Landesämter für Datenverarbeitung u.ä. ergibt, erleichtert wohl die Willensbildung der Anwender, die Formulierung und die Durchsetzung solcher Anforderungen.

---

56 s. dazu *Lutz/Klimesch,* a.a.O. S. 20
Walter, a.a.O. S. 99

57 so z.B. *Goller/Scheuring/Trageser,* a.a.O. S. 169 ff

58 *Greve,* ÖVD S. 117

59 *Greve,* ÖVD S. 117

Automatisierte juristische Dokumentation und Gesetzesplanung

von **Fritjof Haft**

Zusammenfassung

Darstellung des Entwicklungstrends, der Probleme und der künftigen Möglichkeiten der automatisierten juristischen Dokumentation. Die künftigen Chancen werden in der Unterstützung der gegenwärtig erprobten Deskriptormethoden durch eine Fallmethode (Dokumentation von Fällen statt von Lösungen) gesehen wegen des – allein durch Computereinsatz möglichen – Vergleichs ähnlicher Fälle (Tatbestände). Diese Methode wird erläutert, und sechs Auswirkungen auf die Gesetzesplanung werden aufgezeigt. Sie betreffen die Vereinheitlichung der juristischen Terminologie, die Gesetzesbereinigung, den Durchgriff auf Sozialdaten, die Verwirklichung der Basisbedingung „gleiches Recht für alle", die Verhinderung von Reglerkatastrophen im sozialen System und die Unterstützung der Gesetzesplanung durch probabilistisch orientierte Computerprogramme.

Abstract

The article presents the development trends, the problems and the future possibilities of automated legal documentation. It sees the future chances in the support of the presently tested descriptor methods by a case method (documentation of cases instead of solutions), where similar cases (facts) are compared – a method which has been made possible through the use of computers only. The method is described and six effects on legislative planning are shown. These effects concern the unification of legal terminology, the examination and purge of existing statutory materials, the taking-into-account of social data, the realization of the basic principle of "equality under the law", the prevention of discriptions of control mechanisms within the social system, and the support of legislative planning by computer programs oriented on probabilistic theories.

Deskriptoren

Dokumentation
Gesetzesplanung
Deskriptormethoden
Falldokumentation
Ähnlichkeitsvergleich
juristische Terminologie
Gesetzesbereinigung
Sozialdaten
Gleichheitssatz
Reglerkatastrophen
probabilistische Computerprogramme

Übersicht

Vorbemerkung

Das Wort Dokumentation erweckt die Assoziation einer bewahrenden und rückwärtsgerichteten Institution, während das Wort Planung die Vorstellung von aktiver, dynamischer Weltveränderung erzeugt. Mithin scheint der Titel „Automatisierte juristische Dokumentation und Gesetzesplanung" Äpfel und Birnen zu vereinen.Die Gesetzesplanung – so sieht es aus – hat mit der Dokumentation allenfalls insofern etwas zu tun, als der berühmte Federstrich des Gesetzgebers ganze Bibliotheken in Makulatur verwandeln kann. Aber dieser Schein trügt. Die technisch-systematischen Möglichkeiten der modernen Computertechnik führen gegenwärtig dazu, daß das Informationswesen einen nachhaltigen Wandel erfährt. Diesen Wandel kann man beschreiben als den Übergang von **passiven** Bibliotheken und Archiven, die auf Verwahrung bedacht sind (Kriterium: Alter), auf Profitlosigkeit eingestellt sind (Kriterium: Sparsamkeit) und nachweisbewußt sind (Kriterium: Standortkontrolle) zu **aktiven** Informationszentren, die auf Benutzung bedacht sind (Kriterium: Nutzen), auf Gewinnerzielung beim Benutzer eingestellt sind (Kriterium: Reingewinn) und inhaltsbewußt sind (Kriterium: Informationserschließung)[1]. Diese Entwicklung hat neben anderen Bereichen auch das Recht erfaßt. Wenn die – unvermeidliche – Verwandlung der klassischen juristischen Bibliothek in ein aktives Informationszentrum eines Tages vollzogen sein wird, dann wird dies auf jedwede gesetzgeberische Planungstätigkeit einen tiefen Einfluß ausüben. Um diesen Einfluß abschätzen zu können, ist es erforderlich, zunächst den gegenwärtigen Entwicklungsstand der automatisierten juristischen Dokumentation darzustellen und die dort erkennbaren Linien in die Zukunft zu verlängern (Teil 1), um von da aus die möglichen und die wahrscheinlichen Auswirkungen auf die Gesetzesplanung zu untersuchen (Teil 2).

Teil 1
Entwicklungsstand, Probleme und künftige Möglichkeiten der automatisierten Dokumentation

Drei Anwendungsmöglichkeiten unterscheidet man nach eingebürgerter Betrachtungsweise bei der elektronischen Datenverarbeitung: numerische Datenverarbeitung, kommerzielle Datenverarbeitung und nichtnumerische Datenverarbeitung. Die Abgrenzung ist natürlich nicht exakt zu treffen. Bei der numerischen Datenverarbeitung werden umfangreiche Rechenoperationen bei einer verhältnismäßig geringen Zahl von Ein- und Angabedaten bewältigt. Gerade umgekehrt liegt es bei der kommerziellen Datenverarbeitung, wo große Daten-

1 Vgl. Mueller, Max W., „Zeit-, Kosten und Wertfaktoren der Informationserschliessung" in IBM Nachrichten 1961, S. 1348 ff sowie Verfasser: „Elektronische Datenverarbeitung im Recht", Berlin 1970, S. 108 ff.

mengen bei vergleichsweise bescheidenem Rechenaufwand verarbeitet werden. Die nichtnumerische Datenverarbeitung schließlich bezeichnet jenen Bereich, in dem vorwiegend mit Wörtern und Texten operiert wird, indem die Maschine diese liest (vergleicht), auflistet, sortiert usw.[2]

Von diesen drei Möglichkeiten scheint vor allem die zuletzt genannte die Lösung des Dokumentationsproblemes zu einem Zeitpunkt zu bringen, da eine „Informationslawine" von noch nicht dagewesenem Ausmaß alle Disziplinen und in besonderem Maße das Recht zu überrollen droht[3]. Der Computer kann Wörter und ganze Texte in binär verschlüsselter Form speichern und lesen (d.h. mit Suchbegriffen vergleichen). Er kann erkennen, ob bestimmte gesuchte Begriffe (Stichwörter, für die sich die Bezeichnung Deskriptoren eingebürgert hat) im Text vorhanden sind; er kann dabei in einem Suchvorgang mehrere Deskriptoren logisch miteinander verknüpfen. Durch Adjunktion (logisches „ODER") kann er beispielsweise Synonyme und verschiedene grammatikalische Formen eines Wortes selbsttätig in eine Suche mit einbeziehen. Durch Negation (logisches „NICHT") kann er bestimmte unerwünschte Begriffe ausschließen und durch sinnvollen Gebrauch der Konjunktion (logisches „UND") kann er den Umfang einer Suche vergrößern oder verkleinern. Der Computer kann sogar – unter Einsatz statistischer Methoden[4] den gewählten Suchbegriffen verwandte (assoziierte) Begriffe ausfindig machen. Er kann bei seiner Arbeit einen „Dialog" mit dem Benutzer führen, mehrere Benutzer gleichzeitig bedienen, und die schließlich gefundenen Informationen nach bestimmten, vorgegebenen Kriterien so ordnen, daß eine Reihenfolge der wahrscheinlichen Relevanz entsteht. All dies kann der Computer sehr schnell und selbst über große Entfernungen hinweg tun.

---

2 Vgl. Müller-Krumbhaar, H., „Die Programmierung und der Benutzer", in „Datenverarbeitung in Steuer, Wirtschaft und Recht" DSWR 1971, S. 22 ff.

3 Vgl. dazu grundsätzlich Simitis, S., „Informationskrise des Rechts und Datenverarbeitung", Karlsruhe 1970; ferner Steinmüller, W., in „EDV und Recht, Einführung in die Rechtsinformatik", Berlin 1970, S. 45 sowie Verfasser aaO. Dazu nur ein Beispiel: Das Volumen aller Literatur der Welt vergrößert sich pro Sekunde um 35.000 Wörter und pro Jahr um 1 Million Literaturstellen. Allein eine Bibliographie der Rechtsinformatik – keine 20 Jahre alter Zweig der Rechtswissenschaft – verzeichnete 1971 (ohne Anspruch auf Vollständigkeit zu erheben) schon 5.700 Titel. Vgl. „JUDAC, Recht, Datenverarbeitung, Kybernetik", Internationale Bibliographie (englisch, deutsch, französisch, russisch) hrsg. v. Wolfram Schubert und Wilhelm Steinmüller, München 1971.

4 Diese statistischen Methoden sind besonders interessant. Sie erlauben es, den dokumentarischen Zirkel zu überwinden, der darin liegt, daß vom Benutzer die Kenntnis von Deskriptoren gefordert wird, die er nicht kennt (und derentwegen er ja u.a. gerade den Computer bemüht). Das wohl fortgeschrittenste Verfahren zur automatischen Erfassung inhaltscharakteristischer Merkmale von Texten unter Einsatz statistischer Methoden dürfte das Rangkriterienverfahren sein, vgl. Wagner, W., „Automatische Stichwortanalyse nach dem Rangkriterienverfahren", Diss., Karlsruhe 1966. Zu anderen Verfahren (Assoziationsfaktorverfahren) vgl. Verf. aaO S. 151 ff.

Die technisch-systematische Seite der automatisierten Dokumentation ist also im Prinzip erforscht. Die hier in der nächsten Zukunft zu erwartenden Änderungen betreffen nur die Verbesserung dieser an sich bekannten Grundfähigkeiten, indem größere Speicher, bessere Ein- und Ausgabegeräte, höhere Geschwindigkeiten, bequemere Programme und dergleichen mehr zu erwarten sind.

Hieraus zu schließen, auch die zweckmäßigste Anwendung dieser Prinzipien auf eine spezifisch juristischen Bedürfnissen angepaßte Dokumentation sei bekannt, wäre jedoch irrig. Zwar gibt es verheißungsvolle Ansätze. Die Zahl der in aller Welt in Gang gebrachten juristischen Dokumentationsprojekte beträgt mittlerweile mehr als fünfzig[5]. Doch darf der Umfang dieser Aktivitäten nicht darüber hinwegtäuschen, daß einer wirklich befriedigenden Lösung der juristischen Dokumentation noch drei nicht überwundene Hindernisse im Wege stehen:

Erstens: Die menschliche Sprache und damit auch die Rechtssprache ist zu kompliziert, zu lebendig und auch zu widerspruchsvoll, als daß sie letztlich in Computern zufriedenstellend gehandhabt werden könnte. Als typisches Beispiel für die zu überwindenden Schwierigkeiten seien die im Deutschen vorkommenden getrennten Verben genannt – in der englischen Sprache existiert dieses Problem nicht –, die beispielsweise bei der Übernahme amerikanischer Computerprogramme unvorhergesehene Schwierigkeiten bereiteten. Als Illustration dazu mag ein von Mark Twain in seinem Aufsatz „Die schreckliche deutsche Sprache"[6] veröffentlichtes Beispiel dienen:

> „Da die Koffer nun bereit waren, REISTE er, nachdem er seine Mutter und Schwester geküßt und noch einmal sein angebetetes Gretchen an den Busen gedrückt hatte, die, in schlichten weißen Musselin gekleidet, mit einer einzigen Teerose in den weiten Wellen ihres üppigen braunen Haares, kraftlos die Stufen herabgewankt war, noch bleich von der Aufregung und Angst des vergangenen Abends, aber voller Sehnsucht, ihren armen, schmerzenden Kopf noch einmal an die Brust dessen zu legen, den sie inniger liebte als ihr Leben, AB."

Solche Sätze bereiten Computern gewisse Schwierigkeiten, wie unmittelbar einzusehen ist.

Eine formalisierte Darstellung der Sprache und damit auch der Rechtssprache, in der die gegenseitige Beziehung der einzelnen Zeichen soweit geklärt ist, daß bestimmte Zeichenkombinationen auf rein formale Weise – also ohne Verständnis ihres Inhaltes – in andere überführt werden können, ist bislang noch nicht gelungen. Eine formale Kalkülisierbarkeit rechtlicher Aussagen ist im

5 Eine detaillierte Schilderung der wichtigsten Projekte gibt der Verfasser aaO

6 Erschienen in „Mark Twain bummelt durch Europa", dtv-Taschenbuch Nr. 421, S. 240 ff

Regelfall nicht möglich. Schon linguistisch stehen der für jeden Computereinsatz unerläßlichen Formalisierung letztlich unüberwindliche Schwierigkeiten entgegen. Hinzu kommt, daß es auch von der Sache her nicht möglich ist, die gesamte Fülle des Rechts als ein auf wenige Axiome zurückführbares Axiomsystem darzustellen.

Zweitens: Der semantische Aspekt der Informationswiedergewinnung ist noch kaum erforscht[7]. Juristische Texte bezeichnen weitgehend Erfahrungsinhalte, und die diese bezeichnenden Wörter haben bereits aufgrund ihrer exemplarischen Einführung einen inexakten Bedeutungsumfang. Dieser Bedeutungsspielraum wiederum ermöglicht die Anpassung des Rechts an den sozialen Wandel im Wege der jeweils erforderlichen Auslegung[8]. Im Computer nun kann der Prozeß der Auslegung nicht nachvollzogen werden. Der Einsatz des Computers ist nur insoweit möglich, als die Bedeutung von Wörtern eindeutig festliegt. Die künftige Forschung muß erst noch ermitteln, inwieweit eine präzisere Erfassung der „Bedeutung" von juristischen Begriffen – auch in ihrer Abhängigkeit vom jeweils gegebenen Wortzusammenhang – ohne Verlust an der erforderlichen Elastizität des Rechts möglich ist. Letztlich hängt diese Frage von der wissenschaftstheoretisch bedeutsamen Streitfrage nach dem Verhältnis der analytischen Methoden zu den ganzheitlichen Verfahrensweisen ab[9]. Die Grenzen der Computertechnik fallen nämlich mit den Grenzen analytischer Methoden zusammen. Als Beispiel für die Auswirkung dieser Streitfrage sei die Beschreibung eines Vorgangs einmal in aktivischer Form (X schlägt seine Frau) und einmal in passivischer Form (Frau X wird von ihrem Mann geschlagen) gebracht[10]. Bei analytischer Betrachtung liegt hier wegen der Gleichheit des Vorgangs Sachverhaltsgleichheit vor, während bei „hermeneutischer" Betrachtung Sachverhaltsverschiedenheit gegeben ist, weil in der aktivischen Fassung der Akzent auf der Brutalität des Mannes, in der passivischen Fassung der Akzent auf dem Leiden der Frau liegt. Diese letztere, ganzheitliche Betrachtung ist dem Computer nicht möglich.

In der Dokumentation erreichen die meisten der bisher praktizierten Verfahren nur die unterste Stufe semantischer Analyse, indem sie lediglich einen oder mehrere Suchbegriffe mit den entsprechenden Speicherbegriffen zur Deckung bringen. Ansätze, darüber hinauszugehen, sind nur vereinzelt ge-

---

7 Vgl. Horn, D., „Die semantischen Aspekte der Informationswiedergewinnung" in Neue Juristische Wochenschrift 1971, S. 1588 ff

8 Vgl. Zippelius, R., „Einführung in die juristische Methodenlehre", München 1971, S. 122 f

9 Vgl. dazu allgemein Seiffert, Helmut, „Einführung in die Wissenschaftstheorie", München, Band 1, 3. Aufl., 1971, Band 2, 1970, mit weiteren Nachweisen.

10 Das Beispiel stammt von Seiffert, Helmut, „Marxismus und bürgerliche Wissenschaft", München 1971, S. 25. Vgl. auch Kamlah-Lorenzen, „Logische Propädeutik". Mannheim 1967. S. 133 ff.

macht worden. Zu nennen ist etwa der „Semantic Coded Abstract Approach"[11], bei dem die vorhandenen Texte in eine eigens entwickelte, normalisierte Sprache mit eigenen Wörtern, eigener Grammatik und eigener Zeichensetzung übersetzt werden. Dies führt zu einer Normierung der verschiedenen Texte, die es gestatten soll, deren gegenseitige Relevanz auf der Grundlage des vorgegebenen sprachlichen Strukturmodelles durch den Computer aufdecken zu lassen.

Zu nennen ist ferner der Verfahrensvorschlag Sedoc[12], dem die Idee zugrunde liegt, daß eine chronologische Gliederung sozialer Geschehnisse als allgemeines Ordnungsprinzip zugleich auch etwas über die Ursachen und Motivationen einzelner Ereignisse und Taten aussagt. Wenn erst A den B und dann B den A schlägt, ist anzunehmen, daß die Tat des A ursächlich für die Tat des B war, während das Umgekehrte nicht möglich ist. Eine entsprechende Anordnung der einzelnen Bilder ergibt den Sinn dieser Geschichte und eröffnet ein Simulationsverfahren im Computer beispielsweise zur Aufdeckung von Fallähnlichkeiten. Damit wird eine Struktur angestrebt, die es gestattet, inhaltlich gleiche Begriffe auch bei verschiedenen Formulierungen zur Deckung zu bringen.

Drittens: Das juristische Benutzerbedürfnis ist noch nicht ausreichend genug erforscht, um die Frage nach der zweckmäßigsten Organisation eines spezifisch juristischen Informationssystems beantworten zu können. Dabei geht es nicht darum, daß die Juristen ihre Arbeitsweise zu verändern, etwa den Ansprüchen der modernen Technik anzupassen hätten, indem sie eine Kommandosprache und die Bedienung eines Terminals erlernen, sondern – grundsätzlicher – darum, wie die Ansprüche des Juristen an ein Informationssystem aussehen, das frei von den traditionellen Beschränkungen eine um Größenordnungen[13] erweiterte Reichweite der Erschließung und des Zugriffes bietet. Daß diese Frage noch nicht beantwortet ist, hat sicher mehrere Ursachen.

Einmal spielt hier das traditionelle Denken in Zuständigkeiten und Abteilungen eine erhebliche Rolle; man sieht ein Problem entweder als ein juristisches oder als ein EDV-Problem an. Die Notwendigkeit einer interdisziplinä-

---

11 Vgl. Melton, Bensing, „Searching Legal Literature Electronically: Results of a Test Program", in Nr. 45 „Minnesota Law Review", 1960, S. 229, und „The ‚Semantic Coded Abstract' Approach" in „Modern Uses of Logic in Law", März 1962, S. 48 ff, ferner Verf. aaO, S. 146 ff

12 Vgl. Verf. zusammen mit Müller-Krumbhaar „Sedoc – ein Verfahrensvorschlag zur Erschließung juristischer Literatur mit Computern" in „Juristische Arbeitsblätter" 1970, S. 566 ff

13 Darunter sind Zehnerpotenzen zu verstehen, und zwar in Bezug auf die Menge des bei einer Suche erfaßten Materials. Vgl. dazu grundsätzlich Müller, Gert H., „Utopie in der Mathematik" in „Säkularisation und Utopie", Festschrift für Ernst Forsthoff zum 65. Geburtstag, Stuttgart, Berlin, Köln, Mainz, 1967, S. 323

ren Zusammenarbeit wird zwar in der Theorie gern bejaht. In der Praxis aber wird sie selten verwirklicht. Das führt dann zu der irrigen Vorstellung, es sei Aufgabe der Computerexperten, die Dokumentationsprobleme der Juristen zu lösen. Das aber können diese nicht, weil sie diese Probleme nicht kennen. Alles, was sie tun können, ist, die Problemlösungen und Modellansätze, die die Juristen selbst zu finden haben, in eine computergerechte Form zu übersetzen. Die Juristen müssen ihre Informationskrise im Kern selbst überwinden, indem sie sie bis ins Detail aufzeigen, wie das vorhandene technische und systematische Instrumentarium der elektronischen Datenverarbeitung für ihre spezifischen Bedürfnisse eingesetzt werden soll; erst dann können die Datenverarbeiter mit der Arbeit beginnen[14].

Zum anderen ist die Anbindung an die traditionellen juristischen Methoden der Informationswiedergewinnung so stark, daß hierin nicht selten die Quintessenz juristischer Arbeit überhaupt gesehen wird. Die Beschränkungen der traditionellen Bibliotheks- und Informationssysteme haben zur Ausprägung individueller, durchaus unterschiedlicher, teilweise schöpferischer, jedenfalls zufallsbedingter Such- und Informationsmethoden geführt, die von zahlreichen objektiv und subjektiv nicht nachvollziehbaren Gegebenheiten abhängen. Solche objektiven Gegebenheiten sind beispielsweise: Besitz einer umfassenden und aktuellen Handbibliothek, Bezug einschlägiger Fachzeitschriften, Führung einer Leitsatzkartei, Zugang zu einer größeren Fachbücherei, usw., während subjektive Gegebenheiten etwa sind: Fleiß, Ausdauer, Ehrlichkeit, Zitierfreudigkeit, die Bereitschaft, Fundstellen nachzuprüfen,Gründlichkeit usw.

Es ist daher sehr schwer, wenn nicht gar unmöglich, aus dem gegenwärtigen Informationssuchverhalten der Juristen – beispielsweise im Wege einer soziologischen Untersuchung – Aufschlüsse über die künftig an die automatisierte Dokumentation zu stellenden Forderungen zu erhalten. Entsprechende Bemühungen haben denn auch keine sehr ermutigenden Resultate gebracht. Das Bundesjustizministerium hat beispielsweise vergeblich versucht, im Rahmen seines Projektes einer juristischen Datenbank brauchbare Informationen über das Informationssuchverhalten der Juristen zu erhalten[15]. Bemerkenswert dabei ist, daß auch die in dieser Frage angesprochene Verlegervereini-

---

14 Grundsätzlich zu diesem Problem Müller-Krumbhaar in DSWR aao. Vgl. auch Verf., „Überblicke über das Gebiet der Rechtsinformatik, in: Juristische Arbeitsblätter 1972, S. 205 f.

15 Zur juristischen Bundesdatenbank vgl. die beiden Berichte in Beilage Nr. 8 zum Bundesanzeiger Nr. 41 vom 28.2.1970 und Beilage Nr. 5 zum Bundesanzeiger Nr. 62 vom 31.3.1971. In dem letzteren Bericht ist angedeutet, daß man evtl. eine Umfrage durch ein Meinungsforschungsinstitut durchführen will.

gung Rechtsinformatik[16] als Interessenverband der doch auf diesem Gebiet besonders kompetenten juristischen Fachverlage sich außerstande sah, hierzu präzise Angaben zu machen.

Angesichts dieser Hindernisse ist es insgesamt nicht verwunderlich, daß die meisten der bisher entwickelten Methoden zur automatisierten Rechtsdokumentation ungeachtet des aufwendigen technischen Spektakulums und ungeachtet solch anspruchsvoller Bezeichnungen wie Volltextmethode, Profilsuche, Deskriptormethode, Assoziationsfaktorverfahren, Dokumentfeldmethode und dergleichen mehr sich im Grunde nur als große Schlagwortregister darstellen, in denen mehrere Begriffe zugleich gesucht werden können. Sie bedeuten genau besehen nur eine Fortschreibung traditioneller, unter ganz anderen und beschränkteren Voraussetzungen entstandener Informationstechniken. Die Frage, wie das juristische Informationszentrum der Zukunft aussehen wird, ist noch unbeantwortet.

Der Jurist ist wenig dazu prädestiniert, die linguistischen und semantischen Probleme der Dokumentation zu lösen[17]. Wohl aber ist er dazu aufgerufen, die spezifisch juristischen Bereiche zu bearbeiten, das heißt, seine Anforderungen an die automatisierte Dokumentation unter voller Ausschöpfung der gegebenen technisch-systematischen Möglichkeiten zu klären und zu formulieren. Auf dem Wege zu einer solchen Klärung läßt sich zunächst ungeachtet der bestehenden unterschiedlichen Informationsmethode eine allgemein gültige Feststellung treffen. Alle traditionellen juristischen Informationsmethoden knüpfen an eine juristische Bearbeitung des Falles an und ihr Erfolg ist umso größer, je weiter fortgeschritten die Lösung des Falles ist. Darin wird eine Parallelität zwischen juristischer Methode und traditionellem Informationssystem überhaupt sichtbar: Beide setzen eine weitgehend Abstraktion vom konkreten Gegenstand des Einzelfalles voraus, die im juristischen Bereich durch die Möglichkeit der Subsumtion unter abstrakt gefaßte Tatbestandsmerkmale und im dokumentarischen Bereich durch Verwendung von Gattungsbegriffen herbeigeführt wird. Die Gründe hierfür liegen in dem Unvermögen, eine Vielzahl von Ordnungskriterien, deren Abgrenzung nicht eindeutig ist und für die eine Reihenfolge der Anwendung nicht oder nur sehr schwer anzugeben ist, zu beherrschen. Der Mensch verliert hier sehr schnell die Übersicht und auch die traditionellen Register und Karteien vermöchten es nicht, diese Übersicht herzustellen. Sogar der Einsatz von Computern stößt hier auf Grenzen[18].

---

16 Über Ziele und Tätigkeit dieses Zusammenschlusses unterrichtet Friedrich, G., im „Börsenblatt für den deutschen Buchhandel" 1971, S. 926 ff

17 Darauf, daß hier noch theoretische Grundfragen zu untersuchen sind, weist Horn aaO hin

18 Vgl. zu diesem Problem Verf. zusammen mit Müller-Krumbhaar in „Juristische Arbeitsblätter" 1970, S. 572

Das Mittel, diesem Unvermögen auf traditionelle Weise zu begegnen, heißt Generalisierung und Abstraktion. Je besser ein Fall juristisch gelöst ist, desto besser läßt diese Lösung sich ordnen, indem beispielsweise ein Gesetzesparagraph oder die hierarchische Einteilung eines Gesetzbuches als Ordnungskriterium verwendet wird. So sind Kommentare, Lehrbücher, Fundhefte, Leitsatzkarteien usw. durchwegs nach einer juristischen, hierarchischen Einteilung gegliedert; sie sind daher erst **nach** einer gewissen juristischen Vorklärung des Problems (und mithin nur von Juristen) zu benutzen. Register verzichten demgegenüber auf die juristische Hierarchie, verwenden dafür aber die juristische Terminologie und können somit ebenfalls erst nach juristischer Vorbearbeitung des Falles sinnvoll benutzt werden.

Die Mängel dieses „klassischen" Systems treten da hervor, wo die juristische Lösung nicht eindeutig ist – und welcher Rechtsfall wäre schon eindeutig –, also gerade da, wo ein funktionierendes Informationssystem von besonderer Bedeutung wäre. Markante Beispiele bieten die Fälle der Anspruchskonkurrenz im bürgerlichen Recht oder jene Tatbestände, die – wie etwa die Produzentenhaftung – so neuartig sind, daß noch keine traditionell anerkannten juristischen Subsumtionswege vorhanden sind. Hier offeriert allein noch das Schlagwortregister in Verbindung mit dem Zufall für die Durchführung einer Suche eine Hilfe – mit allen damit zwangsläufig verbundenen Mängeln. Gerade hier aber wäre eine wirksame Dokumentation besonders wichtig. Das „klassische" System bietet also die Paradoxie, daß es immer wirksamer wird, je weniger es eigentlich benötigt wird.

Es liegt nahe, an die elektronische Datenverarbeitung die Frage zu richten, ob diesen Mängeln nicht abgeholfen wird, indem ein Dokumentationssystem geschaffen wird, das keine rechtliche Vorklärung des Falles voraussetzt. Dabei könnte die Überlegung helfen, daß ein Computer zwar nicht im menschlichen Sinne denken kann, daß er es aber gestattet, jenen Punkt um Größenordnungen (Zehnerpotenzen) hinauszuschieben, an dem der Mensch die Übersicht über die Menge des angebotenen Informationsmaterials verliert und deshalb zur Zusammenfassung schreitet.

Die Datenverarbeitung müßte also vor der im Wege der Abstraktion erfolgten Loslösung vom konkreten Detail einsetzen. Der Computer hätte am Problem vor dessen juristischer Bearbeitung – also am Fall – zu beginnen. Er müßte imstande sein, die Frage zu beantworten, ob es diesen – und das heißt: einen vergleichbaren – Fall schon gegeben hat. Die Hypothese, die diesen Erwägungen zugrundeliegt, geht dahin, daß der ähnlichste Fall mit größter Wahrscheinlichkeit zur hilfreichsten Lösung führt, auch unter der Prämisse, daß es keine zwei identischen Fälle gibt. Die juristische Suchfrage im Vorfeld der juristischen Lösung kann danach nicht anders lauten als die Frage nach der Autorität, die einen möglichst ähnlichen Fall bereits besprochen hat, ohne daß es eine Rolle spielt, wie diese Besprechung (oder Entscheidung) im einzelnen aussieht[19].

Wenn es gelingt, allgemeingültige Kriterien für die (juristische) Bemessung der Ähnlichkeit von Fällen zu finden, wird es auch möglich sein, Computerverfahren zu entwickeln, die diese Bemessung dann vornehmen. Solche Kriterien können möglicherweise durch eine chronologische Analyse des Falles gefunden werden, indem der Zeitablauf sozialer Geschehnisse als allgemeingültiges Ordnungsmittel verwendet wird und die juristisch relevanten Merkmalskomplexe gleich den Bildern eines Filmes gekennzeichnet werden. Dabei tritt auch das Problem der Abgrenzung bei der Einordnung einer Situation unter ein bestimmtes „Bild" wegen der chronologischen Aufeinanderfolge der Bilder nur in der einfachen Form der Alternative auf. Diese Überlegung liegt dem schon erwähnten Sedoc-Verfahren zugrunde. Dieses Verfahren beschränkt sich ausschließlich auf die Tatbestände von Urteilen oder die Fallbeschreibungen, die in juristischen Texten ja ausnahmslos enthalten sind, weil ohne Fall kein juristisches Problem erörtert werden kann[20]. Die Ordnung dieser Fälle folgt aus einer chronologischen Gliederung. Innerhalb dieser Gliederung wird jede Station, die – unter juristischem Aspekt – etwas Neues bringt – gekennzeichnet (z.B. Entwicklung eines Produktes, Erprobung – Herstellung – Anpreisung – Vertrieb – Verwendung usw.). Dafür wurde die Bezeichnung Sequenzbild gewählt, die zum Ausdruck bringt, daß es nicht um eine juristische Bewertung dieser Stationen geht, sondern allein um eine tatsächliche Beschreibung (Bild) aufeinanderfolgender Stationen (Sequenzen)[21]. Die einzelnen Sequenzbilder lassen sich – in Übereinstimmung mit sprachanalytischen Erwägungen – relativ leicht festlegen: überall da, wo die Sprache einen Sammelbegriff für einen bestimmten sozialen Prozeß zur Verfügung stellt (z.B. Erprobung – Herstellung), kann man davon ausgehen, daß ein bestimmter Abschnitt in dem (an sich ja unendlichen Strom) von Geschehnissen vorliegt, der dann auch unter juristischen Aspekten als geschlossener Abschnitt zu betrachten ist (z.B. **sorgfältige** Erprobung – **fehlerhafte** Herstellung usw.). Die Tatsache, daß ein solcher Abschnitt (ein Sequenzbild) überhaupt eine Rolle spielt, ist die erste für die Dokumentation bedeutsame Information. Die zweite ergibt die Antwort auf die Frage, ob diese Rolle mit einer gewissen – aus der Wortwahl folgenden – Wahrscheinlichkeit unter juristischem Aspekt positiv (z.B. Sorgfalt) oder negativ (z.B. Fehlerhaftigkeit) ist. Erst dann inter-

19 Dazu, daß auch in der traditionellen juristischen Methode dem Typenvergleich eine wichtige Rolle zukommt, vgl. etwa Zippelius aaO, S. 77 ff.

20 Unter juristischen Texten werden hier solche Texte verstanden, die sich mit der richtigen Bewertung und Lösung sozialer Konflikte befassen, diese aber vollständig, also nicht etwa nur Judikate, sondern auch die wissenschaftliche Literatur.

21 Von dem Ausdruck „Sequenzbild-Dokumentationsverfahren" leitet sich die Abkürzung SEDOC ab

essiert die im konkreten Einzelfall gewählte Terminologie. Zu jedem Sequenzbild ergibt sich also zunächst eine Hierarchie von allgemeinen Sammelbegriffen, denen alsdann die im Originaltext verwendeten Begriffe des konkreten Falles zugeordnet werden (und zwar nur die signifikanten Begriffe analog der Deskriptormethode). Es ergeben sich dann für den Ähnlichkeitsvergleich verschiedener Fälle eine Reihe von Kriterien (z.B. Art, Zahl und Reihenfolge der übereinstimmenden Sequenzbilder, Art, Zahl und Reihenfolge der übereinstimmenden Sammelbegriffe usw.), die aufgrund empirisch vorgegebener Rangordnung vom Computer überprüft werden, um – nach absteigender Relevanz geordnet – die ähnlichsten Fälle zu erkennen. Diese Aufgabe könnte ein Mensch im Kopf nicht mehr erfüllen – wie leicht einzusehen ist – während ein Computer sie (aufgrund einmal gefaßter genereller Wertentscheidungen, welche in gewissen Zeitabständen überprüft und gegebenenfalls korrigiert werden können), problemlos bewältigen kann[22].

Vorteilhaft wirkt sich dabei aus, daß es auch hinsichtlich der Sprache einen Unterschied macht, ob tatsachenbeschreibende oder gedankenbeschreibende Literatur verarbeitet wird. Die erstere tendiert zur Endlichkeit, Klarheit, Eindeutigkeit und Nüchternheit – man denke etwa an eine technische Abhandlung. Die letztere tendiert dagegen zur Unendlichkeit, Unklarheit, Vieldeutigkeit und Sentimentalität – man denke etwa an ein (nicht notwendig schlechtes) juristisches Plädoyer. Kaum ein Jurist wird auf die Idee kommen, einen Tatbestand mit besonderem Reichtum an sprachlicher Ausdrucksgabe fertigen zu wollen. Die Verarbeitung der regelmäßig knappen und präzisen Fallbeschreibung (Tatbestände) ist daher auch von der Terminologie her viel leichter als die der eigentlichen jurstischen Erörterungen. Dies gilt umso mehr, als der Jurist im Tatbestand ja schon alle unwichtigen Details (z.B. Namen, Ortsangaben, nebensächliche Begleitumstände usw.) wegläßt[23].

Die Falldokumentation[24] erscheint mithin prinzipiell möglich. Damit erscheint es denkbar, Computerverfahren an den beiden Grenzpunkten des juristischen Suchverhaltens einzusetzen, die auf der einen Seite (Fallmethode) durch allgemeine Situationsbeschreibungen (Aufgaben) und auf der anderen Seite (Deskriptormethoden) durch konkrete juristische Begriffe (Lösungen) gekennzeichnet sind. Und es erscheint möglich, beide Verfahrensweisen miteinander zu kombinieren, indem beispielsweise die Fallmethoden

---

22 Vgl. im einzelnen die vom Verf. und Müller-Krumbhaar aaO gebrachten Beispiele

23 Vgl. dazu Verf. „Computerunterstützte juristische Datenbanken – Grenzen und Möglichkeiten", in „Recht im Amt", 1971, S. 41 ff

24 Der Falldokumentation in diesem Sinne wird im folgenden die Deskriptormethode gegenübergestellt. Das ist systematisch nicht ganz korrekt, soll aber den Unterschied deutlich machen, der darin liegt, daß die Fallmethode *Fälle* (also soziale Realitäten) erfaßt, während die Deskriptormethode sich vorwiegend auf *Rechtsbegriffe* (Eigentum, Bürgschaft, Vertrag usw.) konzentriert.

Deskriptoren zur Suche mit der Deskriptormethode und umgekehrt die Deskriptormethoden Gewichte zur Ordnung der Ergebnisse der Fallmethoden erbringen; das letztere kann durch Einführung von statistisch ermittelten Relevanzgewichten geschehen[25].

In der praktischen Verwirklichung würde eine Suche dann mit der Darlegung des Falles beginnen. Der Computer würde ähnliche Fälle ermitteln, die je nach ihren graduellen oder qualitativen Abweichungen vom Ausgangsfall (der Vergleichsbasis) mehr oder weniger relevante Literatur ergeben würden. Auf jeweils derselben Relevanzstufe wäre gewährleistet, daß die Vielzahl von einschlägigen Arbeiten und damit die Vielzahl der bereits zu einem bestimmten sozialen Grundtypus ermittelten rechtlichen Aspekte vollzählig erfaßt würde. Der Benutzer könnte also von dieser Vielfalt Kenntnis nehmen und – nachdem er sich für die weitere Verfolgung bestimmter rechtlicher Aspekte entschieden hat – diese nunmehr gezielt weiterverfolgen; das letztere ermöglicht ihm die Deskriptormethode. Der entscheidende Vorteil der Fallmethode läge also darin, daß sie dem schöpferischen Aspekt jedweder rechtlichen Suchtätigkeit Rechnung trägt und nicht von vornherein eine Eingrenzung auf bestimmte Lösungen verlangt.

Gegen die Falldokumentation mag eingewendet werden, es sei nicht nötig, bereits im Vorfeld der eigentlichen juristischen Arbeit Suchverfahren bereitzustellen. Das System werde ausschließlich für Juristen geschaffen und der Jurist beginne seine Suche nicht, ehe er nicht eine gewisse juristische Bearbeitung seines Falles vorgenommen habe. Bei diesem Einwand würde jedoch übersehen, daß mit jeder Bearbeitung bereits eine Bewertung beginnt, die in nicht zwei Fällen in genau dieselbe Richtung führt. Eine völlig neutrale Dokumentation ist daher nur vor dieser Bearbeitung möglich. Dagegen läßt sich auch nicht einwenden, daß auch der Tatbestand auf einer unter juristischen Aspekten vorgenommenen Bearbeitung beruhe. Das tut er, gewiß, aber diese Bearbeitung betrifft lediglich die Auswahl, nicht die Bewertung der in Frage stehenden Tatsachen. Selbst wenn der Tatbestand unvollständig oder gar falsch sein sollte, bleibt er doch die allein maßgebliche, intersubjektiv nachprüfbare Grundlage für die nachfolgende juristische Erörterung wie auch für jede Diskussion dieser Erörterung. Nicht Schuld oder Unschuld des Angeklagten interessieren beispielsweise den Literatursuchenden, sondern allein die rechtliche Bewertung dessen, was man ihm vorwirft, mag er es getan haben oder nicht. Da die Dokumentation getreulich das Vorhandene referieren soll, wäre sie bei einer Speicherung juristischer Bearbeitungen auch gezwungen, jeden der von den verschiedenen Bearbeitern gegangenen unterschiedlichen Weg zu verfolgen. Das würde ins Uferlose führen. Ein einfaches Beispiel mag diese Feststellung illustrieren: Wenn hundert Juristen dieselbe Examensklau-

25 Vgl. etwa das ABF-IBM-Verfahren, s. Verf. in „Elektronische Datenverarbeitung im Recht", S. 157 ff

sur bearbeiten, werden – wenn alles mit rechten Dingen zugegangen ist – nicht zwei Lösungen identisch sein, und der Registrator des Justizprüfungsamtes müßte verzweifeln, wollte er die Arbeiten nach Lösungen statt nach Aufgaben geordnet ablegen. Man führe dann das Beispiel fort und stelle sich vor, dem Registrator sei in mühevoller Arbeit die Erstellung eines Systems gelungen, das eine Erfassung aller Lösungen erlaubt. Nunmehr wird eine verspätete Arbeit abgegeben, die neuartige, kühne Lösungsvorschläge enthält. Wo soll er sie einordnen, ohne sein gesamtes System zu zerstören und es neu aufzubauen? Das Beispiel zeigt, daß allein die Falldokumentation jene Offenheit gegenüber künftigen Anschauungswandlungen gewährleistet, die unerläßlich ist, soll nicht die Dokumentation eine Erstarrung des bisherigen Rechtszustandes bewirken[26].

All dies trifft natürlich im Prinzip auch für die manuellen Dokumentationsmethoden zu, bei denen das Problem wegen ihrer zwangsläufigen Grobheit und Ungenauigkeit jedoch kaum ins Gewicht fällt. Eine Volltextdokumentation, die jeden Satz, jedes nicht ganz unwichtige Wort als Rohmaterial für die Informationserschließung verwendet, gibt es im herkömmlichen juristischen Informationswesen ja nicht. Erst die Computertechnik macht die Mängel der bisherigen Methoden deutlich und zwingt dazu, nach neuen Lösungen zu suchen. Ein solcher Lösungsvorschlag ist die Falldokumentation. Nur durch sie erscheint es möglich, die **Vielzahl** von Gedanken und Aspekten zu **einer** typischen sozialen Konfliktsituation vollständig zu erfassen und nachzuweisen. Wenn dies bisher nicht beachtet wurde, so also allein deshalb, weil es technisch unmöglich war, diesen Gedanken zu realisieren.

Zu einem historisch sehr frühen Zeitpunkt erwies sich schon die Unmöglichkeit, Fallsammlungen als Grundlage des Rechts zu erstellen und wirklich zu beherrschen, auch wenn diese Vorstellung – beispielsweise im anglo-amerikanischen case law – mitunter heute noch aufrecht erhalten wird. Der Kodifikationsgedanke, der aus der Einsicht dieser Unmöglichkeit resultierte, erbrachte ebenfalls nicht das einfache, überschaubare, jedermann auf der Grundlage seines Falles zugängliche Recht. Erst die Computertechnik eröffnet diese Möglichkeit, und darin liegt wahrscheinlich ihre wahrhaftig umwälzende Bedeutung für das juristische Dokumentations- und Informationswesen.

Es ist nunmehr zu fragen, welche Konsequenzen sich hieraus für die Gesetzesplanung ergeben.

---

26 Damit erledigt die Fallmethode einen wichtigen Einwand gegen die Deskriptormethode, der besagt, daß die Menge der möglichen Fragen unendlich groß und künftige Fragen unbekannt seien; die gegenteilige Annahme impliziere ein statisches System, das nicht den tatsächlichen Verhältnissen entspreche. Vgl. Horn aaO

Teil 2
Dokumentation und Gesetzesplanung

Der Stand und mehr noch die sich künftig abzeichnenden Möglichkeiten der elektronischen Rechtsdokumentation lassen sechs Auswirkungen auf die Gesetzesplanung als möglich und wahrscheinlich erscheinen:

Erstens: Die in Gesetzen verwendete juristische Terminologie wird vereinheitlicht werden[27]. Dafür, daß dieses Ziel sinnvoll ist, bringt Steinmüller[28] ein drastisches Beispiel: Seit der Einführung des Gesetzes über die rechtliche Stellung des nichtehelichen Kindes am 1. Juli 1970 gibt es den Rechtsbegriff des unehelichen Kindes nicht mehr. Aber weder im BGB (§ 1719, 1722 und Überschrift von § 1719), noch im EGBGB (Art. 20, 21, 22) noch in anderen Gesetzen (§§ 49 FGG, 118 ZPO, 217 StGB usw.) fand eine Bereinigung statt. „... besonders peinlich wirkt es, daß nicht einmal Art. 6 V GG – der den Verfassungsauftrag zu dieser Gesetzesänderung enthält – entsprechend berichtigt wurde".

Zweitens: Es wird künftig möglich sein, alle von einem gesetzgeberischen Vorhaben unmittelbar oder mittelbar betroffenen Gesetze ausfindig zu machen. Gegenwärtig ist dies bereits nicht mehr möglich, wie die Tatsache erweist, daß der Gesetzgeber sich häufig genug mit der sogenannten Regenschirmklausel behilft, durch die er pauschal alle „entgegenstehenden" Gesetze aufhebt, ahnend (oder richtiger: wissend), daß es sie gibt, aber außerstande, sie zu finden[29].

Drittens: Die Falldokumentation wird den Durchgriff auf Sozialdaten erlauben. Sie wird den Übergang von einem bloß Literatur nachweisenden juristischen Dokumentationssystem zu einem umfassenden juristischen Informationssystem herstellen[30]. Denn es bereitet systematisch gesehen keinen Unterschied, ob man die in Urteilen niedergelegten Tatbestände oder gleich die diesen zugrundeliegenden Konfliktsituationen unmittelbar von der Realität weg erfaßt. Maßgeblich ist allein, daß ein einheitliches Schema zur automatisierten Behandlung nicht formatierter[31] Realitätsbeschreibungen zur Verfügung steht. Ist dies der Fall, besteht prinzipiell kein Hindernis, die soziale Wirklichkeit auch außerhalb des juristischen Tätigkeitsbereiches durch Computer zu erschließen und so wichtige Basisinformationen für gesetzgeberische

---

27 Zur Wichtigkeit dieser Forderung vgl. Simitis „Rechtliche Anwendungsmöglichkeiten kybernetischer Systeme" in Recht und Staat, Heft 322, Tübingen, S. 16

28 aaO S. 45

29 Vgl. etwa § 60 BeurkG, wo pauschal entgegenstehendes Landesrecht aufgehoben wird, und alsdann mit dem Zusatz „insbesondere" 68 Vorschriften genannt werden.

30 Zu diesem Unterschied vgl. Fiedler „Automatisierung im Recht und juristische Informatik" in Juristische Schulung 1970, S. 604 f

31 Zu diesem Ausdruck Fiedler aaO

Initiativen bereitzustellen. Damit wird der Bezug zu anderen Datenbanken – insbesondere Verwaltungsdatenbanken, aber auch privatwirtschaftlichen Datenbanken – hergestellt. Zugleich wird damit erstmals die Möglichkeit des im großen Umfang durchgeführten gesetzgeberischen Planspiels – ebenfalls unter Computereinsatz – geschaffen[32].

Viertens: Die Falldokumentation wird es erlauben, die Forderung „gleiches Recht für alle" besser zu verwirklichen als dies bisher möglich war. Diese (wertneutrale) Forderung kann als eine Grundlage unseres sozialen Systems überhaupt bezeichnet werden, weil ohne das Prinzip der Gleichbehandlung von gleichen Fällen (bei zeitunabhängiger, universaler, wertfreier Betrachtung) kein definierbares System vorläge. Ihre Verwirklichung und Befolgung setzt aber voraus, daß Fälle verglichen werden und dieser Vergleich ist in unserer übervölkerten, komplizierten und schnellebigen Welt immer schwerer vorzunehmen. Ein Beispiel bildet die unterschiedliche Rechtsprechung zum Strassenverkehrsrecht, die häufig genug darauf beruht, daß die Rechtsprechung anderer Gerichte **zum selben Fall** nicht bekannt ist[33]. Die Falldokumentation hilft diesem spezifischen Informationsmangel ab und gestattet damit eine schärfere und frühzeitigere Erkennung solcher systemschädlicher Ungleichbehandlungen. Diese Ungleichbehandlungen mögen sich zwar auch in Zukunft hinter der unterschiedlichen Auslegung und Interpretation mehrdeutiger Rechtsbegriffe verbergen; sie werden dennoch aufgedeckt werden, weil die sozialen Grundmuster identisch bleiben und die Beschreibung dieser Grundmuster einem sehr viel langsameren Ausdruckswandel unterzogen ist als dies bei ihrer Bewertung der Fall ist. Die Ursache hierfür liegt darin, daß ein Anschauungswandel ja immer hinsichtlich der Bewertung vertrauter Erscheinungen eintritt und dann auch zu einer neuen Terminologie in der Bewertung führt, während die Beschreibung der Sache selbst zunächst unverändert bleibt. (Dies ergibt übrigens im Umkehrschluß ein weiteres Argument für die Falldokumentation, weil diese bei Fällen auf sehr viel dauerhafterem terminologischen Grund gebaut ist als dies bei Bewertungen der Fall wäre. Es gibt ja sogar den Extremfall, daß ein Anschauungswandel durch den Gebrauch von neuen Ausdrücken nur vorgetäuscht wird.) Nicht zu verwechseln mit dem Anschauungswandel ist freilich das Aufkommen neuer sozialer Situationen (z.B. der mit dem Stichwort „Produzentenhaftung" umschriebene Bereich). Diese werden durch den Mangel an Präzedenzfällen problemlos aufgedeckt.

Fünftens: Die soeben aufgezeigte Möglichkeit wird auch die wissenschaftliche Grundlage für die Früherkennung von Reglerkatastrophen bieten, wie sie immer dann drohen, wenn im menschlichen Sozialsystem Rückkopplungseffekte zu Aufschaukelungen führen, ohne daß ein Kreis negativer Rückkopp-

32 Zum Planspiel vgl. Verf. in „EDV im Recht" S. 79 f; S. 100 f

33 Vgl. Verf. in „EDV im Recht", S. 85, Anm. 376

lung die Aufschaukelung wirksam verhindert. Konrad Lorenz[34] hat aufgezeigt, daß unser soziales System labil ist, das es zwischen zwei Grenzwerten hin- und herschwingt, die auf der einen Seite in etwa durch das Schlagwort „links" und auf der anderen Seite durch das Schlagwort „rechts" gekennzeichnet sind. Er führt aus:

> „Wir müssen uns darüber klarwerden, daß zu beiden Seiten des Punktes, auf den das Pendel wiese, wenn es je zur Ruhe käme, echte Werte stehen; auf der „linken" Seite der Wert der freien, individuellen Entfaltung, auf der „rechten" der Wert der sozialen und kulturellen Gesundheit. Inhuman werden erst die Exzesse nach beiderlei Richtungen. ... Das Schlimmste ... ist, daß diese ideologischen Oszillationen nicht nur ungedämpft verlaufen, sondern eine gefährliche Neigung zeigen, sich zur „Reglerkatastrophe" aufzuschaukeln. Sache der Wissenschaftler ist es, den Versuch zur dringend nötigen Dämpfung dieser Teufelsschwingung zu unternehmen."

Es erscheint nicht ausgeschlossen, daß der Computer das Werkzeug ist, mit dem solche Schwingungen frühzeitig erkannt und dann beherrscht werden können. Der einfache Indikator „gleicher sozialer Fall – veränderte Bewertung" kann die Veränderungen des Pendels anzeigen. Diese feinnervige und zentrale Anzeige kann dem Gesetzgeber zu geeigneten Maßnahmen der Dämpfung veranlassen. Die Prioritäten, die dabei gesetzt werden können, sind wahrscheinlich sachgerechter als der Einfluß von Ideologien oder Interessenverbänden.

Sechstens: Bei gedanklicher Fortentwicklung der aus der Falldokumentation resultierenden Möglichkeiten kommt man schließlich zur Vorstellung von Normen, die in ihrem referierenden, tatbestandsmäßigen Teil nicht mehr abstrakt-generalisierend und juristisch gefaßt, sondern konkret-fallbezogen und nicht-juristisch gefaßt sind. Dieser Gedanke, der bislang eine Utopie war, weil niemand sonst als der geschulte Jurist mit seiner juristischen Methode der Abstraktion, d.h. der Subsumtion konkreter Tatsachen unter abstrakte Begriffe, imstande war, das unter rechtlichen Aspekten wichtige Gemeinsame wie Trennende zwar **verschiedener**, aber **vergleichbarer** sozialer Tatbestände zu erkennen, ist in Zukunft vielleicht keine Utopie mehr. Damit würde dann das Gesetz zunächst äußerlich eine Wandlung erfahren, indem es die Gestalt von Computer-Programmen annehmen würde, die auf der Idee einer Aufsummierung zahlreicher „ähnlicher" sozialer Konfliktsituationen im Speicher des

---

34 „Die acht Todsünden der zivilisierten Menschheit" in „Sozialtheorie und soziale Praxis", Festschrift für Eduard Baumgarten zum 70. Geburtstag, hrsg. von Hans Albert, Meisenheim am Glan, 1971, S. 281 ff, insbes. S. 308

Computers beruhen würden; sodann würde die Konfliktlösung selbst aufgrund einer wahrscheinlichkeitstheoretischen (probabilistischen) Programmierung[35] erfolgen. Damit ist neben dem Bezug zu umfassenderen Informationssystemen der zweite wichtige Bezug der Falldokumentation angesprochen. Er führt zu der Problematik der Automatisierung juristischer Entscheidungen, die vielleicht nicht (nur) über eine Nachahmung des juristischen Entscheidungsprozesses im Computer erfolgen wird (so die gegenwärtigen Überlegungen), sondern auch – einfacher – über die Methode des Fallvergleiches.

Die Offenheit und Anpassungsfähigkeit solcher Gesetze würde nicht aus der richterlichen Freiheit zur Rechtsfortbildung folgen, sondern läge unmittelbar im Gesetz begründet, das immer Platz böte, um zu der gespeicherten Zahl von Fällen auch noch neue Fälle hinzuzufügen, so daß sich im konkreten Fall nur noch die Frage stellt, ob der neue Fall außerhalb oder innerhalb des wahrscheinlichkeitstheoretisch festgelegten Rahmens liegt. Eine Rechtsänderung wäre nur noch durch Änderung dieses Rahmens möglich.

Schlußbemerkung

Abschließend erscheint es sinnvoll, noch kurz auf die grundsätzliche Frage nach der Notwendigkeit und dem Nutzen der automatisierten Informationserschließung einzugehen. Vier gewichtige Einwände werden hier – soweit ersichtlich – erhoben. **Erstens:** Die größere Fülle des maschinell erschlossenen Materials bedeute nicht notwendig eine Informationsvermehrung[36]. **Zweitens:** Diese Fülle beeinträchtige möglicherweise die schöpferische Spontaneität und sei daher für den Richter nicht wissenswert[37]. **Drittens:** Diese Fülle zu bewältigen, erfordere einen so hohen Aufwand, daß eine rechtspolitisch bedenkliche Auswahl aus dem Material (z.B. nur Gerichtsurteile, keine wissenschaftliche Literatur) getroffen zu werden drohe[38]. **Viertens:** Die „Wohltat des Vergessens" mit ihrer rechtsbereinigenden Funktion gehe verloren[39]. Die Antwort auf diese Einwände kann hier nur andeutungsweise und nur vorläufig erfolgen: **Erstens:** Selbst unter der Voraussetzung, daß in der Fülle des Mate-

35 Ein probalistisches System zeigt ein mehr oder weniger wahrscheinliches Verhalten und ist daher – wenigstens prinzipiell – formalisierbar, vgl. Steinmüller aaO S. 17. Freilich gibt es im juristischen Bereich noch keine einschlägigen Erfahrungen.

36 Vgl. Horn aaO

37 Vgl. Wieacker, F., „Recht und Automation" in Festschrift für Eduard Bötticher zum 70. Geburtstag, Berlin, 1969, S. 388, 394

38 Vgl. Zielinski „Die juristische Bundesdatenbank als rechtspolitisches Problem", in Juristenzeitung 1971, S. 409 ff

39 Vgl. Zippelius aaO S. 130

rials immer wieder dasselbe gesagt wird, ist es eine für jeden Juristen durchaus wertvolle Information zu erfahren, daß „sein" Fall bereits unzählige Male abgehandelt worden ist; er kann hieraus beispielsweise die Existenz einer festgefügten, herrschenden Meinung, vielleicht auch eine bekämpfenswerte Erstarrung der Rechtsentwicklung ersehen, weil etwa die Rechtsprechung sich ständig an eingefahrene Formeln hält. Weiter muß man sich um Methoden bemühen, die eine Ordnung der Suchergebnisse und damit eine Bewältigung der – zunächst erdrückend erscheinenden – Masse an Dokumenten gestatten. Und schließlich trifft es auch nicht zu, daß mit größerer Fülle des Materials keine Informationsvermehrung einhergehe. Diese Informationsvermehrung ist vielleicht nicht dem Umfang des Materiales proportional, aber sie ist schon wegen der ständigen Anpassung des Rechts an den sozialen Wandel (der auch einen ständigen Bewertungswandel einschließt) gegeben. **Zweitens:** Bei sinnvollem Gebrauch der technischen Möglichkeiten ist mit Wahrscheinlichkeit ein Informationssystem erreichbar, das keine Beeinträchtigung der schöpferischen Freiheit, sondern – wie gerade die Falldokumentation zeigt – das Gegenteil bringt. **Drittens:** Das Problem einer notwendigen Auswahl aus der Literatur wird vermutlich durch die technische Entwicklung (größere Speicher, Klarschriftleser, Eingabe von der Schreibmaschine aus, höhere Geschwindigkeiten usw.), die zu einer Verringerung des Kostenfaktors führen wird, im Sinne einer vollständigen Erfassung aller Literatur von selbst gelöst werden. **Viertens:** Das Problem des Vergessens wird künftig bewußt in Form des „Löschens" gelöst werden müssen, und in dieser Bewußtheit liegt sicherlich auch eine Chance. Dabei können statistische Auswertungen (welche Argumente haben sich durchgesetzt? welche wurden verworfen? welche Tendenzen zeichnen sich ab?) eine gewisse Unterstützung liefern.

Diese summarischen Andeutungen können nur vorläufig sein, weil die Entwicklung sich erst ganz am Anfang befindet; gültige Antworten wird erst die Zukunft erbringen. Sie werden kommen, weil technischer Fortschritt und sozialer Wandel – wie immer man sie beurteilen mag – in unserem Zeitalter unvermeidlich sind.

Die urheberrechtliche Beurteilung computerunterstützter parlamentarischer Informations- und Dokumentationssysteme

von **Paul Katzenberger** und **Gert Kolle**

Zusammenfassung

Parlamentarische Informations- und Dokumentationssysteme (PID-Systeme) werfen eine Reihe urheberrechtlicher Fragen auf. Soweit in einem solchen System urheberrechtlich geschütztes Material gespeichert, verarbeitet und wieder erschlossen werden soll, werden geschützte persönlichkeits- und vermögensrechtliche Interessen der Urheber berührt. Bereits die Einspeicherung geschützter Werke stellt eine ausschließlich dem Urheber vorbehaltene Vervielfältigung dar, die nicht durch Schranken des Urheberrechts gestattet wird. Eine interessengerechte Lösung, die sowohl den Belangen der Urheber als den Praktikabilitätsbedürfnissen eines PID-Systems Rechnung trägt, läßt erwarten daß Errichtung und Durchführung eines PID-Systems nicht durch das Verbotsrecht der Urheber gefährdet werden. Die angestellten Überlegungen sind im Prinzip auch für andere Dokumentations- und Informationssysteme gültig, wobei sich die Schwerpunkte im Einzelfall verlagern können.

Abstract

Parlamentary Information and Documentation Systems (PID-Systems) give rise to a number of copyright questions. Protected personal and property interests of the authors may be effected to the extent that such a system stores, processes and retrieves material under copyright protection. Alone the storing of protected works represents a reproduction reserved exclusively to the copyright holder under the principles of copyright law. A just solution for all interests, weighing the interests of the copyright holders as well as the practical requirements of a PID-System, would require that the formation and operation of a PID-System not be endangered by the exclusive rights of the author. Although the emphasis can vary from case to case, these reflections are in principle valid for other documentation and information systems.

Deskriptoren

Abstracts
Abstract-Verfahren
Administrative Probleme der urheberrechtlichen Kontrolle
Amtliche Werke
Archivierung
Aufsätze
Bearbeitung
Clearinghouse
Datenaufbereitung
Datenausgabe
Datenspeicherung
Datenverarbeitung
Deskriptoren
Full-text-Verfahren
Gerichtsentscheidungen

Gesetze
Gesetzliche Lizenz
Indexverfahren
Informations- und Dokumentationssysteme, parlamentarische
Leitsätze
Originalwerk
Parlamensmaterialien
Persönlicher und sonstiger eigener Gebrauch
Recht der öffentlichen unkörperlichen Wiedergabe
Sozialdaten
Statistiken
Stichwortverzeichnis
Urheber
Urheberpersönlichkeitsrecht
Urheberrecht, geschützte Werke
Urheberrecht, Inhalt des
Urheberrecht, Schranken des
Verbreitungsrecht
Vergütungsregelung
Verlage
Vervielfältigungsrecht
Verwertungsgesellschaften
Werkbegriff, urheberrechtlicher
Zustimmung, Einholung der
Zwangslizenz

Übersicht

Weniger bekannte Abkürzungen

DSWR	Datenverarbeitung in Steuer, Wirtschaft und Recht
GRUR	Gewerblicher Rechtsschutz und Urheberrecht
KWIC	Key-words-in-context
L. Rev.	Law Review

PID-Systeme	Parlamentarische Informations- und Dokumentationssysteme
UCLA	University of California, Los Angeles
UFITA	Archiv für Urheber-, Film-, Funk- und Theaterrecht
URG	Gesetz über Urheberrecht und verwandte Schutzrechte (Urheberrechtsgesetz)
U.S.	United States Supreme Court Reports

I. Einführung

1. Das Problem

Automatisierte oder wenigstens automatisierbare Dokumentations- und Informationssysteme sind angesichts der „Informationslawine" unserer Zeit auch für die gesetzgebenden Körperschaften unabweisbar geworden. Wenn auch vollintegrierte, umfassende parlamentarische Informationssysteme gegenwärtig noch kaum über das Stadium der Planung hinausgelangt sind[1], so verfügen doch Gesetzgebungsorgane einiger Länder, namentlich Einzelstaaten der USA, über funktionsfähige Systeme, die wichtige Teilbereiche legislativer Tätigkeit durch Einsatz elektronischer Datenverarbeitungsanlagen informationell erfassen und erschließen. Zu nennen sind etwa die automatische Gesetzesdokumentation und Informationssysteme über den jeweiligen Stand des Gesetzgebungsverfahrens[2]. Während herkömmliche Dokumentations- und Informationssysteme wie Archive, Bibliotheken, Karteien und Kataloge grundsätzlich keine besonderen urheberrechtlichen Probleme aufwerfen[3], bringt die Verwendung elektronischer Datenverarbeitungsanlagen zur Speicherung, Verarbeitung und Erschließung von Textmaterial eine Fülle neuartiger urheberrechtlicher Fragen mit sich[4]. Schon die Kennzeichnung des wesentlichen Inhalts des Urheberrechts umreißt die Problematik: Das Urheberrecht verleiht seinem Inhaber zu Lebzeiten und für weitere siebzig Jahre nach seinem Tode den Rechtsnachfolgern die ausschließliche Befugnis, seine Wer-

1 Vgl. zum Stand der Vorarbeiten für ein Informationssystem des Deutschen Bundestages *Meyer-Uhlenried*, Systemanalyse und Entwurf eines integrierten, automatisierbaren Informations- und Dokumentationssystems – dargestellt am Projekt „Entwicklung eines Dokumentationssystems für die Parlamentsmaterialien", Studiengruppe für Systemforschung, Bericht Nr. 97 (1970).

2 Vgl. z.B. *Warren*, Computers at Work in State Legislatures, 2 Law and Computer Technology, August 1969, S. 2 ff.; *Elkins*, Legislatures and Data Processing, 3 Law and Computer Technology, 281 ff. (1970)

3 So wird Belangen der Urheber etwa durch Erwerb von geschützten Werkexemplaren und die damit bewirkte Vergütung des Autors oder etwa durch Entrichtung von Fotokopiergebühren durch gewerbliche Unternehmen nach dem Gesamtvertrag zwischen der Inkassostelle für urheberrechtliche Vervielfältigungsgebühren GmbH und dem Bundesverband der deutschen Industrie e.V. vom 15.7.1970 (GRUR 1970, 546) Rechnung getragen.

ke zu vervielfältigen, zu verbreiten und in sonstiger Weise zu verwerten. Wird ein Werk ohne seine Einwilligung durch eine dem Urheber vorbehaltene Nutzungsart verwertet, so löst dies Unterlassungs- und Schadensersatzansprüche, unter Umständen sogar strafrechtliche Verfolgung aus.

Diese kurze Charakterisierung zeigt, daß sich das Urheberrecht als Schranke auch für ein parlamentarisches Informations- und Dokumentationssystem (im folgenden PID-System) erweisen kann, wenn sich sein Gegenstand auf urheberrechtlich geschütztes Material erstreckt. Freilich ist es nicht Zweck urheberrechtlicher Kontrolle, den technischen und sozialen Fortschritt zu behindern und Durchführbarkeit und Effektivität automatischer Informations- und Dokumentationssysteme zu beeinträchtigen oder gar zu vereiteln. Wo aber berechtigte schutzwürdige Interessen der Urheber und Verleger durch solche Systeme berührt werden, gilt es zunächst zu klären, ob ein allfälliger Interessengegensatz im geltenden Recht sinnvollen Ausgleich findet oder ob rechtliche oder praktische Schwierigkeiten auf der einen oder anderen Seite eine gesetzgeberische Intervention erfordern[5].

Im wesentlichen sind es vier Ansatzpunkte, die für die urheberrechtliche Beurteilung eines PID-Systems relevant werden[5a].

a) Von besonderer Bedeutung ist der sachliche Gegenstand eines PID-Systems. Die Art des zu speichernden Materials entscheidet, ob eine urheberrechtliche Kontrolle überhaupt einsetzt; nur soweit geschützte Werke im Sinne des Urheberrechtsgesetzes (URG) betroffen sind, kann ein Eingriff in Urheberrechte in Betracht kommen.

b) Aufbereitung, Speicherung und Verarbeitung des Materials entscheiden, ob bereits bei der Erfassung der Information in Rechte an geschützten Werken eingegriffen wird.

---

4 Vgl. die gute Übersicht bei *Oekonomidis,* Die neuen Entwicklungen des internationalen Urheberrechts, UFITA Bd. 60 S. 3, 34 ff. (1971).

5 Vgl. *Brutschke,* Urheberrechtsverletzungen bei der Benutzung von elektronischen Datenverarbeitungsanlagen, NJW 1970, 889, 890. Wenn *Zielinski,* Die Juristische Datenbank als rechtspolitisches Problem, JZ 1971, 409, 414 ausführt, daß Verlagsinteressen die Speicherung der juristischen Fachliteratur nicht hindern dürften, so dürfte damit nicht die Forderung nach einer generellen Freistellung von urheberrechtlichen Beschränkungen gemeint sein. Aus dem Kontext mit späteren Ausführungen kann *Zielinski* vielmehr nur so verstanden werden, daß auf eine Volltextspeicherung von Gerichtsentscheidungen aus Gleichgewichtsgründen verzichtet werden sollte, wenn dies für die juristische Fachliteratur etwa aus urheberrechtlichen Bedenken heraus nicht möglich sein sollte.

5a Vgl. zur Beurteilung computerunterstützter Informations- und Dokumentationssysteme im allgemeinen zuletzt *Ulmer*, Elektronische Datenbanken und Urheberrecht (1971).

c) Rechtsträgerschaft und Zweckbestimmung des PID-Systems geben darüber Aufschluß, ob Ausnahmevorschriften die Einspeicherung trotz bestehender Urheberrechte gestatten.

d) Schließlich kommt es darauf an, an wen und in welcher Form gespeicherte Informationen wieder ausgegeben werden. Auch hier können erneut Urheberrechte berührt werden oder aber urheberrechtliche Schranken mit Rücksicht auf Form und Zweck der Ausgabe Anwendung finden.

2. Allgemeine Kennzeichnung eines PID-Systems

Die Notwendigkeit eigener parlamentarischer Informationssysteme wird heute allgemein anerkannt[6], wenn auch im einzelnen keine Klarheit darüber besteht, welches die spezifischen Kennzeichen eines solchen Systems sind und welche Forderungen es erfüllen muß. Immerhin hat die automatische Datenverarbeitung in Teilbereiche parlamentarischer Aktivität bereits Eingang gefunden[7]. In der Bundesrepublik etwa befindet sich im Rahmen einer umfassenden „Bundesdatenbank" das Teilprojekt eines zunächst auf die Parlamentsmaterialien beschränkten Informationssystems für den Deutschen Bundestag im Stadium fortgeschrittener Planung[8]. Andere Länder verfügen bereits über derartige Systeme oder haben wenigstens mit Planung und vorbereitenden Arbeiten begonnen[9]. Wenn auch alle diese Projekte homogene Struktur aufweisen und im wesentlichen gleichartige Ziele verfolgen dürften, wird ihre Ausgestaltung im einzelnen nach Gegenstand, Informationserfassung, Suchstrategien usw. sehr unterschiedlich ausfallen. Für die Zwecke der vorliegenden Untersuchung soll daher nicht von einem bestimmten konkreten oder fiktiven Modell eines PID-Systems ausgegangen werden. Vielmehr soll versucht werden, alle für die urheberrechtliche Betrachtung relevanten Sachverhalte und Bedingungen eines umfassenden PID-Systems im Rahmen seines vorstellbaren Ausmaßes so vollständig als möglich zu berücksichtigen, auch wenn sich eine Realisierung in dem vorgestellten Umfang aus technischen, wirtschaftlichen oder rechtlichen Gründen als nicht möglich oder nicht opportun erweisen sollte. Als Grundpfeiler eines PID-Systems wird dabei jedenfalls ein umfangreiches Dokumentationssystem verschiedenartiger Materialien einzurichten sein, auch wenn das eigentliche Informationssystem natürlich

6 Vgl. etwa *Steinmüller,* Rechtsinformatik – Elektronische Datenverarbeitung und Recht, JR 1971, 1, 8.

7 Vgl. *Fiedler,* Automatisierung im Recht und juristische Informatik, JuS 1970, 432; 1971, 69; *Steinmüller* u.a., EDV und Recht – Einführung in die Rechtsinformatik, JA-Sonderheft 6, S. 66 f. (1970) und insbesondere S. 81 ff.

8 *Meyer-Uhlenried,* a.a.O.

9 Vgl. die Länderberichte im Interim Bulletin Nr. 1 vom 15.2.1971 der kürzlich gegründeten internationalen Vereinigung INTERDOC.

weit mehr sein muß als bloße Dokumentation[10]. Die bereitzustellenden Informationen lassen sich etwa in folgende drei Gruppen einteilen:

a) die eigentlichen Parlamentsmaterialien, die in den gesetzgebenden Körperschaften selber entstehen oder entstanden sind oder unmittelbar zum Gegenstand ihrer Tätigkeit gemacht werden,

b) die wichtigen Sozialdaten als grundlegende Entscheidungshilfen[11], also z.B. Statistiken und Analysen über die Auswirkung von Gesetzen, Konjunkturprognosen, rechtstatsächliche Untersuchungen etc., und

c) sonstige einschlägige Informationen. Hierzu zählen etwa Gerichtsentscheidungen, juristische und rechtspolitische Literatur, Fachbücher, Zeitungsartikel usw.

Zugleich umreißen diese Informationsgruppen einen möglichen Stufenplan für die Errichtung eines umfassenden PID-Systems[12]. In jedem Falle muß für die Zwecke eines automatisierten PID-Systems Textmaterial verschiedenster Art aufbereitet, gespeichert, verarbeitet und wieder erschlossen werden[13]. Dabei kann es sich um ein vollintegriertes, selbständiges System handeln oder auch um ein aus verschiedenen Subsystemen möglicherweise diverser Rechtsträger konstituiertes System. So ist denkbar, daß etwa das „Juristische Informationssystem" des Bundesministeriums der Justiz oder das „Informations-Bereitstellungs-System" des Presse- und Informationsamtes der Bundesregierung[14] in das PID-System integriert wird.

---

10 Vgl. hierzu *Fiedler,* JuS 1970, 432, 604

11 Zum Begriff und zur Bedeutung der Sozialdaten vgl. *Simitis,* Informationskrise des Rechts und Datenverarbeitung, 1970, S. 84 ff.; *Steinmüller,* u.a., EDV und Recht, S. 67. Die Notwendigkeit, Sozialdaten – „statistisch aufbereitete Informationen höherer Ordnung über rechtspolitisch relevante Sachverhalte" (*Steinmüller* u.a., a.a.O.) – bereitzustellen und zur Vorbereitung der Normsetzung heranzuziehen, wird heute besonders betont, vgl. z.B. *Klug,* Juristische Logik, 3. Aufl. 1966, S. 169; *Schmidt-Schmiedebach,* Datenbanken im Dienste der Gesetzgebung, der Rechtsprechung und der Verwaltung, in Almanach 1970, S. 66, 69.

12 Zu den Prioritäten vgl. *Elkins,* 3 Law and Computer Technology 281, 284 f.(1970).

13 Wegen der sachlichen Gegenstände parlamentarischer Informationssysteme vgl. im übrigen *Semling,* 2 Law and Computer Technology, Nov. 1969, S. 7, 9; *Chartrand,* Computer Technology and the Legislature, in Computers and the Law, 2nd ed.1969, S. 90, 92; ders., Congress: The Three-Dimensional Chessboard, (1970) Rutgers Journal of Computers and the Law, Nr. 1, S. 50, 51 f.; ders. Computer-Oriented Information for the U.S. Congress, 1 Law and Computer Technology, Februar 1968, S. 2, 4, 6; *Klug,* Juristische Logik, S. 168; Tapper, Computers and Legislation, 23 Alabama L. Rev. 1 ff. (1970).

14 Vgl. DSWR 1971, 28.

II. Der sachliche Gegenstand des PID-Systems als Gegenstand des Urheberrechtsschutzes

1. Grundsätze des Urheberrechtsschutzes

Urheberrechtsschutz genießen die Werke der Literatur, der Wissenschaft und der Kunst (§ 1 URG). In § 2 URG sind beispielhaft bestimmte Kategorien schutzfähiger Werke näher gekennzeichnet. Für ein PID-System von wesentlicher, wenn nicht ausschließlicher Bedeutung sind unter diesen Kategorien die Sprachwerke und die Darstellungen wissenschaftlicher oder technischer Art (§ 2 Abs. 1 Nr. 1 und 7 URG). Als Sprachwerke nennt das Gesetz insbesondere Schriftwerke und Reden. Der Schutz des Urheberrechts entsteht daher nicht erst mit der schriftlichen Niederlegung, sondern erfaßt bereits das bloß gesprochene Wort. Dies kann eine Rolle spielen, wenn etwa Reden und Diskussionsbeiträge unmittelbar bei ihrer Entstehung durch ein PID-System aufgenommen werden. Als Darstellungen wissenschaftlicher oder technischer Art kommen für eine Verwendung in einem PID-System insbesondere in Betracht: Tabellen, Statistiken, Pläne, graphische Darstellungen und Schemata. Im Einzelfall sind die Übergänge zwischen den beiden Werkkategorien fliessend.

Voraussetzung des urheberrechtlichen Schutzes eines konkreten Werkes ist, daß es sich um eine persönliche geistige Schöpfung handelt (§ 2 Abs. 2 URG). Ein Werk muß sich daher als Ergebnis einer gewissen geistigen Leistung darstellen, die in Form oder Inhalt, in der Offenbarung von Sachkenntnis oder in der Sammlung, Auswahl und Gliederung eines Stoffes Ausdruck finden kann[15]. Zugleich muß dem Werk eine gewisse Individualität eigen sein, die es von Vorbekanntem und Alltäglichem abhebt und einen gewissen Spielraum für die persönliche Gestaltung durch seinen Urheber erkennen läßt[16]. An das Erfordernis der persönlichen geistigen Schöpfung dürfen jedoch nicht zu hohe Anforderungen gestellt werden. Geschützt sind nicht nur die Werke großer Meister, die den Stempel ihrer Persönlichkeit unverkennbar tragen, sondern auch Schöpfungen, die auf einer relativ geringen geistigen Leistung beruhen und zwar noch individuelle Züge tragen, ohne aber ihren Urheber erkennen zu lassen. Geschützt sein können daher auch Tabellen, Kataloge, Statistiken, Adreßbücher und ähnliches mehr, die sog. „kleine Münze" des Urheberrechts[17]. Im Grundsatz ist somit davon auszugehen, daß die überwältigende Fülle literarischer Erzeugnisse im weitesten Sinne den urheberrechtlichen Schutz genießt.

Der Urheberrechtsschutz knüpft – im Gegensatz zum Urheberrecht der USA – nicht an die Erfüllung bestimmter Förmlichkeiten an. Er erfordert insbe-

---

15 *E. Ulmer*, Urheber- und Verlagsrecht, 2. Aufl. 1960, S. 109, 119.

16 *Ulmer*, Urheber- und Verlagsrecht, S. 116.

17 Vgl. *Möhring-Nicolini*, Urheberrechtsgesetz 1970, § 2 Anm. 10c.

sondere keine Hinterlegung des Werkes an einer dafür vorgesehenen Stelle und keinen ausdrücklichen Vorbehalt der Rechte auf den Werkexemplaren (Copyright-Vermerk). Er erfaßt unveröffentlichte und veröffentlichte Werke gleichermaßen.

2. Full-text-, Abstract- und Indexverfahren: Schutz des Originalwerkes und der Bearbeitung

Bei der Errichtung eines PID-Systems wird in vielen Fällen nicht das vollständige Originalmaterial eingespeichert werden. Die Verwendung einer solchen Full-text-Methode wird mit Rücksicht auf beschränkte Speicherkapazität bzw. wegen des damit verbundenen hohen Kostenaufwandes nicht immer möglich sein[18]. Neben dem Full-text-Verfahren stehen jedoch im Prinzip zwei weitere Methoden zur Verfügung, die allein oder auch in Kombination verwendet werden können: Das Index- und Abstract-Verfahren[19]. Bei der Index-Methode wird jedes zu speichernde Dokument lediglich durch bestimmte Schlüsselworte (Deskriptoren) und/oder dokumentarisch-bibliographische Angaben gekennzeichnet. Beim Full-text-Verfahren werden der Inhalt der Originaldokumente im vollen Wortlaut oder zusammenhängende Teile des Originaltextes mit oder ohne zusätzliche Deskriptoren erfaßt. Beim Abstract-Verfahren wird der Inhalt eines Dokuments durch vom Autor selbst stammende oder durch von dritter Hand gefertigte Zusammenfassungen oder Inhaltsbeschreibungen mit oder ohne Deskriptoren wiedergegeben.

a) Wird ein Abstract-Verfahren zur Erfassung der einzelnen Dokumente gewählt, so können Urheberrechte an den Abstracts auf zweifache Weise begründet werden. Abstracts, die der Urheber des Originalwerkes selbst verfaßt hat, etwa die einem Zeitschriftenaufsatz vorangestellten oder ihn abschließenden Zusammenfassungen des Inhalts und der Ergebnisse, werden regelmäßig die für den Urheberrechtsschutz erforderliche Individualität aufweisen. Das gilt auch für zusammenhängende Werkteile, die dem Originalwerk unverändert entnommen und als Abstract eingespeichert werden.

Abstracts, die von dritter Hand geschaffen und etwa im Rahmen von Referatenblättern publiziert werden, sind als Bearbeitungen des Originalwerks selbständig geschützt (§ 3 URG), wenn gegenüber dem referierten Werk eine selbständige geistige Leistung erbracht worden und ein Mindestmaß an Indi-

---

18 Die Volltextspeicherung optiert bislang das geplante juristische Informationssystem des BJM, allerdings nur im Hinblick auf Gesetze und Rechtsprechung, während die juristische Literatur ausgeklammert oder nur durch Indexierung oder Abstracts erfaßt werden soll; vgl. den ersten Zwischenbericht über die Arbeit der Projektgruppe „Juristisches Informationssystem" an den Bundesminister der Justiz vom 1.2.1971, Beilage Nr. 5/71 zum Bundesanzeiger vom 31.3.1971. Kritisch zur Methode insbesondere *Zielinski,* JZ 1971, 409 ff.

19 Vgl. *Steinmüller* u.a., EDV und Recht, S. 46 f.; *Fiedler,* JuS 1970, 432, 605 f.

vidualität erkennbar ist. Der urheberrechtliche Schutz der Bearbeitung ist aber nicht schon dann anzuerkennen, wenn lediglich einzelne Sätze oder Abschnitte des referierten Werkes herausgegriffen werden oder nur sein Inhalt stichwortartig gekennzeichnet wird.

Stellt ein nicht vom Urheber selbst geschaffenes Abstract eine schutzfähige Bearbeitung im Sinne des § 3 URG dar, so sind zwei Urheberrechte zu beachten, das Urheberrecht am Originalwerk und das an der Bearbeitung. Dies hat zur Folge, daß die Verwertung der als Bearbeitung geschützten Abstracts sowohl die Zustimmung des Bearbeiters als auch des Schöpfers des Originalwerks erfordert (vgl. § 23 Satz 1 URG). Werden daher bereits vorhandene Abstracts z.B. aus Referatenblättern zur Einspeicherung übernommen, so sind grundsätzlich zwei Urheberrechte zu berücksichtigen. Gleich liegt es, wenn Abstracts eigens für die Zwecke des PID-Systems durch beauftragte Bearbeiter erstellt werden. Neben der Zustimmung des Verfassers des Originalwerks ist auch hier die Einwilligung des Bearbeiters einzuholen. Dies kann durch entsprechende Gestaltung der Dienst- bzw. Werkverträge geschehen.

In der Praxis kann hierbei davon ausgegangen werden, daß von Beamten und Angestellten, die Abstracts für die Zwecke eines PID-Systems verfassen, die Zustimmung durch die Übernahme dieser Tätigkeit zumindest stillschweigend erteilt wird. Ebenso wird man im Zweifel auch bei solchen Verfassern entscheiden können, die Abstracts im Rahmen der Erfüllung eines Werkvertrags, also eines Auftrags außerhalb einer Anstellung bei dem Träger des PID-Systems, herstellen. Jedoch dürfte es sich bei ihnen zur Vermeidung von Unklarheiten und Streitigkeiten etwa über die Höhe der Vergütung besonders empfehlen, schriftlich zu vereinbaren, daß dem Träger des PID-Systems alle Rechte an den Abstracts, die durch die Aufnahme, Einspeicherung, Verarbeitung, Wiedererschließung und Ausgabe in und durch das System betroffen werden, eingeräumt werden. Soll eine anderweitige Verwertung der Abtracts durch diese Verfasser oder Dritte, etwa kommerzielle Datenverarbeitungssysteme, ausgeschlossen werden, so empfiehlt es sich überdies, die Einräumung ausschließlicher Rechte der genannten Art zu vereinbaren.

b) Liegt einem PID-System ein Index-Verfahren zugrunde, so wird durch die Kennzeichnung des Originalwerks durch entsprechende Deskriptoren das Urheberrecht am Originalwerk regelmäßig auch dann nicht berührt, wenn die Deskriptoren dem Werk selber entnommen werden. Auch Schlagworte, die vom Verfasser einer Abhandlung selber ausgewählt worden sind, werden im allgemeinen nicht die für den Urheberrechtsschutz erforderliche Individualität aufweisen. Sofern im Einzelfall aufgrund individueller Auswahl und Ausarbeitung von Deskriptoren ein Urheberrechtsschutz hieran zu bejahen ist[20], kann davon ausgegangen werden, daß mit der Präsentation der Schlüsselwor-

20 Vgl. *E. Ulmer*, Einspeicherung und Wiedergewinnung urheberrechtlich geschützter Werke durch Computer-Anlagen, GRUR 1971, 297, 298.

te eine stillschweigende Zustimmung des Urhebers zu ihrer Verwendung zu Dokumentationszwecken einschließlich computerunterstützter Informationsspeicherungs- und Wiedergewinnungssysteme erteilt worden ist.

Diese Grundsätze können freilich auf Stichwortverzeichnisse herkömmlicher Art in Büchern keine Anwendung finden. Bei ihnen ist davon auszugehen, daß sie urheberrechtlichen Schutz genießen. Auch kann eine stillschweigende Zustimmung ihres Urhebers zur Verwendung zu Dokumentationszwecken hier nicht unterstellt werden.

Im Rahmen der praktischen Durchführung eines PID-Systems unter Verwendung von Index-Verfahren werden jedoch urheberrechtliche Probleme regelmäßig nicht auftauchen, da die Indexierung der zu speichernden Dokumente entweder durch intellektuelle Analyse geschulter Mitarbeiter am System oder durch automatische Deskriptorenselektion aus dem Originaldokument erfolgen wird. In beiden Fällen werden Urheberrechte am Originalwerk nicht berührt. Davon zu unterscheiden ist die Situation, wenn eine von dritter Seite geschaffene Wortliste oder ein bereits bestehender Thesaurus zur Deskribierung benutzt wird. Eine derartige Wortsammlung kann als solche urheberrechtlich geschützt sein. Ihre Benutzung kann auch dann Urheberrechte an der Sammlung verletzen, wenn nur die einzelnen Deskriptoren ohne Übernahme des Gesamtsystems Verwendung finden.

3. Amtliche Werke

Amtliche Werke genießen kraft ausdrücklicher Bestimmung in § 5 URG grundsätzlich keinen Urheberrechtsschutz, obwohl sie im Einzelfall durchaus Werkqualität aufweisen können. Diese Ausnahme beruht auf der Erwägung, daß das öffentliche Interesse an einer ungehinderten Vervielfältigung dieser Werke eventuellen Interessen der Urheber solcher Werke vorgehen muß[21].

§ 5 Abs. 1 URG zählt abschließend bestimmt bezeichnete Werkgattungen auf, die urheberrechtlich nicht geschützt sind: Gesetze, Verordnungen, amtliche Erlasse und Bekanntmachungen sowie Entscheidungen und amtlich verfaßte Leitsätze zu Entscheidungen. Gesetze und Verordnungen werden durch die normsetzende Körperschaft als solche gekennzeichnet. Zu ihnen gehören auch Satzungen öffentlich-rechtlicher Körperschaften. Amtliche Erlasse und Bekanntmachungen sind durch ihren entweder anordnenden oder über rechtlich relevante Sachverhalte informierenden Charakter gekennzeichnet. Zu ihnen sind u.a. auch verwaltungsinterne Anordnungen zu rechnen. Nicht entscheidend ist ihre Bezeichnung, sondern ihr Inhalt. Als Beispiele sind zu nennen: Runderlasse, Richtlinien, die verschiedensten Bekanntmachungen von

---

21 Vgl. Regierungsentwurf 1962 zum Urheberrechtsgesetz, Bundestagsdrucksache IV/270, S. 39.

Ministerien und anderen Regierungsstellen, die in den amtlichen Ministerialblättern veröffentlicht werden, Bekanntmachungen der Gebietskörperschaften, Ausschreibungen. Für den Charakter der genannten Werkgattungen als urheberrechtlich nicht geschützter Werke kommt es nicht auf ihre Veröffentlichung an, sondern den Zeitpunkt ihres Wirksamwerdens, d.h. ihrer Verbindlichkeit. Entwürfe zu solchen Werken fallen daher nicht unter § 5 Abs. 1 URG; sie können aber durch die ergänzende Generalklausel für amtliche Werke in § 5 Abs. 2 URG vom Urheberrechtsschutz freigestellt sein.

Entscheidungen sind verbindliche Regelungen für einen Einzelfall durch Gerichte oder Verwaltungsbehörden, also neben Urteilen und Gerichtsbeschlüssen auch Verwaltungsakte und Allgemeinverfügungen[22]. Amtlich verfaßte Leitsätze sind nur die von der entscheidenden Stelle selber verfaßten Leitsätze, nicht jedoch die von privater Seite, wie etwa für Zeitschriften und Entscheidungssammlungen formulierten Leitsätze. Diese können nach Maßgabe der für die Schutzfähigkeit von Abstracts dargelegten Grundsätze als Werke geschützt sein. Hier steht die Ausnahme der amtlichen Werke vom Urheberrechtsschutz dem Schutz der Bearbeitung (vgl. § 3 URG) nicht entgegen[23]. Ebenso verhält es sich mit der Bearbeitung einer amtlichen Entscheidung als ganzer, etwa durch einen mit ergänzenden Literaturhinweisen aufbereiteten, selbständigen Entscheidungsbericht[24]. Private Entscheidungssammlungen (hierher gehören auch die als „amtliche" Sammlungen bezeichneten Entscheidungen des BGH in Zivil- und Strafsachen etc.) können aufgrund Auswahl und Anordnung der Einzelentscheidungen als Sammelwerke geschützt sein (§ 4 URG).

Andere amtliche Werke als die in Abs. 1 genannten sind gemäß § 5 Abs. 2 URG ebenfalls vom Urheberrechtsschutz ausgenommen, wenn sie im amtlichen Interesse zur allgemeinen Kenntnisnahme veröffentlicht worden sind. Im Gegensatz zu den nach Abs. 1 freigestellten Werken setzt Abs. 2 eine Veröffentlichung im Sinne von § 6 Abs. 1 URG voraus. Das Werk muß daher mit Zustimmung des Berechtigten der Öffentlichkeit zugänglich gemacht worden sein. Das ist der Fall, wenn die Kenntnisnahme von dem Werk einem unbestimmten Personenkreis möglich ist. Schriften, die allein für den amtsinternen Gebrauch bestimmt sind, sind daher regelmäßig urheberrechtlich geschützt, vorausgesetzt daß sie Werkqualität erreichen. Beispiele solcher Schriften sind etwa Gesetzesentwürfe, bevor sie im Parlament eingebracht worden sind. Dagegen werden die stenographischen Berichte und Protokolle über Plenar- und Ausschußsitzungen mit ihrer Verteilung an die Abgeordneten regelmäßig als veröffentlicht anzusehen sein.

---

22 Vgl. *v. Gamm*, Urheberrechtsgesetz Kommentar 1968, § 5 Rdnr. 5.

23 *Nordemann-Hertin*, Die Juristische Datenbank in urheber- und wettbewerbsrechtlicher Sicht, NJW 1971, 857, 858.

24 Die Entscheidungsberichte in der Rechtsprechungsübersicht der JuS erreichen sicherlich die für den Urheberrechtsschutz erforderliche Werkhöhe.

Außer der Veröffentlichung ist für die Ausnahme vom Urheberrechtsschutz erforderlich, daß ein amtliches Interesse gerade an der Kenntnisnahme des Werkes durch die Allgemeinheit besteht. Feste Kriterien für die Beurteilung der Frage, wann ein solches amtliches Interesse besteht, gibt es nicht. Eine Entscheidung kann daher immer nur auf der Grundlage der besonderen Umstände des Einzelfalles gefällt werden. Angesichts der grundsätzlich öffentlichkeitsbezogenen Tätigkeit der gesetzgebenden Körperschaften dürfte das amtliche Interesse an der allgemeinen Kenntnisnahme ihrer Veröffentlichungen aber eher zu bejahen als zu verneinen sein. Betrifft der Werkgegenstand unmittelbar die Tätigkeit des Parlaments, so kann von einer tatsächlichen Vermutung für die Veröffentlichung zur allgemeinen Kenntnisnahme im amtlichen Interesse gesprochen werden[25]. So wird man davon ausgehen können, daß die Dokumenttypen, die als Bundestags- oder Bundesratsdrucksachen veröffentlicht werden, nämlich Gesetzes- und Verordnungsentwürfe der verschiedenen initiativberechtigten Organe, parlamentarische Anfragen und Antworten, Regierungs- und Ausschußberichte, nicht nur zur Information der Abgeordneten, sondern gerade auch zur Unterrichtung der Allgemeinheit bestimmt sind. Zweifelhafter ist die Frage im Hinblick auf private Stellungnahmen oder Gutachten, die im amtlichen Auftrag und zum amtlichen Gebrauch erstattet worden sind, wie etwa die Gutachten des Sachverständigenrats, selbst wenn sie als Drucksache erscheinen.Das amtliche Interesse an der Kenntnisnahme durch die Allgemeinheit wird im Zweifel zu verneinen sein bei Veröffentlichungen etwa der statistischen Ämter und in amtlichen Zeitschriften wie im Bulletin der Bundesregierung und bei Informationsschriften der Bundesbehörden wie etwa der Wohngeldfibel und dergleichen mehr[26].

Soweit Werke auf Grund des § 5 Abs. 2 URG vom Urheberrechtsschutz ausgenommen sind, bleibt zu beachten, daß Änderungen dieser Werke nur insoweit zulässig sind, als sie dem amtlichen Interesse an zutreffender und vollständiger Information nicht widersprechen[27]. Darüber hinaus ist auf Vervielfältigungsstücken solcher Werke stets die Quelle deutlich anzugeben (§ 63 Abs. 1 URG), eine Forderung, der ein PID-System schon aus sachlicher Notwendigkeit heraus immer gerecht werden wird.

Zusammenfassend ergibt sich, daß ein Großteil des für die Aufnahme in ein PID-System in Betracht kommenden und notwendigen Materials auf Grund der Vorschriften des § 5 URG keinen Urheberrechtsschutz genießt. Soweit amtliche Werke nach allgemeinen Grundsätzen geschützt sind, werden praktische Schwierigkeiten bei der Durchführung eines PID-Systems regelmäßig

---

25 Vgl. allgemein *v. Gamm,* § 5 Rdnr. 8.

26 Vgl. hierzu auch *Möhring-Nicolini,* § 5 Anm. 6b.

27 Vgl. §§ 62 und 39 URG in Verbindung mit dem Regierungsentwurf 1962 zum Urheberrechtsgesetz, S. 39 f. Siehe auch *v. Gamm,* § 5 Rdnr. 9, der mit Recht auf die Systemwidrigkeit dieser Regelung hinweist und daher eine eng beschränkte Anwendung des Änderungsverbots befürwortet.

nicht entstehen, da die erforderliche Zustimmung der Urheber zur Verwertung zu einem solchen Zweck regelmäßig erteilt werden wird.

Es kann wiederum (vgl. oben II.2. a) am Ende) davon ausgegangen werden, daß die Bediensteten, die als Urheber dieser Werke in Betracht kommen, ihre Nutzungsrechte an diesen Werken in umfassender Weise ihrer Behörde bzw. ihrem Dienstherrn zumindest stillschweigend eingeräumt haben. Folglich bleibt nur die Zustimmung der jeweiligen Behörde einzuholen.

4. Amtliche ausländische Werke

Der urheberrechtliche Schutz amtlicher Werke aus dem Ausland ist grundsätzlich nach den gleichen Grundsätzen zu beurteilen, wie sie für das deutsche Recht dargelegt wurden. Dies folgt aus dem in den internationalen urheberrechtlichen Konventionen verankerten Prinzip der Inländerbehandlung, wonach ausländische Werke in Deutschland grundsätzlich Schutz nach Maßgabe des nationalen Urheberrechts genießen[28]. Nicht geschützt sind daher insbesondere auch ausländische Gesetze, Verordnungen und Entscheidungen. Hierher gehören auch die Rechtsakte der Organe der Europäischen Gemeinschaften, im Prinzip der gesamte Inhalt der Veröffentlichungen im Amtsblatt der Europäischen Gemeinschaften, nämlich Verordnungen, Richtlinien, Mitteilungen, vorbereitende Rechtsakte, Bekanntmachungen und Entscheidungen des Gerichtshofes. Andere Veröffentlichungen ausländischer Behörden und internationaler Organisationen, z.B. des Europarats und der Vereinten Nationen[29], sind dagegen urheberrechtlich geschützt, soweit sie nicht nach deutschem Urheberrecht als amtliche Werke i.S. von § 5 Abs. 2 URG zu qualifizieren sind.

Private Übersetzungen insbesondere ausländischer Gesetze und Gerichtsentscheidungen sind als Bearbeitungen im Sinne des § 3 URG regelmäßig geschützt. Sie dürfen daher nicht ohne Zustimmung des Inhabers der Rechte an der Übersetzung vervielfältigt, verbreitet oder sonst verwertet werden. Eine selbständig geschaffene neue Übersetzung des ausländischen Textes ist aber ohne weiteres zulässig. Amtliche Übersetzungen insbesondere internationaler Konventionen sind dagegen gleich deutschen amtlichen Werken nach § 5 URG zu beurteilen.

5. Sonstige Werke

Zur Gruppe der sonstigen für ein PID-System relevanten Materialien, also der „Sozialdaten" und anderer literarischer Erzeugnisse, gehört die große Masse der urheberrechtlich geschützten Werke: Statistiken und ähnliche aufbereite-

---

28 Vgl. im übrigen Art. 2 Abs. 4 der revidierten Berner Übereinkunft (Stockholmer Fassung) und dazu *Reimer* in Die Stockholmer Konferenz für geistiges Eigentum 1967, S. 6 (1969).

29 Vgl. dazu das Zusatzprotokoll 2 zum Welturheberrechtsabkommen.

te Informationen höherer Ordnung gleich welcher Herkunft, private und öffentliche, veröffentlichte und unveröffentlichte Arbeitsergebnisse (beispielsweise Statistiken des Statistischen Bundesamts ebenso wie Analysen privater Meinungsforschungsinstitute), die gesamte juristische, rechtspolitische und sonstige Fachliteratur aus allen die Gesetzgebung berührenden Bereichen (Wirtschaft, Sozialwissenschaften etc.) ebenso wie Presseartikel der verschiedensten Art. Grundsätzlich gehören hierher auch an das Parlament adressierte Eingaben und Stellungnahmen von außen, wie Demarchen der Lobby, Stellungnahmen von Verbänden, Gutachten und Alternativvorschläge privater Gruppen (z.B. der AE zum Strafgesetzbuch).

Gemeinfreie Werke, deren Schutzfrist abgelaufen ist, dürften angesichts der aktualitätsbezogenen Tätigkeit der gesetzgebenden Körperschaften für ein PID-System nur eine untergeordnete Rolle spielen.

Die Verwertung der Materialien dieser Gruppe im Rahmen eines PID-Systems in ursprünglicher oder bearbeiteter Form (z.B. als Abstracts) bedarf grundsätzlich der Zustimmung durch den Inhaber der Urheberrechte oder hiervon abgeleiteter Rechte.

III. Einspeicherung und Verarbeitung geschützten Materials als Eingriff in das Urheberrecht

1. Allgemeine Kennzeichnung der urheberrechtlichen Befugnisse

Das Urheberrecht schützt seinen Inhaber in grundsätzlich umfassender Weise in seinen geistigen und persönlichen Beziehungen zum Werk und in der Nutzung des Werkes (§ 11 URG). Zu unterscheiden sind die urheberpersönlichkeitsrechtlichen Befugnisse, die vorwiegend ideellen Interessen des Urhebers Rechnung tragen, von den verwertungsrechtlichen Befugnissen, die vornehmlich seinen vermögensrechtlichen Interessen dienen[30]. Das Urheberpersönlichkeitsrecht umfaßt insbesondere das Recht zur Erstveröffentlichung des Werkes, das Recht auf Anerkennung der Urheberschaft und das Recht, Entstellungen und andere Beeinträchtigungen des Werkes zu verbieten. Die Verwertungsrechte verleihen dem Urheber die ausschließliche Befugnis, sein Werk in körperlicher Form zu verwerten und in unkörperlicher Form öffentlich wiederzugeben. Durch ein PID-System können dabei insbesondere das Vervielfältigungs- und Verbreitungsrecht sowie das Recht der öffentlichen unkörperlichen Wiedergabe beeinträchtigt werden.

2. Die einzelnen Formen der Informationsspeicherung

Die Speicherung betrifft die materielle Form der Informationserfassung und -darstellung. Neben den herkömmlichen Medien Lochkarte, Lochstreifen und

30 Vgl. *Ulmer,* Urheber- und Verlagsrecht, S. 98 f.

Magnetband bzw. -karte sind als moderne Eingabeverfahren die optischen Zeichenerkennungsmethoden zu nennen, bei denen Klar- oder Magnetschriftbelege eingegeben werden, die den Originaltext durch besondere Typographie oder aus magnetischem Material bestehende Schriftzeichen wiedergeben. Optische Leser, die eine unmittelbare Einlesung herkömmlicher Drucklettern ermöglichen, befinden sich noch im Entwicklungsstadium. Die Informationseingabe kann schließlich über die Tastaturen eines Bedienungspults oder eines Datensichtgerätes (bzw. mit Lichtgriffel) oder direkt bei ihrer Entstehung (z.B. bei der Aufnahme durch Blattschreiber) erfolgen. Die interne und externe Speicherung der Informationen im Kernspeicher des Computers oder auf Magnetband oder -platte oder -trommel wird durch diskrete elektromagnetische Zustände des Speichermaterials realisiert. Speichermedien sind daneben natürlich auch Lochkarte, Lochstreifen, Magnetkarte und insbesondere auch Mikrofilm und Mikrofiche.

Kennzeichen aller dieser Formen der Informationserfassung, -darstellung und maschinellen Speicherung ist die erneute körperliche Festlegung, d.h. die Fixierung der Informationen in oder auf einem körperlichen Informationsträger. In der Sprache des Urheberrechts sind diese Informationsträger Vervielfältigungsstücke des Werkes (§ 16 Abs. 1 URG). Die Herstellung auch nur eines einzigen solchen Vervielfältigungsstücks[31] bildet eine dem Urheber vorbehaltene Vervielfältigung des geschützten Werkes. Entscheidend für die urheberrechtliche Qualifikation einer Handlung als Vervielfältigung ist nicht das Verfahren, nach dem die Vervielfältigungsstücke hergestellt werden. Ebensowenig muß der Inhalt des Vervielfältigungsstücks für den Menschen unmittelbar wahrnehmbar und verständlich sein; es genügt, daß er durch geeignete Verfahren oder den Einsatz entsprechender technischer Vorrichtungen den menschlichen Sinnen wieder wahrnehmbar gemacht werden kann[32]. Dies folgt auch aus § 16 Abs. 2 URG, wonach die Übertragung eines Werkes auf Bild- oder Tonträger (z.B. Magnetband) eine Vervielfältigung darstellt. Die Erfassung urheberrechtlich geschützter Werke in einem PID-System durch die Herstellung der genannten Informationsträger wie Lochkarten und dergl. bzw. durch die Aufnahme der Information in die verschiedenen Speichermedien eines Computersystems selber ist daher in jedem Falle eine Vervielfältigung im urheberrechtlichen Sinne[33]. Im Gegensatz zum Urheberrecht der Vereinigten Staaten ergeben sich für das deutsche Recht insoweit keine Pro-

31 § 16 Abs. 1 URG stellt ausdrücklich klar, daß es gleichgültig ist, in welcher Zahl Vervielfältigungsstücke hergestellt werden. Ausländische Urheberrechtsgesetze sprechen daher genauer von „reproduction".

32 Vgl. den Regierungsentwurf 1962, S. 47

33 Vgl. *Ulmer,* GRUR 1971, 297, 299; *Nordemann-Hertin,* NJW 1971, 857, 858; *Brutschke,* NJW 1970, 889; *Dittrich,* Elektronische Datenverarbeitung und Urheberrecht, ÖBl. 1970, 1, 14.

bleme. Ursache der unsicheren rechtlichen Situation in den USA ist die berühmte pianoroll-Entscheidung des Supreme Court aus dem Jahre 1908[34].

Das Gericht entschied damals, daß die Herstellung von Musikwalzen für elektrische Klaviere keine Vervielfältigung (copy) des übertragenen Musikwerkes darstelle, da „copy" nur das geschriebene oder gedruckte Werkstück sei, dessen Inhalt vom Menschen unmittelbar sinnlich wahrgenommen werden könne. Ein Teil des amerikanischen Schrifttums vertritt daher die Auffassung, daß die Fixierung geschützter Werke auf Magnetband oder in den Speicherelementen der Datenverarbeitungsanlage selber keine Vervielfältigung im Rechtssinne sei[35].

Wenn auch jeder Akt der Festlegung eine selbständige Vervielfältigungshandlung ist, z.B. die Einspeicherung in den Computer neben der Herstellung von Lochkarten, so ergeben sich hieraus für die praktische Durchführung eines PID-Systems keine besonderen Schwierigkeiten. Denn die Zustimmung zur Verwertung geschützten Materials für ein PID-System umfaßt jedenfalls alle Vervielfältigungshandlungen, die zur Erfassung und Einspeicherung erforderlich sind.

Urheberpersönlichkeitsrechtliche Schranken sind bereits bei der Erfassung und Einspeicherung insoweit zu beachten, als Kürzungen und Änderungen des Werkes berechtigte geistig-persönliche Interessen des Urhebers an seinem Werk nicht gefährden dürfen. Insbesondere darf das Werk nicht entstellt oder verstümmelt werden. Diese Grundsätze werden darüber hinaus vor allem bei der Abfassung von Abstracts des geschützten Werkes zu berücksichtigen sein; in jedem Falle würde eine verfälschte Wiedergabe des Werkinhalts berechtigte Interessen des Urhebers verletzen.

3. Verarbeitung (Manipulation)

Die Verarbeitung der gespeicherten Information kann in verschiedenartigster Weise erfolgen. Sie kann sich darauf beschränken, Dokumente zu sammeln, nach bestimmten Gesichtspunkten zu ordnen und in ursprünglicher, unveränderter Form wieder zur Verfügung zu stellen (reines Dokumentationssystem). Im Rahmen eines PID-Systems wird aber zunächst auch eine Verarbeitung dahingehend stattfinden, daß aus gespeicherten Informationen neue, selbstständige Informationen gebildet werden. Erstellt werden jedenfalls Wortlisten und KWIC-Register, Bibliographien und dergleichen mehr. Eine Verarbeitung wird auch insofern erfolgen, als Rechtsnormen nach Änderungen bereinigt werden. Kennzeichnend für ein PID-System ist aber, daß die Informationen, die es liefern soll, jedenfalls immer auch in der ursprünglich ge-

---

34 *White Smith Publishing Co. v. Apollo Co.,* 209 U.S. 1.

35 Vgl. zum ganzen Project – New Technology and the Law of Copyright: Reprography and Computers, 15 UCLA Law Review 931, 1004 ff. (1968) m.w.Nachw.

speicherten Form wieder zur Verfügung gestellt werden können und werden sollen. Auch ein angestrebtes, echtes Selective-Dissemination-of-Information-System wird dies bezwecken.

Soweit bei der eigentlichen Informations-Verarbeitung – hierzu gehören auch die bloße Übertragung zwischen verschiedenen Speichern, Ordnung und Selektion der Daten – geschütztes Material zumindest in bearbeiteter Form, etwa von Werkteilen, erneut körperlich festgelegt wird wie bei der Zwischenspeicherung in internen Speichereinheiten oder bei der vorübergehenden Aufnahme auf Magnetband, handelt es sich im Rechtssinne um erneute Vervielfältigungen. Zusätzliche urheberrechtliche Probleme entstehen daraus jedoch nicht, da die Zustimmung des Berechtigten zur Erfassung und Speicherung seines Werkes in einem PID-System sinngemäß auch diese Vorgänge einschließt.

4. Einspeicherung durch Abruf aus anderen Systemen

Wenn auch als Rechtsträger eines PID-Systems schon aus Gründen der Gewaltenteilung und Unabhängigkeit der gesetzgebenden Körperschaften von anderen Informationssystemen etwa der Exekutive[36] nur das Parlament selber denkbar ist, so ist es andererseits doch wahrscheinlich, daß ihm Zugriffsrechte auf andere Informationssysteme eingeräumt werden. Unabhängig davon, ob das Parlament nach der rechtlichen oder tatsächlichen Gestaltung des Zugangs als Mitträger oder bloßer Benutzer des anderen Systems anzusehen wäre, findet beim Abruf von Informationen aus dem fremden System eine erneute interne oder externe Speicherung und damit eine weitere Vervielfältigung statt, die nach den oben dargelegten Grundsätzen dem Urheber vorbehalten ist. Auch diese Vervielfältigung ist daher nur mit Zustimmung des Urhebers statthaft; sie kann nicht ohne weiteres als mit der Einwilligung in die erste Speicherung im fremden Informationssystem erteilt angesehen werden.

IV. Schranken des Urheberrechts bei der Einspeicherung

1. Grundsatz

Wie jedes absolute Recht ist auch das Urheberrecht sozialgebunden. Es unterliegt daher im Interesse der Allgemeinheit am freien Zugang zu den Kulturgütern und des Einzelnen an ungehindertem geistigem Schaffen gewissen Schranken[37]. Das URG enthält folglich einen Katalog unterschiedlicher Ausnahmen vom Urheberrechtsschutz, die entweder eine uneingeschränkte Nutzung geschützter Werke gestatten oder das Ausschließlichkeitsrecht des Urhebers zum bloßen Vergütungsanspruch abschwächen. Im Hinblick auf die Einspeicherung geschützten Materials in ein PID-System kommt eine Reihe dieser Ausnahmebestimmungen in Betracht.

---

36 Vgl. hierzu *Steinmüller*, JR 1971, 1, 8.

37 Vgl. hierzu den Regierungsentwurf 1962, S. 30, 62 f.

2. Einzelfälle

a) Nach § 45 Abs. 1 URG ist es im Interesse einer geordneten Rechtspflege zulässig, einzelne Vervielfältigungsstücke zur Verwendung in einem Verfahren vor einem Gericht oder einer Behörde herzustellen oder herstellen zu lassen. Diese Ausnahmebestimmung kann jedoch die Einspeicherung geschützter Werke nicht rechtfertigen, da mit ihr als solcher nicht der von § 45 umschriebene Zweck verfolgt wird und die vom einzelnen Benutzer der wieder erschlossenen Information möglicherweise beabsichtigte Verwendung in einem Verfahren der genannten Art nicht schon die Einspeicherung erlaubt, sondern nur die erneute Vervielfältigung des gespeicherten Materials. Eine Erfassung urheberrechtlich geschützten Materials ausschließlich zur Verwendung in dem von § 45 privilegierten Umfang ist für ein PID-System und darüber hinaus für alle anderen automatisierten Informations- und Dokumentationssysteme theoretisch denkbar, praktisch aber nicht sinnvoll[38].

b) § 53 URG, der die Herstellung einzelner Vervielfältigungsstücke zum persönlichen Gebrauch gestattet, betrifft nach Wortlaut und Zweck ausschließlich die Vervielfältigung durch eine natürliche Person zum Gebrauch in der rein privaten Sphäre. Da eine Vervielfältigung durch juristische Personen und Behörden von ihr demnach nicht gedeckt wird, kommt § 53 für die Einspeicherung geschützten Materials in einem PID-System von vornherein nicht in Betracht.

c) Zu unterscheiden vom persönlichen Gebrauch ist jedoch der sonstige eigene Gebrauch, der nach § 54 URG unter gewissen engen Voraussetzungen zulässig ist.

(1) Abs. 1 Nr. 1 gestattet die Herstellung einzelner Vervielfältigungsstücke zum eigenen wissenschaftlichen Gebrauch. Hierunter ist etwa die Benutzung in einem wissenschaftlichen Institut und allgemein durch Wissenschaftler zu Zwecken der Forschung und Lehre zu verstehen. Im Rahmen eines PID-Systems kann diese Ausnahmebestimmung im Einzelfall bei der Ausgabe eingreifen, jedoch nicht die den verschiedenartigsten Zwecken dienende Einspeicherung generell sanktionieren.

(2) Abs. 1 Nr. 2 läßt die Herstellung einzelner Vervielfältigungsstücke zur Aufnahme in ein eigenes Archiv zu, soweit die Vervielfältigung zu diesem Zweck geboten ist und als Vorlage für die Vervielfältigung ein eigenes Werkstück benutzt wird.

In der Literatur wird zum Teil die Auffassung vertreten, daß die Herstellung einzelner Vervielfältigungsstücke zur Einspeicherung in einen Computer zu Dokumentationszwecken dann dem Archivzweck diene, wenn zusätzlich die Voraussetzungen des § 54 Abs. 1 Nr. 4a URG (siehe unter (3)) vorliegen. Es sei also zulässig, kleine Teile eines erschienenen Werkes oder einzelne Zeit-

---

38 Vgl. *Nordemann-Hertin,* NJW 1971, 857, 859 f.

schriften- und Zeitungsartikel zu speichern und jeweils einzelne Kopien vom archivierten Vervielfältigungsstück den Benutzern zu Verfügung zu stellen[39]. Überträgt man diesen Gedanken auf ein computerunterstütztes PID-System, so bietet sich auf den ersten Blick an, die Einspeicherung als Akt der Archivierung zu qualifizieren. Von der sprachlichen Bedeutung des Wortes „Archiv" her liegt eine solche Beurteilung durchaus nahe. Sie steht jedoch mit Sinn und Zweck der Regelung und ihrer Entstehungsgeschichte nicht im Einklang. Der Gesetzgeber hatte bei der Schaffung dieser Bestimmung Archive herkömmlicher Art im Auge, wie sie insbesondere in Bibliotheken gebräuchlich sind. Es sollte den Bedürfnissen vor allem der Bibliotheken nach Raumersparnis und Sicherung der Bestände gegen Zerstörung Rechnung getragen werden[40]. Von diesen herkömmlichen Archiven unterscheiden sich computerunterstützte Dokumentations- und Informationssysteme wesentlich. Während Bibliotheksarchive auch dazu dienen können und sollen, auf Einzelanfragen von Benutzern zur Herstellung von weiteren Vervielfältigungsstücken herangezogen zu werden, verfolgen diese automatischen Systeme in erster Linie den Zweck, zentralgesteuert eine Vielzahl von weiteren Vervielfältigungsstücken der gespeicherten Materialien gegebenenfalls zur massenweisen Verbreitung herzustellen. Würde man bei dieser Gestaltung die Einspeicherung unter dem Gesichtspunkt erlaubter Archivierung vom Urheberrechtsschutz freistellen, so könnte die urheberrechtliche Kontrolle generell erst zu dem späteren, schwer überschaubaren Zeitpunkt der Ausgabe an die Benutzer einsetzen und damit schutzwürdige Interessen der Urheber ungleich stärker gefährden als dies bei der Aufnahme eines Werkes in ein herkömmliches Archiv der Fall wäre. Tatsächlich stellt bereits der Akt der Informationserfassung und -einspeicherung mit Rücksicht darauf, daß durch diesen Vorgang eine unbeschränkte, unkontrollierbare und zahlenmäßig unbegrenzte Vervielfältigung, Verbreitung und sonstige Verwertung geschützten Materials ermöglicht und bezweckt wird, eine echte eigenständige Verwertung geschützter Werke dar, die vom eng umgrenzten Zweck der Ausnahmebestimmung des § 54 Abs. 1 Nr. 2 URG nicht mehr getragen wird. Diese Verwertungsform steht, wie *Ulmer* anschaulich zeigt[41], der Herstellung eines Drucksatzes näher als der Herstellung eines Archivexemplars herkömmlicher Art, das lediglich der Verwahrung, Sicherung oder Raumersparnis dient und daher keine selbständige, zusätzliche Verwertung des Werkes ist.

(3) Schließlich gestattet § 54 Abs. 1 Nr. 4a URG die Herstellung von Vervielfältigungsstücken zum sonstigen eigenen Gebrauch, wenn es sich um kleine Teile eines erschienenen Werkes oder um einzelne Zeitungs- oder Zeitschriftenaufsätze handelt. Die Vorschrift stellt eine gegenüber anderen Ausnahme-

---

39 *Nordemann-Hertin,* NJW 1971, 857, 860.

40 Regierungsentwurf 1962, S. 73

41 GRUR 1971, 297, 301

bestimmungen weitergehende Schranke des Vervielfältigungsrechts dar. Der Bestimmung liegt einmal die Ratio zugrunde, daß ein Bedürfnis zur Vervielfältigung von kleinen Teilen eines Werkes besonders bei der Anfertigung wissenschaftlicher und technischer Arbeiten zu beruflichen Zwecken besteht und es daher unbillig erschiene, den Benutzer auf den Erwerb des ganzen Werkes oder die Zustimmung des Urhebers zu verweisen. Zum anderen wird dem praktischen Bedürfnis Rechnung getragen, in größeren Betrieben oder im Austauschverkehr zwischen Bibliotheken von Zeitschriften- und Zeitungsartikeln einzelne Vervielfältigungsstücke herstellen zu können, um nicht wegen regelmäßig kleiner Teile dieser Publikationen die ganze Zeitschrift mehrfach erwerben zu müssen, wobei hinzukommt, daß eine mehrfache Beschaffung bestimmter spezieller Zeitschriften oftmals gar nicht möglich ist[42].

Diese Erwägungen machen ohne weiteres deutlich, daß die Ausnahmevorschrift des § 54 Abs. 1 Nr. 4a URG bei der Einspeicherung geschützter Werke für die Zwecke eines PID-Systems nicht eingreifen kann. Denn bei einem derartigen System geht es nicht darum, unmittelbar und zunächst Werkteile oder einzelne Aufsätze in mehreren Exemplaren für die berufliche oder gewerbliche Tätigkeit bereitzustellen und hierfür Erwerbskosten einzusparen. Ziel ist vielmehr, die Voraussetzungen zu schaffen für eine umfassende, vielseitige und vielfache Erschließung und Verbreitung einschlägiger Informationen.Dem Träger des PID-Systems ist es angesichts der dadurch bewirkten tiefgreifenden Beeinträchtigung urheberrechtlicher Positionen, die weit über das vom Gesetzgeber gewollte und vorgestellte Maß hinausgeht, auch durchaus zuzumuten, die Zustimmung der Urheber einzuholen und gegebenenfalls eine Vergütung für diese Nutzung zu entrichten. Im übrigen scheitert eine Anwendung der Ausnahmevorschrift daran, daß die Vervielfältigung ausschließlich zum eigenen Gebrauch erfolgen darf. Mit Rücksicht auf die wahrscheinliche Öffnung eines PID-Systems nach außen und die Einräumung von Zugriffsrechten an andere öffentlich-rechtliche Körperschaften, möglicherweise sogar an Private und gewerbliche Unternehmen, kann ein eigener Gebrauch ausschließlich für die Arbeit der Parlamentsorgane und Abgeordneten nicht mehr angenommen werden.

(4) Da demnach keine der Ausnahmen des § 54 URG die Einspeicherung urheberrechtlich geschützten Materials für die Zwecke eines PID-Systems gestattet, kommt es nicht mehr darauf an, daß bei einer nach § 54 Abs. 1 URG zulässigen Vervielfältigung dem Inhaber nach § 54 Abs. 2 URG eine Vergütung geschuldet wäre, wenn die Vervielfältigung gewerblichen Zwecken dient.

d) Andere Ausnahmevorschriften kommen nicht in Betracht. Als Ergebnis ist daher festzuhalten, daß bereits die Erfassung und Einspeicherung urheberrechtlich geschützter Werke in einer das Urheberrecht berührenden Art

42 Regierungsentwurf, S. 73.

und Weise in das Vervielfältigungsrecht des Urhebers eingreift und daher nur mit Zustimmung des Berechtigten zulässig ist[43].

V. Erschließung und Ausgabe geschützten Materials als weitere Verwertung

Als Ausgabemedien zur Informationswiedergewinnung kommen neben den Datenträgern (Lochkarte, Lochstreifen, Magnetband) für die Benutzung innerhalb des Parlaments vor allem die Ausgabe im Klartext durch Schnelldrucker und für die Zwecke des Dialogverkehrs Bildschirme[44] in Betracht. Richtungweisend erscheint auch das von der Studiengruppe für Systemforschung vorgeschlagene Modell einer mit der eigentlichen computerunterstützten Dokumentrecherche kombinierten Speicherung der Originaldokumente in Mikrofiches, die über Reader-Printer dann durch Einzelkopien den Inhalt des gewünschten Dokuments erschließen[45]. Datensichtgeräte bieten sich neben herkömmlichen Fernschreibern auch für den Zugang durch Außenstationen an (Datenfernverarbeitung).

Benutzer eines PID-Systems werden zunächst die einzelnen Abgeordneten und Organe des Parlaments sein. Es kann aber davon ausgegangen werden, daß allen an der Gesetzgebung unmittelbar oder mittelbar Beteiligten Zugriffsrechte eingeräumt werden, z.B. der Bundesregierung, den einzelnen Bundesministerien und u.U. auch den Interessenverbänden. Inwieweit Einzelpersonen Zugang haben werden, läßt sich schwer abschätzen. Jedenfalls dürfte der Kreis der Benutzer sehr weit gespannt sein.

1. Vervielfältigung, Verbreitung und öffentliche unkörperliche Wiedergabe

Auch bei der Erschließung und Ausgabe geschützten Materials durch ein PID-System werden urheberrechtliche Verwertungsbefugnisse erneut berührt. Während es sich bei der Einspeicherung nur um das Vervielfältigungsrecht handelte, kommen nunmehr neben der Vervielfältigung auch die Verbreitung und die öffentliche unkörperliche Wiedergabe ins Spiel.

a) Die Ausgabe geschützter Werke in körperlicher Form durch Ausdruck mittels Schnelldrucker, Fernschreiber wie auch durch Lochkarten, Lochstreifen, Magnetbänder und besonders Mikrokopien nach Mikrofiches bildet in gleicher Weise wie die Einspeicherung eine selbständige Vervielfältigung. Werden derartige Vervielfältigungsstücke einem unbestimmten Personenkreis angeboten oder in Verkehr gebracht, wie dies etwa bei der Verteilung von Ausdrukken an die Systembenutzer der Fall ist, so handelt es sich hierbei um eine

43 Im Ergebnis ebenso *Ulmer,* GRUR 1971, 297, 301; *Brutschke,* NJW 1970, 889 f.

44 Vgl. hierzu das Modell North-Carolina bei *Warren,* 2 Law and Computer Technology, August 1969, S. 2, 5.

45 Vgl. *Meyer-Uhlenried,* a.a.O., S. 44 f.

Verbreitung der geschützten Werke im Rechtssinn, die dem Urheber nach §§ 15 Abs. 1, 17 URG vorbehalten ist.

b) Als Formen der öffentlichen unkörperlichen Wiedergabe sind die Darstellungen der geschützten Werke auf Bildschirm, Bildröhren und durch sonstige Datensichtgeräte zu nennen (§ 15 Abs. 2 URG). Die unkörperliche Wiedergabe ist dem Urheber jedoch nur vorbehalten, wenn sie öffentlich erfolgt. Die Möglichkeit der Kenntnisnahme durch einen unbestimmten Personenkreis ist aber bei den der Öffentlichkeit zugänglichen Plenarsitzungen und öffentlichen Hearings ohne weiteres gegeben, so daß die Darstellung aus dem PID-System abgerufener geschützter Dokumente durch Bildschirme und dergl. bei diesen Veranstaltungen das Recht des Urhebers zur unkörperlichen Wiedergabe seines Werkes berührt. Dagegen ist die Öffentlichkeit bei den Ausschußsitzungen, an denen grundsätzlich nur die Ausschußmitglieder und bestimmte geladene Personen teilnehmen, zu verneinen.

2. Schranken des Urheberrechts

Anders als bei der Einspeicherung geschützter Werke in ein PID-System kommt im Hinblick auf ihre Erschließung und Ausgabe grundsätzlich der gesamte Katalog urheberrechtlicher Schranken (§§ 45 ff. URG) zur Anwendung. Dies folgt daraus, daß im Gegensatz zur Einspeicherung, deren Zulässigkeit sich allein nach der vom PID-System selber verfolgten Zweckbestimmung entschied, nunmehr auf die Zwecke abzustellen ist, die die jeweiligen Benutzer des PID-Systems mit dem Abruf des Materials erstreben und die naturgemäß sehr heterogen sein können. Nur die wichtigsten Ausnahmeregelungen seien im folgenden erwähnt.

In Betracht kommen: die Herstellung einzelner, also einiger weniger Vervielfältigungsstücke zur Verwendung in einem gerichtlichen oder behördlichen Verfahren (§ 45 Abs. 1, 3 URG), etwa durch Gerichte, Behörden, Anwälte, Parteien; die Vervielfältigung, Verbreitung und öffentliche Wiedergabe von Reden bei öffentlichen Verhandlungen vor staatlichen oder kommunalen Organen (§ 48 Abs. 1 Nr. 2); die öffentliche Wiedergabe von erschienenen Werken etwa auf Parteiveranstaltungen und Wahlversammlungen nach Maßgabe von § 52 Abs. 1 Nr. 1 URG; schließlich vor allem die Fälle der Vervielfältigung zum persönlichen und sonstigen eigenen Gebrauch gemäß §§ 53 und 54 URG.

3. Die praktische Bedeutung

Die urheberrechtliche Bedeutung der Verwertungshandlungen bei der Erschließung und Ausgabe geschützten Materials durch ein PID-System darf jedoch nicht überschätzt werden. Da die hiervon betroffenen geschützten Werke keine anderen sind als die schon durch die urheberrechtliche Kontrolle der Einspeicherung erfaßten Werke kommt der Einspeicherung als erstem und entscheidendem Akt der Verwertung geschützten Materials ausschlaggebende Bedeutung zu. Da bereits zur Einspeicherung die Zustimmung des Urhebers einzuholen ist, kann hier den nachfolgenden Verwertungsakten bei der Verarbeitung, Erschließung und Ausgabe des Materials nach Art, Ausmaß, Benutzerkreis und -zahl durch eine entsprechende Vergütungsregelung ausreichend Rechnung getragen werden[46].

VI. Gesamtwürdigung: Der Einfluß des Urheberrechts auf die Durchführung eines PID-Systems

1. Zusammenfassung der Ergebnisse

Die wichtigsten Ergebnisse der vorangegangenen Untersuchung lassen sich wie folgt zusammenfassen. Zunächst ist der Großteil des für eine Erfassung durch ein PID-System in Betracht kommenden Materials urheberrechtlich nicht geschützt. Hinsichtlich des verbleibenden Teils urheberrechtlich geschützter Werke lassen sich zwei Gruppen bilden, einmal behördeninterne nicht veröffentlichte Schriften und ähnliche Dokumente, aber auch von Behörden herausgegebene und veröffentlichte Werke, zu deren Verwertung im Rahmen eines PID-Systems die Zustimmung der Berechtigten regelmäßig ohne weiteres erteilt werden dürfte, zum anderen Werke, die von privaten individuellen Urhebern oder Organisationen als Herausgebern herrühren, namentlich auch die wichtigen „Sozialdaten" wie Statistiken und dergleichen mehr.

Was die Verwertungshandlungen betrifft, die beim Betrieb eines PID-Systems vorgenommen werden, so stehen Informationserfassung und Einspeicherung als relevante Akte im Vordergrund. Sie sind, gleich ob urheberrechtlich geschützte Werke in ursprünglicher, unveränderter oder in bearbeiteter Form, z.B. als Abstracts, aufgenommen werden, als Vervielfältigung im urheberrechtlichen Sinn zu werten. Als solche stehen sie unter der Verfügungsgewalt des Urhebers, die durch Schranken des Urheberrechts nicht begrenzt ist. In das Urheberpersönlichkeitsrecht kann bei der Aufbereitung und Einspeicherung geschützter Werke insbesondere durch Kürzungen des Originalwerks und durch die Abfassung von Abstracts ebenfalls eingegriffen werden.

Schließlich können auch bei der Informationserschließung und -ausgabe selbstständige weitere Verwertungsrechte des Urhebers betroffen sein. Gegenüber dem praktisch bedeutsamsten Akt der ersten Einspeicherung treten diese Handlungen jedoch an Gewicht zurück.

2. Interessengerechtigkeit der Lösung

a) Allgemeine Wertung

Die gewonnenen Ergebnisse zeigen, daß ein PID-System im Hinblick auf die

46 Vgl. *Ulmer,* GRUR 1971, 297, 301.

Benutzung geschützter Werke grundsätzlich der urheberrechtlichen Kontrolle unterliegt. Es besteht jedoch kein Zweifel, daß diese Kontrolle nicht dazu führen darf, die Durchführung eines PID-Systems unzumutbar zu erschweren oder gar zu blockieren. Im folgenden bleibt darzutun, daß die gefundene Lösung den unterschiedlichen Interessen der Beteiligten gerecht werden dürfte, insbesondere eine praktikable Durchführung eines PID-Systems ohne Schmälerung berechtigter Interessen der Urheber zuläßt.

b) Interessen der Urheber

Die Berechtigung des Interesses der Urheber an einer Beteiligung an der wirtschaftlichen Nutzung ihrer Werke und an der Wahrung ihrer ideellen, mit dem Werk verbundenen Belange wird heute allgemein anerkannt. Wie die vorangegangenen Ausführungen gezeigt haben, ist die Durchführung eines PID-Systems, das sich in nicht unerheblicher Weise auch urheberrechtlich geschützter Werke bedienen wird, geeignet, diese Interessen der Urheber zu beeinträchtigen. Dabei ist es vor allem der Akt der Einspeicherung geschützten Materials, der die Voraussetzungen für eine umfassende, schwer kontrollierbare und zahlenmäßig unbeschränkte Vervielfältigung und Verbreitung schafft. Diese Verwertungshandlungen können insbesondere den Absatz herkömmlicher Werkstücke, wie von Büchern, Zeitschriften und dergl., erheblich gefährden und damit bisher gesicherte vermögensrechtliche Positionen der Urheber beeinträchtigen. Zugleich werden hier auch berechtigte Interessen der Verlage und sonstiger Nutzungsberechtigter an urheberrechtlich geschützten Werken berührt.

c) Interessen der Träger des PID-Systems

Die Interessen der Träger des PID-Systems gehen vor allem dahin, für die Zwecke ihres Systems notwendiges Material in umfassender Weise und ungehindert einspeichern und verwerten zu können und in der Administration des Systems nicht unzumutbar behindert zu werden. Daher darf vor allem die Einholung der erforderlichen Zustimmungen der Urheber und sonstigen Berechtigten nicht übermäßigen Schwierigkeiten begegnen. Insbesondere muß auch sichergestellt sein, daß die Einspeicherung und weitere Verwertung wichtigen Materials nicht an der Verweigerung der Zustimmung scheitern. Die Verpflichtung zur Entrichtung einer angemessenen Vergütung für die Benutzung und Verwertung geschützter Werke kann demgegenüber nicht als Hindernis oder unzumutbare Erschwerung für die Durchführung eines PID-Systems angesehen werden, da die Höhe der Vergütung mit Rücksicht auf die überaus hohen Kosten für die Errichtung und Unterhaltung eines solchen Systems nicht einschneidend ins Gewicht fällt und es daher unbillig erscheint, die schutzwürdigen vermögensrechtlichen Interessen der Urheber und Verlage außer acht zu lassen.

d) Interessen der Allgemeinheit

Schließlich bestehen auch gewichtige Interessen der Allgemeinheit an der ungehinderten Durchführung eines PID-Systems, denen das Urheberrecht entgegenstehen könnte. Diese Interessen sind vom Wesen und Zweck der Parlamentstätigkeit und der demokratischen Verfassung her klar umrissen. Sie betreffen eine sinnvolle und effektive Parlamentsarbeit, eine gründliche, die tatsächlichen und sozialen Grundlagen der zu erlassenden Rechtsnormen voll ausschöpfende Gesetzesplanung, eine verstärkte Transparenz der Tätigkeit der gesetzgebenden Körperschaften und der ihren Entscheidungen zugrundeliegenden Motivation. Nicht zuletzt besteht daher ein berechtigtes Interesse der Öffentlichkeit, zu den Parlaments- und Gesetzgebungsmaterialien unmittelbar Zugang zu erhalten, schon weil damit auch eine gewisse mittelbare Kontrolle der Parlamentsarbeit ermöglicht wird. Auch diese Belange der Allgemeinheit verdienen bei der gebotenen Interessenabwägung angemessene Berücksichtigung.

e) Wertung

Die gewichtigen Interessen der Allgemeinheit und des Parlaments selber an der Durchführung eines umfassenden PID-Systems gebieten es, die urheberrechtliche Kontrolle auf die Wahrung der schutzwürdigen persönlichkeits- und vermögensrechtlichen Interessen der Urheber und sonstigen Berechtigten zu beschränken. Ihnen wird regelmäßig durch die Entrichtung angemessener Vergütung und durch sorgfältige Bearbeitung, Erfassung und Einspeicherung ihrer Werke hinreichend Rechnung getragen. Dagegen gilt es zu verhindern, daß urheberrechtliche Verbotsrechte mit dem Ziel geltend gemacht werden, die Aufnahme geschützter Werke in ein PID-System zu verhindern. Aller Voraussicht nach wird – von seltenen Ausnahmefällen abgesehen – der Gefahr, daß Verbotsrechte mit Sperrwirkung ausgeübt werden, begegnet werden können, wenn der Träger des PID-Systems die berechtigten Belange Urheber anerkennt und wahrt. Er kann dem vor allem deshalb ohne unzumutbare administrative Belastung gerecht werden, weil die erforderliche Zustimmung zur Aufnahme geschützter Werke bereits für die automationsgerechte Erfassung und Aufbereitung einzuholen ist und dabei auch die nachfolgenden Verwertungshandlungen bei der Verarbeitung, Erschließung und Ausgabe geschützten Materials angemessen berücksichtigt und abgegolten werden können. Hinzu kommt, daß gegenüber einer Zustimmung zur Benutzung urheberrechtlich geschützten Materials für die Zwecke eines PID-Systems in aller Regel weit weniger Vorbehalte bestehen werden als gegenüber einer Verwertung durch kommerzielle Datenbanken. Im folgenden sind grundsätzliche Möglichkeiten aufzuzeigen, wie die Zustimmungs- und Vergütungsfrage praktikabel gelöst werden kann.

3. Administrative Probleme der urheberrechtlichen Kontrolle

a) Einholung der Zustimmung und Vergütungsregelung

Mit Rücksicht auf Größe, Bedeutung und Kosten eines PID-Systems bietet es sich in erster Linie an, bei den Trägern des Systems selber eine eigene Stelle zu schaffen, die die notwendigen Kontakte zu den Urhebern, Verlagen und u.U. auch Verwertungsgesellschaften herstellt und gemeinsam mit den anderen Beteiligten und ihren Verbänden Verträge aushandelt und Vergütungsrichtlinien aufstellt. Die Einholung der erforderlichen Zustimmung wird dieser Stelle dadurch erleichtert, daß sie sich regelmäßig nicht unmittelbar an die individuellen Urheber zu wenden braucht, sondern vornehmlich mit Verlagen zu tun haben wird, die ihre Zustimmung erklären und darüber hinaus für die ebenfalls erforderliche Zustimmung der Autoren Sorge tragen können. In vielen Fällen ist auch die Zustimmung einer Behörde erforderlich. Sollte diese im Einzelfall verweigert werden, so ist darin freilich weniger eine Frage des Urheberrechts zu sehen als vielmehr eine allgemeine organisations- und verwaltungsrechtliche Problematik, wie überhaupt einer administrativen Regelung des Zugriffs und Zugangs zu einschlägigem Material zwischen den verschiedenen Körperschaften (z.B. Bund – Länder) der Vorrang einzuräumen sein wird.

Vor allem in den USA ist vorgeschlagen worden, Clearinghouses mit der praktischen Durchführung der urheberrechtlichen Kontrolle zu betrauen[47]. Dabei sind aber sowohl die rechtliche und tatsächliche Gestaltung solcher Clearinghouses wie insbesondere auch die in diesem Zusammenhang wahrzunehmenden Funktionen keineswegs klar umrissen. Für deutsche Verhältnisse bedarf es jedenfalls keines Rückgriffs auf diese Institution. In der Bundesrepublik können derartige Aufgaben durch herkömmliche, schon bestehende oder neu zu gründende Verwertungsgesellschaften wahrgenommen werden. Ihnen wäre auch mit dem Abschluß von Gesamtvereinbarungen, wie sie zwischen den beteiligten Kreisen schon in großem Umfange bestehen[48], ein hervorragendes Mittel an die Hand gegeben, die administrativen Probleme der urheberrechtlichen Kontrolle auf einfache Weise zu lösen. Überdies könnte eine solche Verwertungsgesellschaft im Hinblick auf die Wahrnehmung der urheberrechtlichen Befugnisse bei der Verwertung von Auslandsmaterial Gegenseitigkeitsvereinbarungen mit ausländischen Verwertungsgesellschaften abschließen. Angesichts der aufgezeigten Möglichkeiten ist nicht zu erwarten, daß das gegrundsätzliche Bestehen urheberrechtlicher Kontrolle und ihre Ausübung im

---

47 Vgl. The Copyright Law as It Relates to National Information Systems and National Programs. A Study. Federal Council for Science and Technology. Washington, D.C. 1967, S. 11 f.; *Ulmer*, GRUR 1971, 297, 302

48 Hierzu gehören etwa die Gesamtvereinbarungen der GEMA mit den Rundfunkanstalten und das Fotokopierabkommen der Inkassostelle mit dem BDI (vgl. Fußnote 3).

Einzelfall die Errichtung eines PID-Systems bereits im Ansatzpunkt ersticken oder unzumutbare Schwierigkeiten in seiner praktischen Durchführung mit sich bringen werden[49].

b) Gesetzliche Lizenz und Zwangslizenz

Grundsätzlich bedarf es daher zur Lösung administrativer Probleme bei der Durchführung eines PID-Systems nicht der Einführung einer gesetzlichen Lizenz oder einer Zwangslizenz zu diesem besonderen Zweck. Sollte sich aber im späteren Verlauf der Arbeiten an einem PID-System, wie überhaupt an computerunterstützten Dokumentations- und Informationssystemen, deren Errichtung im öffentlichen Interesse liegt, herausstellen, daß über Einzelfälle hinaus die Zustimmung zur Einspeicherung wichtigen Materials versagt wird, so wäre die gesetzliche Einführung einer solchen Lizenz durchaus zu erwägen. Dabei wäre einer gesetzlichen Lizenz, die die Verwertung urheberrechtlich geschützten Materials für die besonderen Zwecke eines derartigen Systems auch ohne Zustimmung des Urhebers gegen Entrichtung einer angemessenen Vergütung – die im Streitfalle durch eine Schiedsstelle festgesetzt werden könnte – gestattet, der Vorzug zu geben vor einer Zwangslizenz, die vor der Einspeicherung ein umständliches gerichtliches Verfahren bedingt und damit zusätzliche administrative Schwierigkeiten zur Folge hat[50]. Da eine gesetzliche Lizenz oder eine Zwangslizenz den weitestgehenden Eingriff in urheberrechtliche Positionen darstellt und daher stets ultima ratio ist, kann ihre Einführung erst dann gerechtfertigt sein, wenn ernstzunehmende Konflikte größeren Ausmaßes die Errichtung oder Durchführung solcher Systeme erheblich gefährden.

49 Vgl. Project – New Technology and The Law of Copyright, a.a.O., S. 1003.

50 Vgl. *Ulmer*, GRUR 1971, 297, 302. Anders Project – New Technology and the Law of Copyright, a.a.O., S. 1016 f., wo eine Zwangslizenz empfohlen wird.

Sachregister

FSC
www.fsc.org
MIX
Papier | Fördert
gute Waldnutzung
FSC® C083411

Kolibri 360 GmbH
Ferdinand-Jühlke-Straße 7
99095 Erfurt, Deutschland
produktsicherheit@kolibri360.de